福建：砥砺奋进的70年

黄　端　陈晓波
谢毅梅　郑林岚
何　燊　编著

厦门大学出版社
XIAMEN UNIVERSITY PRESS

国家一级出版社
全国百佳图书出版单位

图书在版编目(CIP)数据

福建:砥砺奋进的 70 年/黄端等编著.—厦门:厦门大学出版社,2019.12
ISBN 978-7-5615-7675-5

Ⅰ.①福… Ⅱ.①黄… Ⅲ.①区域经济发展－成就－福建－1949－2019 ②社会发展－成就－福建－1949－2019 Ⅳ.①F127.57

中国版本图书馆 CIP 数据核字(2019)第 290888 号

出 版 人	郑文礼
策划编辑	宋文艳
责任编辑	施建岚

出版发行 厦门大学出版社
社　　址　厦门市软件园二期望海路 39 号
邮政编码　361008
总　　机　0592-2181111　0592-2181406(传真)
营销中心　0592-2184458　0592-2181365
网　　址　http://www.xmupress.com
邮　　箱　xmup@xmupress.com
印　　刷　厦门市竞成印刷有限公司

开本　787 mm×1 092　1/16
印张　20.25
插页　1
字数　312 千字
版次　2019 年 12 月第 1 版
印次　2019 年 12 月第 1 次印刷
定价　59.00 元

本书如有印装质量问题请直接寄承印厂调换

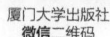

厦门大学出版社
微信二维码

厦门大学出版社
微博二维码

序　言

　　2019年是中华人民共和国成立70周年,本书全方位展示新中国成立70年以来福建走过的跨越式历程,全面总结福建70年来取得的成就,并对第二个百年奋斗目标下的福建经济社会发展进行畅想,具有十分重大的理论和现实意义。

　　1949年10月1日,中华人民共和国成立,开创了中国历史发展的新纪元。福建是中国沿海地区,也是改革开放的先行地区,在中国共产党的领导下,福建人民敢于拼搏探索,取得了社会主义革命、改革和建设的巨大成就,尤其是在改革开放和现代化建设中一直走在全国前列,充分发挥了"试验田"、"窗口"和"示范区"作用。70年以来,尤其是改革开放和党的十八大以来,福建取得了改革开放和社会主义现代化建设的历史性成就,经济社会发生了翻天覆地的变化,从当初的偏远落后发展到今天的崛起东南,从经济版图上的"东南洼地"成长为连接长三角、珠三角、中部地区和台湾地区的"发展高地",在全国的发展格局中,福建省地位不断提升,实现了历史性的跨越,焕发出勃勃生机与活力,向世人展示出一幅波澜壮阔的宏伟画卷。福建70年发展的历史变革和辉煌成就,是全省上下长期艰辛探索、艰苦奋斗的结果,是不断解放思想、开拓创新的结果,是坚持开放导向、拓展发展空间的结果,是坚持将中央精神和福建实际相结合的结果,凝结着"弱鸟先飞、人一我十、滴水穿石、真抓实干"的宝贵经验。

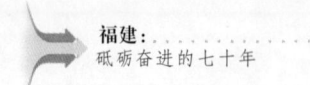

随着中国特色社会主义进入新时代,认真回顾、研究与总结福建70年来取得的发展成就,对于全省人民深入贯彻党的十九大精神,以习近平新时代中国特色社会主义思想为指导,认真落实习近平总书记对福建工作的重要指示,紧紧围绕"五位一体"总体布局和"四个全面"战略布局,认真践行新发展理念,继续解放思想,坚持改革开放,促进经济社会又好又快发展,实现全面建成小康社会目标,努力建设机制活、产业优、百姓富、生态美的新福建,坚持高质量发展落实赶超,推动新时代新福建建设取得新的成绩,具有深远的历史意义和重大的现实意义。

目　录

第一章　成就辉煌：福建70年跨越式发展回顾

第一节　新中国成立70年来福建经济社会发展历程 …………… 3
　一、新中国成立到改革开放前福建经济社会发展历程 ………… 3
　二、改革开放以来福建经济社会发展历程 ……………………… 6

第二节　福建70年来经济社会发展的重大成就 ………………… 20
　一、经济实现跨越发展，综合实力显著增强 …………………… 21
　二、产业持续转型升级，经济结构不断优化 …………………… 23
　三、创新驱动逐步凸显，福建智造崭露头角 …………………… 26
　四、基础设施加速发展，体系逐步完善完备 …………………… 27
　五、城乡发展更加均衡，区域协调明显改善 …………………… 29
　六、开放合作水平提升，对外联系更加紧密 …………………… 31
　七、对台交流持续深入，经济社会融合发展 …………………… 32
　八、生态文明持续推进，绿色发展走在前列 …………………… 34
　九、民生保障持续加强，人民生活全面小康 …………………… 35

第三节　福建70年来经济社会发展的经验启示 ………………… 38
　一、坚持以人民为中心，是福建经济社会发展的"落脚点" …… 38
　二、中央支持给力有效，是福建经济社会发展的"压舱石" …… 40

三、立足省情科学谋划，是福建经济社会发展的"路线图" ………… 42

四、先行先试开拓进取，是福建经济社会发展的"看家宝" ………… 43

五、基层群众创新创造，是福建经济社会发展的"动力源" ………… 45

六、生态环保绿色发展，是福建经济社会发展的"发力点" ………… 46

本章小结 …………………………………………………………… 48

第二章 产业结构：从农业社会迈向工业化社会

第一节 福建产业结构变迁历史进程 …………………………… 53

一、前工业化时期(1949—1952年) ……………………………… 54

二、工业化初期(1952—1978年) ………………………………… 54

三、工业化中期(1978—2015年) ………………………………… 55

四、工业化后期的起步阶段(2015年至今) ……………………… 55

第二节 福建产业结构发展成就 ………………………………… 56

一、结构不断优化升级，三次产业协调发展 …………………… 56

二、农林牧渔全面发展，沿海区位特色明显 …………………… 57

三、工业发展成就卓越，主体地位坚实稳固 …………………… 66

四、服务业后来居上，成为经济增长新动能 …………………… 77

本章小结 …………………………………………………………… 86

第三章 基础设施：从空白简陋迈向基本实现现代化

第一节 福建基础设施建设历史进程 …………………………… 93

一、艰难起步阶段(1950—1978年) ……………………………… 94

二、加快发展阶段(1978—2003年) ……………………………… 95

三、飞跃提升阶段(2003年至今) ………………………………… 95

第二节 福建基础设施建设成就 ………………………………… 96

一、电力建设快速发展，基础性地位进一步增强 ……………… 96

二、交运能力显著提高，综合运输体系基本成形 ……………… 100

三、水利建设不断加强，防灾抗灾能力显著提高……………………… 106
四、信息化建设跨越发展，驱动经济迈向数字化…………………… 109
五、市政建设步伐加快，城市功能不断完善………………………… 111
本章小结……………………………………………………………………… 128

第四章　对外开放：从封闭半封闭迈向全方位对外开放

第一节　福建对外开放发展历史进程……………………………………… 133
一、封闭半封闭阶段(1949—1978年)………………………………… 134
二、探索起步阶段(1978—1984年)…………………………………… 134
三、快速拓展阶段(1984—1992年)…………………………………… 135
四、调整提升阶段(1992—2001年)…………………………………… 136
五、深化发展阶段(2001—2012年)…………………………………… 137
六、转型升级阶段(2012年至今)……………………………………… 138
第二节　福建对外开放发展成就…………………………………………… 139
一、对外贸易迅猛发展，结构持续优化……………………………… 139
二、利用外资水平不断提高，投资环境持续改善…………………… 143
三、开放力度不断加大，改革创新持续推进………………………… 145
四、对外投资合作更趋成熟，双向开放迈向更高水平……………… 148
本章小结……………………………………………………………………… 150

第五章　对台交流：从两岸分隔迈向经济社会融合

第一节　中华人民共和国成立后闽台交流合作历史进程……………… 157
一、复苏起步阶段(1979—1987年)…………………………………… 158
二、全面展开阶段(1987—2000年)…………………………………… 160
三、拓展延伸阶段(2000—2008年)…………………………………… 162
四、全面提升阶段(2008年至今)……………………………………… 163

第二节 对台合作的前沿阵地……………………………………… 166
  一、闽台双向投资持续增长,先行先试窗口作用明显…………… 166
  二、闽台贸易往来不断升温,依存度日益提高…………………… 168
  三、闽台产业合作不断深化,示范作用日益凸显………………… 169
  四、闽台双向交流持续拓展,综合效益日益提升………………… 170
  五、合作平台前沿作用突出,闽台合作空间日益拓展…………… 172
  本章小结……………………………………………………………… 175

第六章　生态文明:从环境恶化迈向生态文明高颜值

第一节　福建生态文明建设历史进程………………………………… 184
  一、初步探索阶段(1949—1999 年)………………………………… 184
  二、主动作为阶段(1999—2002 年)………………………………… 185
  三、稳步推进阶段(2002—2011 年)………………………………… 186
  四、迅速发展阶段(2011—2014 年)………………………………… 187
  五、制度创新阶段(2014 年至今)…………………………………… 188
第二节　福建生态文明发展成就……………………………………… 190
  一、生态文明体制改革成果丰硕,各项改革走在全国前列……… 190
  二、福建生态文明建设特点突出,"五转""三新""五统一"内涵
     丰富…………………………………………………………………… 195
  本章小结……………………………………………………………… 203

第七章　人民生活:从贫穷落后迈向全面小康

第一节　福建社会事业发展的历史进程……………………………… 210
  一、艰难起步阶段(1949—1978 年)………………………………… 210
  二、曲折前进阶段(1978—1992 年)………………………………… 212
  三、快速发展阶段(1992—2000 年)………………………………… 213
  四、社会事业与经济建设协调阶段(2000—2010 年)…………… 215

五、民生优先阶段(2010—2012年)……………………………… 217
六、民生改善和保障阶段(2012—2017年)……………………… 219
七、补齐短板阶段(2017年至今)………………………………… 220

第二节 福建民生与社会事业发展成就……………………………… 228
　　一、收入来源日趋多元化,百姓生活水平明显提高…………… 228
　　二、生活质量显著提升,生活品质迈上新台阶………………… 230
　　三、教育事业全面发展,教育现代化逐步实现………………… 235
　　四、医疗卫生长足进步,人民健康大幅提高…………………… 237
　　五、文化事业繁荣发展,精神食粮日益丰富…………………… 239
　　六、社保体系更加健全,保障水平不断提升…………………… 240
　　七、体育事业蓬勃发展,全民体质不断增强…………………… 241
本章小结……………………………………………………………… 243

第八章　百年展望:开启新时代新福建建设的新篇章

第一节 新时代新福建建设面临的新机遇和新挑战……………… 249
　　一、新机遇……………………………………………………… 249
　　二、新挑战……………………………………………………… 254

第二节 新时代新福建建设的新要求和新举措…………………… 255
　　一、新要求……………………………………………………… 255
　　二、新举措……………………………………………………… 258

第三节 爱拼会赢,砥砺奋进,开启新时代新福建建设新篇章…… 276
　　一、以新发展理念为指导,推动福建高质量发展走在前列…… 277
　　二、积极抢抓机遇开拓创新,构建更高层次改革开放新格局… 278
本章小结……………………………………………………………… 283

参考文献……………………………………………………………… 286

附　录

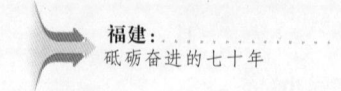

表1　福建主要经济指标发展总量和速度 …………………………… 296
表2　福建省主要年份地区生产总值 ………………………………… 298
表3　福建省主要年份一般公共预算收支总额及增长速度 ………… 300
表4　福建省主要年份固定资产投资 ………………………………… 302
表5　福建省进出口总额 ……………………………………………… 304
表6　福建省实际利用外商直接投资金额 …………………………… 306
表7　主要年份居民消费水平 ………………………………………… 308

后　记 ……………………………………………………………… 311

第一章

成就辉煌：
福建70年跨越式发展回顾

福建：砥砺奋进的70年

福建地处我国东南沿海,在历史上曾经有过繁荣发展的阶段,但在近代中国沦为半封建半殖民地以后,福建经济每况愈下,基础脆弱,结构畸形,人民生活极度困苦,到1949年已是全国沿海经济发展水平最低的省份之一。全省农村以自然经济为主,粮食产量仅有280多万吨;全省几乎没有什么具有一定规模的现代工业,勉强通车的公路里程不足1 000公里,交通十分闭塞;物价飞涨、市场萧条,社会动荡不安。新中国成立70年来,特别是改革开放以来,在中国共产党的坚强领导下,福建人民敢闯敢拼、团结一心、艰苦奋斗、开拓进取,八闽大地发生了翻天覆地的变化。

第一节 新中国成立70年来福建经济社会发展历程

一、新中国成立到改革开放前福建经济社会发展历程

新中国成立后,党和政府领导福建人民在旧社会遗留的废墟上,恢复经济,发展生产,开展了大规模的社会主义革命和建设,中国历史掀开了新的一页,福建也迎来了经济发展的大好时期。但由于种种原因,福建经济社会发展在一个时期明显低于全国平均水平。为了尽快恢复和发展农业生产,福建省委省政府采取一系列有效措施,全省人民同心同德,艰苦奋斗,在曲折坎坷中开拓前进。

(一)过渡时期(1949—1958年)

1949年8月24日,福建省人民政府成立。在中央的正确领导下,福建省委省政府带领全省人民一边巩固人民政权,一边进行社会主义建设。1950—1952年,福建完成了农村的土地革命和城市的民主改革,解放了社会生产力,使工农业生产得到迅速恢复和发展。在农村,开展了土地革命,全省720万农民分到了930万亩(1亩≈666.67平方米)土地,极大地调动了农民的生产积极性。1952年,全省粮食总产量达到372万吨,比1949年增长25.68%。在城市,全省统一财政经济管理,稳定市场价格,国民经济

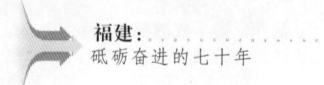

得到全面恢复。1952年,工农业总产值15.27亿元,比1950年增长了43.4%,主要工农业产品产量基本恢复到历史最高水平,社会稳定,人民安居乐业。

在国民经济恢复的基础上,1953—1957年福建顺利完成了第一个五年计划,通过农业合作化运动和城市工商业的社会主义改造,建立了社会主义公有制经济,并开展了有计划的经济建设。

1952年6月底,全省土地革命胜利结束,全省农村积极开展农业生产互助合作运动。1952年夏收后,全省试办了18个农业、农村合作社,至1957年3月,全省加入合作社的农民达211.29万户,占全省总农户的80.03%。同时,全省大力开展城乡物资交流,引导和协助农户建立供销合作社,推动农村的爱国增产运动和工厂的增产节约运动,并抓紧恢复和发展老区经济。这五年间,全省广大农民生产积极性空前高涨,农业总产值年均增长7.5%,粮食总产值年均增长3.6%,人均粮食占有量达到317公斤。

工业生产捷报频传,工业总产值年均增长16%,比1952年翻了一番多,并有了福建自己的动力机械制造、水泥、化学、医药、橡胶等工业。建设了鹰厦铁路(1958年1月3日全线通车)、古田溪水电站(1956年3月一级一期工程竣工)、福州西郊变电站(1956年3月建成),厦门高集、集杏海堤,南平造纸厂和部分公路主干线等一批重点项目,初步奠定了福建经济发展的基础。尤其是鹰厦铁路的全线通车,实现了全省人民和海外数百万华侨几十年的愿望,使省内外交通状况得到彻底改善,为开发本省资源,改变经济、文化落后的状况创造了有利条件。

城乡人民生活迅速得到改善,1957年全民所有制单位职工平均工资收入526元,比1952年增长36%。市场繁荣,物价稳定,全省人均储蓄存款由1951年的1.48元增加到9.55元。

(二)社会主义建设时期(1958—1966年)

由于1958年开展了"大跃进"和人民公社化运动,"左"倾思想抬头,在经济领域刮起了高指标、浮夸风和"共产风",全省将4 223个乡合并成656个人民公社,生产倒退。同时,由于重重工业、轻农业和轻工业,重积累、轻消费,导致国民经济比例严重失调。1960—1962年工农业总产值年均下降

23.5%,粮食总产值从1957年的444万吨下降到1962年的358.5万吨,市场供应紧张,物价大幅度上涨,城乡人民生活出现严重困难。

1962年,在总结"大跃进"以来的经验教训基础上,省委认真传达中共中央扩大工作会议精神,进一步贯彻执行中央"调整、巩固、充实、提高"的方针,纠正"左"的错误,调整农村生产关系,以生产队代替人民公社作为基本核算单位,恢复自留地,并实行自由一季的政策。同时大力压缩基本建设规模,调整重工业的盲目冒进,三明钢铁厂等280家大中型企业停建或停产。加强农业、支农工业和轻工业生产,一批重点轻工业企业建成投产,国民经济逐步好转。到1965年,国民生产总值回升到28.81亿元,比1962年增长34.6%;工农业总产值比1962年增长53%,其中农业总产值年均增长14.5%,工业总产值年均增长15.8%;粮食总产量达到455.5万吨,比1962年增加100万吨;农、轻、重比例关系开始趋于合理,国民经济发展基本摆脱了困境。在此期间建设的鹰厦铁路干线和三明化工厂、福州第二化工厂、漳平及龙岩煤炭、潘洛铁矿、古田溪水电站二期工程、三明钢铁厂、三明重型机器厂等重点工程,逐步成为福建重要的交通、能源和原材料生产基地。与此同时,国民经济其他部门也有所发展。

1963年4月,因连续遭受7个多月大旱,全省发生水荒,受旱作物面积608万多亩,占早季作物总面积的60%左右。夏季作物减产25万多亩,造成夏荒,全省55万多人严重缺粮。龙海县榜山公社发扬舍己为人的精神,让江水通过本公社1 300亩农田和部分农舍,流到几个邻社的45 000多亩旱田里,使这些旱田及时插上秧,被誉为"榜山风格",成为全省人民学习的榜样。

这一时期,福清县音西公社音西大队自力更生,建设旱涝保收、稳产高产农田,坚持科学实验,实行合理轮种,同时坚持抓政治思想工作、经营管理等,成效突出。福建省委于1964年6月在音西大队召开现场会议,总结推广音西大队的先进经验,全省掀起"学音西、赶音西、创造更多的音西"的热潮。

(三)"文化大革命"时期(1966—1976年)

1966—1976年"文化大革命"期间,"左"的思想进一步泛滥,在经济工

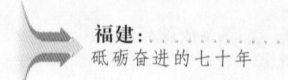

作中大批"唯生产力论",在农业上搞"以粮为纲、战备夺粮""割资本主义尾巴",在工业上搞"大而全""小而全","小三线"建设全面开花,在基本建设中"边勘探、边设计、边施工",浪费了大量人力、物力、财力,造成生产布局不合理和国民经济主要比例关系严重失调,经济发展遭受严重影响,文化、教育、科技、卫生等事业也受到严重破坏。但是,全省广大群众在十分困难的条件下仍坚守岗位,艰苦奋斗,福建经济建设仍有所发展。工农业总产值年均增长5.2%,其中农业总产值年均增长1.7%,工业总产值年均增长9.2%;10年间全民所有制单位基建投资累计37.74亿元,其中工业部门投资22.61亿元,陆续建成投产了青州造纸厂、福建维尼纶厂、永安水泥厂、厦门感光材料厂、闽江大桥、乌龙江大桥等一批新的重点建设项目。

(四)两年徘徊期(1976—1978年)

从粉碎江青反革命集团到1978年12月党的十一届三中全会以前,福建国民经济得到了较快恢复和发展。农业方面致力于发展多种经营和社队企业,壮大集体经济,农业总产值年均增长10.8%,粮食总产值年均增加72万吨;工业生产通过初步整顿,发展较快,工业总产值年均增长19.6%;科学、教育、文化、卫生等社会事业迅速转入正常轨道。但由于没有认真总结多年来经济建设上正反两方面的经验教训,重速度、轻效益,多年累积下来的矛盾和问题没有得到解决。

二、改革开放以来福建经济社会发展历程

1978年12月18日至22日,党的十一届三中全会在北京召开,及时地、果断地把党和国家的工作着重点转移到社会主义现代化建设上来。党在思想、政治、组织等领域的拨乱反正从这次会议开始全面展开,从而揭开了党和国家从"以阶级斗争为纲"到"以经济建设为中心"、从僵化半僵化到全面改革、从封闭半封闭到对外开放的历史性转变的伟大序幕。

党的十一届三中全会精神极大地鼓舞了福建各级党政干部和人民群众,福建充分利用中央赋予的"特殊政策、灵活措施",稳步推进改革开放和经济建设,积极探索符合福建实际的发展路子,经济社会面貌发生了历史性

变化。从党的十一届三中全会开始的伟大历程,是我们党领导全国各族人民坚持解放思想、实事求是、改革创新、与时俱进地发展中国特色社会主义理论体系的40余年,也是福建人民发扬"爱拼敢赢、敢为人先"精神,坚持以改革为动力,推进福建经济社会建设并取得伟大成就的极不平凡的40余年。

福建地处东南沿海,得改革开放风气之先。爱拼会赢、敢为人先,福建的改革求索从来不甘人后,为经济社会发展注入了源源不竭的动力。福建与台湾一衣带水,渊源深厚;旅居海外的千万闽籍华人华侨心系祖国、热爱乡梓。作为中国最早实施对外开放政策的省份之一,福建的开放发展始终与国家战略同脉动。尤其是习近平同志在福建工作期间,始终重视改革开放,大力推动改革开放。从1985年6月到2002年10月,习近平同志在闽工作的十七年半,恰恰是福建由曾经的海防前线成为我国对外开放前沿的重要时期,他抓住历史机遇、解放思想、实事求是、真抓实干。无论在交通落后、信息闭塞的宁德地区,还是在沿海开放地带的省会福州,工作期间,习近平同志坚持改革开放的发展道路,在改革开放浪潮中不懈探索与实践,加快了福建经济社会发展的步伐。

福建是我国最早实施对外开放政策的省份之一,始终坚持以经济建设为中心,以改革促发展,以开放促开发;围绕政府部门加快职能转变,切实提升治理能力;在改革开放中持续摸索和总结经验,探索具有示范和带动作用的创新实践;围绕社会经济持续健康发展,不断改善生态环境,推动美丽乡村建设;围绕社会公平正义、增进人民福祉、增强人民群众的获得感,创新推动医疗、卫生、养老、教育等公共服务领域加快发展。改革开放以来,福建既是改革开放的实践者、参与者、亲历者,也是改革开放的见证者、受益者和分享者,切身体会到改革开放是现代化建设的必由之路,是福建经济社会发展的重要动力。

(一)改革起步阶段(1978—1992年)

1979年1月,中共福建省委召开工作会议,传达党的十一届三中全会精神,讨论如何把党的工作重点转移到社会主义现代化建设上来,福建的改革开放由此揭开序幕。之后在大量调查研究的基础上,福建提出了实施"突

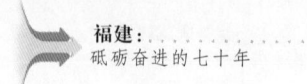

破中间,武装两头"的战略构想(中间是指轻工业,两头是指农业和基础工业),初步奠定了福建轻型经济结构框架。1979年,经国务院批准,福建50家国营工业企业进行扩大经营自主权试点。

1980年,中共中央、国务院决定对福建、广东两省在对外经济活动中实行特殊政策和灵活措施,作为改革经济体制的一种试验。同年,国务院批准福州、厦门、漳州、泉州对外开放,批复同意在厦门湖里区划出2.5平方公里建立经济特区。

1981年至1986年,项南担任中共福建省委常务书记,他思想解放、敢为人先,领导福建走在全国前列。项南在福建任职的那些年正是改革开放风起云涌的岁月,他提出一系列切合福建实际的经济发展战略构想,为今日福建的腾飞打下了坚实的基础。

1981年,福建根据自身实际情况提出"大念'山海经',建设八个基地"发展战略,扬长避短,充分发挥福建山、海、侨(华侨)、特(特殊政策、特区)的潜在优势,推进林业基地、畜牧业基地、渔业基地、经济作物基地、轻型工业基地、外经基地、科教基地、统一祖国基地建设。以解放农村生产力为突破口,福建实行了家庭联产承包责任制和统分结合的双层经营体制,财政方面开始实行省对地方"划定收支、核定基数、递增缴补、分级包干、三年不变"的体制。

1983年,福建省委省政府发出通知,强调工业企业要积极稳妥地实行以承包为中心的新的各种形式的经营责任制。同时,开始在国营企业对新招工人实行劳动合同制的试点。总体上讲,这一阶段的改革由农村起步,进而向城市推开,在思想战线上实行拨乱反正,实现了工作中心的转移;在农村变革了生产关系,实行了家庭联产承包责任制,农村经济走出了长期停滞的困境,向多种经营、全面发展的方向迈进,以群众集资(实际上是初级的股份合作)为主要形式的乡镇企业异军突起,成为经济的活跃点;在城市,主要是进行企业改革试点,扩大了企业自主权。同时,对外开放新格局粗见雏形。

党的十二届三中全会做出《关于经济体制改革的决定》后,福建经济体制改革的重点逐步从农村向城市拓展,城市经济体制改革开始起步,并以邓小平南方谈话和党的十四大为标志,改革开放得到进一步发展。

1984年,邓小平同志视察厦门经济特区,要求"把经济特区办得更快些更好些"。继1980年厦门经济特区设立后,1984年,特区范围从湖里区2.5平方公里扩大到全岛;福州被列为14个沿海开放城市之一。同年,福州55名厂长、经理致信省委领导,呼吁"松绑"放权,《福建日报》社论指出"要改革城市经济中普遍存在吃'大锅饭'的弊端,给企业'松绑'放权",省政府领导指出"全省国营小企业可以普遍推行承包制",这标志着以增强企业活力为中心环节的经济体制改革开始起步。福建省委省政府发布了《关于改革国营企业人事管理制度的决定》,赋予国有企业自主经营的权利,核心内容是下放国有企业的"三权",即"人事权""财权""经营管理权"。

1985年4月,福建省政府颁布了《关于进一步搞好企业的十条措施》,进一步扩大国有企业自主经营权,增强国有企业的经营活力。1985年,国务院批准设立福州经济技术开发区,并开辟闽南厦漳泉三角地区为沿海经济开放区,使开放区由原来的11个县市(区)扩大到34个县市(区)。

1986年,福建省委省政府做出《加快改革开放步伐、大力发展外向型经济的决议》,对发展外向型经济做出了全面部署。

1988年3月,国务院批复《关于福建省深化改革扩大开放加快外向型经济发展的请示》,提出福建在改革、开放中要继续先行一步,加快福建省经济的全面发展,实现沿海经济发展战略,促进对台湾的经济贸易合作。1988年4月,批准福建为改革开放试验区,赋予11条政策,有力地推动了福建的改革开放和经济发展。1988年4月18日,国务院批准厦门在国家计划中实行单列。

1989年5月,为了推进两岸经贸关系的发展,加快改革开放进程,国务院正式批准厦门杏林地区、海沧地区及福州马尾经济技术开发区未开发部分为台商投资区。

(二)加速发展阶段(1992—2001年)

1992年,邓小平同志南方谈话后,对外开放进入新一轮高潮。1992年,福建省委做出《关于加快综合改革试验、进一步扩大开放,推动外向型经济发展的决定》,提出"南北拓展,中部开花,连片开发,山海协作,共同发展"的战略。1992年12月,国务院又正式批准厦门集美地区为台商投资区。国

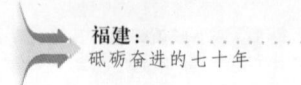

务院先后批准设立福清融侨经济技术开发区,厦门、福州两个保税区及湄洲岛、武夷山两个国家级旅游度假区。1992年,时任中共福州市委书记习近平亲自规划了《福州市20年经济社会发展战略设想》,为福州的未来描绘了清晰的发展蓝图,提出"3820"工程,科学谋划了福州3年、8年、20年经济社会发展的战略目标、步骤、布局、重点等。根据"3820"战略构想,习近平又提出建设闽江口金三角经济圈,建设"海上福州",全面发展海洋经济以及建设现代化国际城市等战略构想。

1993年,福建省委五届八次全体(扩大)会议传达学习了党的十四届三中全会精神,研究贯彻《中共中央关于建立社会主义市场经济体制若干问题的决定》。1993年,国务院批准将三明、南平、龙岩及宁德的福安、福鼎列入沿海经济开放区,对外开放的方位逐步由沿海向山区扩展。

1995年,福建省第六次党代会提出"以厦门经济特区为龙头,加快闽东南开放开发,内地山区迅速崛起,山海协作联动发展,建设海峡西岸繁荣带,积极参与分工,加快与国际经济接轨"的发展思路。

1997年9月,党的十五大提出,要把建立比较完善的社会主义市场经济体制,保持国民经济持续快速健康发展,作为我们在21世纪前10年必须解决好的两大课题。福建审时度势,提出了坚持以改革统揽全局,增创体制新优势的要求。改革重点更加突出,改革领域进一步推进发展,在开放中调整结构、壮大实力。各项改革稳步推进,对外开放向纵深发展。社会主义市场经济体制初步建立,所有制结构不断调整。大中型国有企业改革和脱困三年目标基本实现。粮食购销市场化改革全面展开;财政改革稳步推进,农村税费改革试点进展顺利;审计工作得到加强;金融三项整顿初见成效;投融资、土地使用、医药卫生、住房改革明显加快;省市县乡政府机构改革基本完成,省级行政编制精简50.1%,市县乡三级精简20%;全面清理政府规章和规范性文件,省市级行政审批事项改革面达50%以上,公开办事制度得到推进。对外贸易规模不断扩大,外资企业在经济发展中的作用日益增强。境外企业规范和重组工作取得阶段性成果。闽台港澳经贸合作与交流更加密切,福州、厦门与台湾高雄货物海上试点直航稳步发展,福建沿海与金门、马祖、澎湖地区实现人员、货物直接往来,对台贸易扩大,吸引台资领域拓宽,闽台农业合作成效明显。侨务、外事工作得到加强。

(三)腾飞发展阶段(2001—2012年)

2001年,中国加入世贸组织,福建抓住新的发展契机,持续深化各项改革,大力改善外经贸环境,在改革开放和现代化建设中迈出了新的步伐,开启了"十五"计划和现代化建设第三步战略。时任福建省省长习近平指导福建省第十个五年计划的编制工作,并提出要扎实推进新一轮创业,加快建设海峡西岸繁荣带,为21世纪之初的福建发展蓝图指明方向,并把"数字福建"写入福建省"十五"计划纲要,列为重点建设项目。2001年11月,福建省第七次党代会提出构建"三条战略通道",即拓宽山海协作通道、对内连接通道和对外开放通道。

2002年11月8日至14日召开的党的十六大进一步提出的完善社会主义市场经济体制,仍然是21世纪头20年经济建设和改革的主要任务之一。2002年,福建省委省政府制定了"全面建设小康社会""按三个层面、分三个阶段推进"发展战略。2002年7月,时任福建省省长习近平在福建省环境大会上提出:"要立足于现有生态环境和经济基础条件,经过20年的努力奋斗,把福建建设成为生态效益型经济发达、城乡人居环境优美舒适、自然资源永续利用、生态环境全面优化、人与自然和谐相处的经济繁荣、山川秀美、生态文明的可持续发展省份。"为了实现上述目标和任务,福建编制了《福建生态省建设总体规划纲要》。

2003年,党的十六届三中全会一致通过了《中共中央关于完善社会主义市场经济体制若干问题的决定》,明确提出完善社会主义市场经济体制的目标,即通过继续深化市场取向的改革,到2010年努力形成比较完善的社会主义市场经济体制,到2020年使之更加成熟、定型。围绕这一目标福建加快推进重要领域和关键环节的改革,取得了一系列突破性进展。

2004年,福建提出"建设全面繁荣、协调发展、对外开放的海峡西岸经济区"的战略构想。2004年11月,省委颁发《海峡西岸经济区建设纲要(试行)》以及《关于发展壮大中心城市的若干意见》《关于加快产业集聚培育产业集群的若干意见》两个相关配套文件。2004年,福建生产总值突破5 000亿元,至2018年,每年平均跃升一个千亿元的台阶。

2005年1月,福建省十届人大三次会议通过《关于促进海峡西岸经济

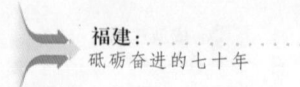

区建设的决定》,省第八次党代会对加快推进海峡西岸经济区建设做出了全面部署,进一步明确了海峡西岸经济区建设的内涵、意义和总体部署,海峡西岸经济区建设由构想上升为人民意愿,进入全面实施阶段。2005年10月党的十六届五中全会上,"支持海峡西岸和其他台商投资相对集中地区经济发展"写入《中共中央关于制定国民经济和社会发展第十一个五年规划的建议》。

2006年3月,十届全国人大四次会议上,"海峡西岸"第一次写入政府工作报告,并纳入国家"十一五"规划纲要(2006年至2010年),明确支持海峡西岸经济发展,建设海峡西岸经济区成为中央决策和国家战略的重要组成部分。在党的十七大上,海西首次写入党的全国代表大会报告。围绕贯彻中央决策部署,福建把建设对外开放、协调发展、全面繁荣的海峡西岸经济区,作为贯彻落实科学发展观的具体举措、实现中华民族核心利益的具体实践,认真实施建设海峡西岸经济区纲要,不断增创改革开放新优势。农村综合改革全面推进,农业税、特产税全部取消,农村税费改革基本完成,粮食流通体制改革继续深化;率先开展集体林权制度改革,实现林业增效、林农增收;建立健全科技特派员、下派村干部、专家服务团、农村"六大员"等制度,农村工作机制有效创新。财政体制改革扎实推进,公共财政体系初步形成;国企改革不断深入,国有资产监督管理体系基本建立;非公有制经济发展环境持续改善,民营经济占全省经济总量的比重超过60%;资本、土地、人才等要素市场加快发展,社会信用体系建设取得进展;山海协作、城市联盟积极推进,省际合作、对口支援成效明显。对外开放水平进一步提高,加入世贸组织后的各项工作有序展开,大通关机制不断完善,新设立三个出口加工区和福州保税物流园区,各类园区集聚功能有效发挥;建立闽港合作八大平台和闽澳四项合作机制,高层定期会晤,各领域交流不断扩大;利用港澳服务业的优势,密切金融、旅游、物流、人才培养、中介服务等方面的合作;运用港澳发达的融资渠道和营销网络,积极开展联合招商,开拓市场,闽港澳关系更加紧密。

2007年1月,福建省十届人大五次会议通过《福建省建设海峡西岸经济区纲要》,海西建设进入全方位推进阶段;2007年11月,福建省委八届三次会议提出全面推进海西建设的新要求,要求努力把海西建设成为科学发展的先行区、两岸人民交流合作的先行区。2007年10月15日至21日召开的党的十七大,提出要完善社会主义市场经济体制,推进各方面体制改革创新,加快重要领域和关键环节改革步伐,全面提高开放水平,着力构建充满活力、富有效率、更加开放、有利于科学发展的体制机制,为发展中国特色社会主义提供强大动力和体制保障。福建认真贯彻党的十七大精神,坚持先行先试、勇于突破,推动改革开放持续深化,更加密切闽台交流合作。国家赋予平潭综合实验区比经济特区更特殊更优惠的政策,实验区大部制组织架构基本建立,一批重大基础设施项目建成,开放开发基础条件初步形成。新设泉州、漳州台商投资区,扩大福州台商投资区,加快建设古雷石化园区、台湾农民创业园、两岸区域性金融服务中心。

2008年,福建总结和推广改革开放30年来形成的"活、和、创、韧"基本经验,改革开放再创新优势。农村综合改革继续深化,土地承包经营权、集体林权、小型水利设施产权等改革取得实效。厦门海沧保税港区获准设立,福州保税物流园区正式封关运作。全面推进闽港、闽澳合作,各领域、各层面交流日益具体化、项目化、常态化。闽台区域合作向纵深发展,漳平(永福)台湾农民创业园获批设立,厦门商业银行成为首家台湾金融机构参股的大陆银行,台湾人寿股份有限公司正式落户厦门,厦门、福州机场成为两岸直航航点,厦航成为大陆首家在台设立办事处的航空公司,沿海8个港口成为首批两岸海上直航口岸,福州、厦门成为两岸直接通邮的封发局。2008年,福建省GDP突破万亿元,达到10 823.11亿元,进入地区生产总值超万亿元的省(自治区、直辖市)行列。

2009年5月,国务院出台《关于支持福建省加快建设海峡西岸经济区的若干意见》,海西战略上升为国家战略,在服务全国发展大局、推动两岸关系和平发展中的重要作用进一步凸显,海峡西岸经济区建设站在了新的起点上,进入了新阶段。7月底,福建正式设立平潭综合实验区,积极探索开展两岸区域合作,建立两岸更加紧密合作交流的区域平台,努力把平潭建设成为探索两岸合作新模式的示范区和海峡西岸经济区科学发展的先行区。

2010年,福建省委省政府赋予平潭设区市及部分省级经济管理权限。平潭综合实验区建设全面展开,闽台交流交往更加密切,率先在事业单位招聘台湾专才。

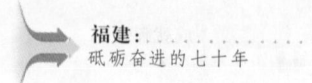

2011年3月,"加快平潭综合实验区开放开发"写入国家"十二五"规划纲要和国务院批准的《海峡西岸经济区发展规划》,平潭开放开发上升为国家战略。2011年11月,国务院正式批复《平潭综合实验区总体发展规划》。福建全面实施《海峡西岸经济区发展规划》和《平潭综合实验区总体发展规划》,对平潭实行比当前经济特区更特殊、更优惠的全岛放开政策。重点领域改革不断深化,厦门开展综合配套改革,先行试验重大改革措施。闽台交流合作持续拓展,两岸经济合作框架协议得到落实。

(四)迈进新时代(2012年至今)

2012年11月8日至14日召开的党的十八大,提出了全面建成小康社会和全面深化改革开放的目标,强调必须以更大的政治勇气和智慧,不失时机深化重要领域改革,坚决破除一切妨碍科学发展的思想观念和体制机制弊端,构建系统完备、科学规范、运行有效的制度体系,使各方面制度更加成熟更加定型。从党的十一届三中全会做出把党和国家工作中心转移到经济建设上、实行改革开放的历史性决策以来,至2012年,已经34个年头了。中国人民的面貌、社会主义中国的面貌、中国共产党的面貌能发生如此深刻的变化,我国能在国际社会赢得举足轻重的地位,靠的就是坚持不懈推进改革开放。

2013年11月9日至12日召开的十八届三中全会,通过了《中共中央关于全面深化改革若干重大问题的决定》,明确了全面深化改革的总目标是完善和发展中国特色社会主义制度,推进国家治理体系和治理能力现代化。到2020年,在重要领域和关键环节改革上取得决定性成果,形成系统完备、科学规范、运行有效的制度体系,使各方面制度更加成熟更加定型。2013年11月26日福建省委九届十次会议通过《中共福建省委关于贯彻党的十八届三中全会精神全面深化改革的决定》,提出坚持社会主义市场经济改革方向,使市场在资源配置中起决定性作用和更好发挥政府作用,以促进社会公平正义、增进人民福祉为出发点和落脚点,紧密结合福建实际,统筹规划、协同推进,重点突破、先行先试,深入实施"三规划两方案",加快推进福建经济体制、政治体制、文化体制、社会体制、生态文明体制和党的建设制度改革,进一步解放思想、解放和发展社会生产力、解放和增强社会活力,坚决破除各方面体制机制弊端,为推进福建科学发展跨越发展、实现"百姓富、生态美"有机统一,为全面建成小康社会提供强大动力和体制机制保障。到2020年,在重要领域和关键环节改革上取得决定性成果,若干领域走在全国改革前列,若干区域成为全国改革"排头兵"和"试验田",形成具有福建特色的系统完备、科学规范、运行有效的制度体系,使各方面制度更加成熟定型,把福建建设成为富有创造力、充满活力的先行省份。

解放思想、先行先试,习近平总书记对福建改革发展寄望甚殷、关怀备至,两次亲临福建考察,多次为福建工作做出重要指示,亲自为福建谋划未来。2014年10月30日至11月2日,习近平总书记在考察福建期间,擘画了福建发展的新蓝图:"希望福建的同志抓住机遇,着力推进科学发展、跨越发展,努力建设机制活、产业优、百姓富、生态美的新福建。"总书记为福建发展指明了方向,也给予福建干部群众以极大的鼓舞。为了推动福建加快发展,中央给予福建高度重视和支持,先后批准了平潭综合实验区、中国(福建)自由贸易试验区、21世纪海上丝绸之路核心区、福州新区、福厦泉国家自主创新示范区、国家生态文明试验区等,为福建改革发展注入了强劲动力。在习近平新时代中国特色社会主义思想和对福建工作的重要指示的指引下,福建提出了"再上新台阶、建设新福建"的奋斗目标,全面深化改革开放,增强体制机制活力,围绕打造市场、开放、社会、生态"四个环境",先行先试、大胆创新,各领域改革取得新突破,行政审批制度、医药卫生体制、生态补偿机制、集体林权制度等改革走在全国前列。自由贸易试验区建设取得积极进展,投资贸易便利化水平显著提升。21世纪海上丝绸之路核心区建设加快推进,"走出去"步伐加快。福州新区建设扎实推进,改革发展取得初步成效。闽台合作交流更加紧密。充分发挥对台独特优势,进一步推进闽台经济社会融合发展。一批重大台资项目落地建设,服务贸易领域合作取得新进展。闽台民间交流、人员往来不断扩大,台湾青年来闽就业创业逐年增多,海峡论坛品牌效应更加凸显。向金门供水工程开工建设。平潭对台先行先试步伐加快,基础设施日臻完善,产业培育和宜居宜业环境建设取得新的进展。

2017年8月3日,中共福建省委十届三次全会召开,审议通过了《中共福建省委关于加快社会事业发展补齐民生短板确保如期全面建成小康社会的决定》，讨论了教育、卫生与健康、养老、城乡民生基础设施等领域相关配套文件，围绕"再上新台阶、建设新福建"的新要求，紧盯薄弱、对接需求，突出重点、精准发力，加快补齐教育、卫生与健康、养老、城乡民生基础设施等社会事业短板，不断增强经济社会发展的全面性、平衡性、协调性，让人民群众有更多的获得感，确保如期全面建成小康社会。提出到2020年社会事业发展水平与全省经济发展水平基本相适应，公共服务体系更加完善，供给能力显著增强，"学有所教""病有所医""老有所养""宜居宜业"等公共服务保障能力和水平迈上新台阶。具体来讲，教育、卫生与健康、养老、城乡民生基础设施等领域的主要指标要高于全国平均水平，力争达到东部地区平均水平。2017年10月18日至10月24日召开的党的十九大，站在新的更高起点上，对全面深化改革做出明确谋划，提出必须坚持和完善中国特色社会主义制度，不断推进国家治理体系和治理能力现代化，坚决破除一切不合时宜的思想观念和体制机制弊端，突破利益固化的藩篱，吸收人类文明有益成果，构建系统完备、科学规范、运行有效的制度体系，充分发挥我国社会主义制度优越性。中国特色社会主义进入新时代，全面深化改革开启新征程。2017年11月16日至17日，中共福建省委十届四次全会在福州召开，提出要深刻领会和把握中国特色社会主义进入新时代的重大政治论断，深入了解和把握当代中国发展变革的新趋势、新特征，努力创造无愧于新时代的新业绩；要深刻领会习近平新时代中国特色社会主义思想的重大政治意义、理论意义、实践意义，用它来武装头脑、指导实践、推动工作；要主动对接党和国家新的战略安排，认真实施福建省"十三五"规划，奋力实现赶超目标，进而在更高起点上建设机制活、产业优、百姓富、生态美的新福建；要对照党的十九大做出的一系列新部署，结合福建实际，一条一条地研究，不折不扣地落实，使之成为福建发展的举措和实践；要全面把握新时代党的建设的总要求，认真落实八个方面的重点任务，推动全面从严治党向纵深发展。2017年11月20日下午，十九届中央全面深化改革领导小组第一次会议召开，习近平总书记强调要全面贯彻党的十九大精神，坚定不移将改革推向深入。党的十九大围绕党和国家事业发展新要求，对全面深化改革提出了新任务，部署了一大批力度更大、要求更高、举措更实的改革任务。同时，还要继续推动党的十八大以来部署的改革任务落实，改革的担子越挑越重，必须付出更为艰巨、更为艰苦的努力。要抓紧梳理党的十九大提出的改革任务和举措，按照党中央确定的全面深化改革的总目标，着力增强改革的系统性、整体性、协同性，保持工作力度和连续性，有计划有秩序推进落实。2017年11月28日，福建省委省政府主持召开省政府常务会议，传达学习贯彻十九届中央全面深化改革领导小组第一次会议精神，要求全省各级各部门切实把思想和行动统一到习近平总书记的重要讲话精神上来，统一到以习近平同志为核心的党中央关于全面深化改革的决策部署上来，深入贯彻落实党的十九大精神，以习近平新时代中国特色社会主义思想为指导，坚定不移将改革进行到底，以全面深化改革的实际行动和成效迎接改革开放40周年。一要坚定改革信心。把握"机制活"这个关键，增强改革定力，保持改革韧劲，不断把全面深化改革推向前进。二要把牢改革方向。坚持党对改革的集中统一领导不能变，完善和发展中国特色社会主义制度、推进国家治理体系和治理能力现代化的总目标不能变，坚持以人民为中心的改革价值取向不能变，确保改革航船沿着正确航向行稳致远。三要抓实改革任务。全面做好中央赋予福建的重大改革试验，深入推进重要领域和关键环节改革，已经推出改革方案的要狠抓落实，还没有完成的改革任务要抓紧快干，已经取得改革成果的要总结提升、复制推广。四要强化改革担当。各级政府各部门主要负责同志要牢固树立"四个意识"，亲力亲为抓改革，勇于攻坚克难，加大督察力度，重视调查研究，增强改革的系统性、整体性、协同性，以钉钉子精神推动各项改革任务抓深抓透、落细落小。2017年12月25日，中共福建省委十届五次全会召开，深入学习贯彻党的十九大精神和习近平新时代中国特色社会主义经济思想，全面落实中央经济工作会议各项决策部署，总结2017年经济工作，部署2018年经济工作，推动全省经济向高质量发展阶段迈进。

2018年3月1日，为了全面贯彻党的十九大精神，坚定不移将改革推向深入，福建召开十届省委全面深化改革领导小组第十九次会议，深入学习贯彻习近平新时代中国特色社会主义思想和党的十九大精神，深刻领会把握习近平总书记全面深化改革重要思想，指出必须以习近平总书记全面深化改革重要思想为指引，进一步增强"四个意识"，坚定"四个自信"，坚决维护习近平总书记党中央的核心、全党的核心地位，坚决维护以习近平同志为核心的党中央权威和集中统一领导,自觉在思想上政治上行动上同党中央保持高度一致,始终坚持和加强党对改革的集中统一领导,坚定不移把福建全面深化改革工作推向深入。2018年4月,福建省委省政府在总结提升闽东北、闽西南经济协作区等经验做法的基础上,统筹全局、与时俱进,提出大力推进闽东北、闽西南两大协同发展区建设,形成全省促进区域协调发展的重要战略。2018年6月6日,第十届海峡论坛在厦门隆重举行,省委省政府在第十届海峡论坛开幕式上表示,福建认真贯彻落实国务院台湾事务办公室、国家发展和改革委员会等部门出台的《关于促进两岸经济文化交流合作的若干措施》,出台贯彻实施意见,细化为进一步促进闽台经济文化交流合作的66条措施,聚焦台胞台企需求,突出先行先试,突出人才交流,突出民间交往,为台湾同胞在闽学习、就业、创业、生活提供与大陆同胞同等待遇和更为便利的条件,不断增进两岸同胞福祉。2018年9月29日,中共福建省委十届六次全会召开,会议审议通过了《关于深入贯彻落实习近平总书记重要指示精神坚持高质量发展落实赶超的意见》,紧紧围绕高质量发展落实赶超这一战略目标,着力创新驱动,培育高质量发展落实赶超的动能;着力转型升级,强化高质量发展落实赶超的支撑;着力区域协调,大力推进闽东北、闽西南两大协同发展区建设;着力乡村振兴,夯实高质量发展落实赶超的基础;着力改革开放,激发高质量发展落实赶超的活力;着力生态建设,巩固高质量发展落实赶超的优势;着力改善民生,共享高质量发展落实赶超的成果,努力实现产业发展高素质、城乡建设高品质、改革开放高层次、生态环境高颜值、民生幸福高指数、党的建设高质量,开创新时代新福建建设新局面。2018年12月26日,中共福建省委十届七次全会在福州召开,讨论了省委常委会工作报告和《关于进一步深化改革扩大开放的若干措施》,提出认真学习贯彻习近平总书记在庆祝改革开放40周年大会上的重要讲话精神,从改革开放40年的伟大实践中汲取力量、坚定信心,进一步动员全省人民以习近平新时代中国特色社会主义思想和党的十九大精神为指导,坚持高质量发展落实赶超,在更高的起点上推动新时代改革开放再出发,推动质量变革、效率变革、动力变革,加快从要素驱动向创新驱动转变,推动产业发展向中高端迈进,最大限度激发市场活力,在实现高质量发展上奋力先行;强化协同联动,更高层面统筹闽东北、闽西南两大协同发展区融合发展,更大力度推进乡村振兴,更加积极融入国家区域发展战略,在城乡区域协调发展上奋力先行;用足用好载体平台,推动闽台融合有更多先行举措,凸显21世纪海上丝绸之路核心区效应有更大作为,深化自由贸易试验区建设有更多创新成果,在形成全面开放新格局上奋力先行;加快构建生态文明体系,建立健全绿色发展促进机制、环境治理长效机制、生态文明评价机制,在生态文明建设试验上奋力先行;努力实现人民对美好生活的向往,突出均衡普惠、深化社会事业改革创新,突出共治共享、创新社会治理体制,突出社会效益、推进文化体制改革,在保障和改善民生上奋力先行;坚持总揽全局、协调各方,深化党的建设制度改革,加快政府职能转变,推动民主法制领域改革,毫不动摇地加强党对一切工作的领导。

2019年3月10日下午,中共中央总书记、国家主席、中央军委主席习近平参加十三届全国人大二次会议福建代表团审议,重点就营造有利于创新创业创造的良好发展环境,探索海峡两岸融合发展新路,做好革命老区中央苏区脱贫奔小康工作等做出重要指示、提出明确要求。习近平总书记强调要营造有利于创新创业创造的良好发展环境。要向改革开放要动力,最大限度释放全社会创新创业创造动能,不断增强我国在世界大变局中的影响力、竞争力。要坚持问题导向,解放思想,通过全面深化改革开放,给创新创业创造以更好的环境,着力解决影响创新创业创造的突出体制机制问题,营造鼓励创新创业创造的社会氛围,特别是要为中小企业、年轻人发展提供有利条件,为高技术企业成长建立加速机制。要坚持"两个毫不动摇",落实鼓励引导支持民营经济发展的各项政策措施,为各类所有制企业营造公平、透明、法治的发展环境,营造有利于企业家健康成长的良好氛围,帮助民营企业实现创新发展,在市场竞争中打造一支有开拓精神、前瞻眼光、国际视野的企业家队伍。要发挥经济特区、自由贸易试验区、综合实验区、21世纪海上丝绸之路核心区等多区叠加优势,不断探索新路,吸引优质生产要素集中集聚,全面提升福建产业竞争力,力争在建设开放型经济新体制上走在前头。要探索海峡两岸融合发展新路。对台工作既要着眼大局大势,又要注重落实落细。两岸要应通尽通,提升经贸合作畅通、基础设施连通、能源资源互通、行业标准共通水平,努力把福建建成台胞台企登陆的第一家园。要加强两岸交流合作,加大文化交流力度,把工作做到广大台湾同胞的心里,

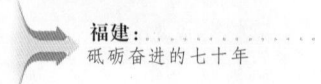

增进台湾同胞对民族、对祖国的认知和感情。要在对台工作中贯彻好以人民为中心的发展思想，对台湾同胞一视同仁，像为大陆百姓服务那样造福台湾同胞。2019年5月22日，中共福建省委十届八次全会召开，深入学习贯彻习近平总书记在参加十三届全国人大二次会议福建代表团审议时的重要讲话和对福建工作的重要指示批示精神，对营造有利于创新创业创造的良好发展环境、探索海峡两岸融合发展新路、推进老区苏区脱贫奔小康和加强新时代党的建设等做出深入部署，审议通过了《中共福建省委关于深入学习宣传贯彻习近平总书记在参加十三届全国人大二次会议福建代表团审议时重要讲话精神的决定》，出台了《关于营造有利于创新创业创造良好发展环境的实施意见》《关于探索海峡两岸融合发展新路的实施意见》《关于做好革命老区中央苏区脱贫奔小康工作的实施意见》《关于全面推进新时代党的建设的实施意见》。2019年10月28日至31日，党的十九届四中全会在北京召开，专门研究坚持和完善中国特色社会主义制度、推进国家治理体系和治理能力现代化问题并做出决定。2019年12月5日，中共福建省委十届九次全会召开，认真学习贯彻党的十九届四中全会精神和习近平总书记的重要讲话精神，审议通过了《中共福建省委深入贯彻〈中共中央关于坚持和完善中国特色社会主义制度、推进国家治理体系和治理能力现代化若干重大问题的决定〉的实施意见》。福建全省上下将更加紧密地团结在以习近平同志为核心的党中央周围，以更高的政治站位、更强的责任担当、更大的工作力度，立足福建实际，能先行的领域奋力先行、能突破的领域率先突破，努力推进新时代新福建治理现代化，为坚持和完善中国特色社会主义制度、推进国家治理体系和治理能力现代化做出福建贡献。

第二节　福建70年来经济社会发展的重大成就

新中国成立以来，福建人民艰苦创业、同心协力、爱拼会赢、奋发有为，使经济社会取得了翻天覆地的变化。特别是改革开放以来，福建省委省政府充分运用中共中央、国务院赋予的各项特殊政策和灵活措施，积极探索振兴之路；党的十八大以来，在以习近平同志为核心的党中央的坚强领导下，全省上下紧紧围绕"五位一体"总体布局和"四个全面"战略布局，践行"创新、协调、绿色、开放、共享"五大发展理念,开拓进取,砥砺前行,"机制活、产业优、百姓富、生态美"的新福建建设取得丰硕成果。

一、经济实现跨越发展,综合实力显著增强

(一)国民经济持续发展

1952年,福建省地区生产总值12.73亿元,在全国排名第22位。一直到1978年,福建全省地区生产总值虽然连年增长,增长了421.36%,翻了两番多,但总量只有66.37亿元。在全国各省(自治区、直辖市)中排名仍是第22位,倒数第九。改革开放后,福建经济持续高速发展,连续上了几个大台阶。1981年全省地区生产总值达到105.62亿元,首次超过百亿元,在全国排名上升到第20位;1993年全省地区生产总值达到1 114.20亿元,首次超过千亿元,在全国的名次前进到第13位。也就是说,福建用了12年的时间,实现了从一百亿到一千亿的飞越。2008年全省地区生产总值达到10 823.11亿元,首次超过万亿元,福建用了15年的时间,实现了从一千亿到一万亿的跨越,全国排名上升到第12位。2016年福建地区生产总值达到28 519.15亿元,总量居全国各省(自治区、直辖市)第10位,首次进入全国前十。2017年福建地区生产总值达到32 298.28亿元,首次跨过三万亿元。按可比价格计算,1979—2017年平均增长率为12.3%,增速仅次于广东,比全国增速快2.8个百分点。特别是在发展速度有所回落的2013—2017年,福建地区生产总值的年增长速度也在9.3%左右,年均增速居全国第6位、东部地区第1位。2018年福建地区生产总值达到35 804.04亿元,按现价计算,是1952年的2813倍;按可比价计算是447倍,年均增长9.7%,增速比全国快1.6个百分点。

经过70年的发展,福建经济总量占全国的份额从1952年的1.9%,提高到2018年的4.0%,在全国经济格局中的地位不断提升。从发展增速看,以改革开放为标志分为两大发展阶段:改革开放前(1953—1978年)全省地区生产总值年均增长6.0%,增速比全国慢0.2个百分点;改革开放后(1978—2018年)年均增长17.0%,比全国快7.6个百分点。

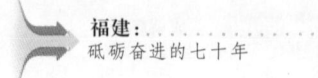

与此同时,福建人均生产总值也得到大幅提升,人均生产总值1952年为102元、1978年为273元,2018年提高到91 197元,从低于全国平均水平发展到比全国高出41%;从1978年居全国的第24位前移到1992年进入全国前10位,再到2018年居全国第6位。1952—2018年,全省人均地区生产总值年均增长10.8%,其中,1978—2018年年均增长达到15.6%。

(二)财政实力不断增强

全省财政总收入1952年仅2.2亿元,1977年、1993年和2006年分别突破十亿、百亿和千亿大关,2018年为5 045亿元。1978年全省财政总收入是1952年的6.9倍,年均增长7.7%;1979—2018年,全省财政总收入增长332倍,年均增长15.6%,增速比全国快2个百分点。财力的增强对促进经济发展、切实改善民生、有效应对各种风险和自然灾害冲击提供了有力的资金保障。特别是改革开放以来是财政收入增长最快,人民得到实惠最多的时期。

(三)多个领域走在前头

作为东南冉冉升起的经济强省,福建正逐渐走在全国的聚光灯下,许多领域已领跑全国。福建是全国第一个也是唯一一个实现"市市通高铁"的省份,还是全国最"绿"的省份,2018年森林覆盖率66.8%,连续40年保持全国第一。福建是历史悠久的产茶大省,是乌龙茶、青茶、红茶、白茶的发源地,武夷岩茶、大红袍、铁观音、白毫银针、工夫红茶扬名中外,2018年全省茶叶全产业链产值在全国率先突破千亿元大关,毛茶产量、单产、良种推广率、茶叶出口货值增幅等指标均居全国第一。福建也是糖果产量大省,2018年福建省糖果产量为84.94万吨,位居全国第一,占全国总产量的29.46%。

福建一直是纺织鞋服产业发展的重点地区,泉州是我国重要的纺织鞋服生产基地和出口基地,拥有安踏、特步、361度、七匹狼、九牧王、百宏等龙头企业,上市企业56家,并荣获"中国十大品牌城市"称号,当地纺织鞋服产业共拥有"中国驰名商标"72件、"中国名牌"23项。中国晋江陈棣镇为全世界生产8.7亿双鞋子,号称"中国鞋都",安踏、361度、喜得龙、爱乐、德尔惠、恒强美克、乔丹等鞋业品牌都在这里诞生。特别是安踏已成为全球第二大运动品牌,市值超过阿迪达斯。

福建拥有全球最大的汽车玻璃专业供应商——福耀玻璃,是宾利、奔驰、宝马、奥迪、通用、丰田、大众、福特、克莱斯勒等的供应商,其创始人曹德旺先生也是中国著名的慈善家、爱国企业家。福建仙游县作为中国"工艺美术品之乡",依托武夷山丰富的自然资源,手工艺品制作逐渐发展起来,时至今日已经发展成为国内最大红木家具生产基地。福建还是时钟制造大省,拥有400多家钟表生产企业,时钟制造产量已连续四年全国排名第一,其中漳州石英钟配件的全球占有率达70%以上,石英钟指针式机芯产量占全球65%以上,石英挂钟占全球30%左右的份额。

二、产业持续转型升级,经济结构不断优化

(一)产业结构调整优化

1952年,福建经济以农业为主,三次产业结构比例为65.9∶19.0∶15.1。新中国成立70年来,特别是党的十一届三中全会以来,从家庭联产承包责任制到乡镇企业的异军突起,再到新农村建设,乃至现在的乡村振兴,传统农业向现代农业加速转变,农产品产量大幅增加,主要的农产品已经由长期短缺到总量平衡,丰年有余,由产品单一、产能低下向品种丰富、高产能转变。特色现代农业发展态势良好,2018年,全省茶叶、蔬菜、水果、畜禽、水产、林竹、花卉苗木、食用菌、乡村旅游、乡村物流等十大乡村特色农业全产业链总产值超过1.5万亿元。改革开放后,加快产业调整步伐,到2018年,三次产业结构调整为6.7∶48.1∶45.2,与1952年相比,第一产业比重下降59.2个百分点,第二、第三产业比重分别上升了29.1个和30.1个百分点,基本形成了农业基础稳固、工业生产能力全面提升、服务业全面发展的格局。三次产业就业结构也随之调整,由1952年的81.9∶5.2∶12.8转为2018年的21.0∶35.2∶43.8,即由"一、三、二"向"三、二、一"转变。

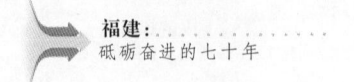

(二)工业结构优化升级

新中国成立70年来,福建通过不断深化改革、扩大开放,经历了从无到有、从小到大、从粗放到集约的发展历程,工业发展步伐加快,年年上新水平,几年上一个大台阶,企业规模、实力日益扩大,工业经济总量快速增长,工业结构优化升级。1952年,福建工业增加值只有2.17亿元,1978年增加到23.85亿元;到1988年突破百亿元,为120.45亿元;1997年突破千亿元,为1 039.62亿元;2014年突破万亿元,为10 426.71亿元;2018年达14 183.20亿元。1953—2018年,工业增加值年均增长13.1%,增幅比全国平均水平高2.1个百分点。许多工业产品经历了从无到有、从小到大的过程。例如,新能源汽车、智能手机、液晶电视机、平板电脑、平板显示器、路由器、卫星导航定位接收机、城市轨道车辆、家用空气湿度调节装置等与人民生活密切相关的工业产品相继投产并形成规模,成为全省的龙头产品。在不断增加工业产品数量的同时,注重自主创新,加快产品的更新换代步伐,培育了一批拥有自主知识产权,产品技术、标准水平在同行业中具有领先优势的"中国名牌"产品。

非公有制经济发展壮大。以股份制、三资和私营企业为主体的非公有工业从无到有、从小到大、从弱到强,迅速发展成为推动全省经济持续快速增长和保持社会稳定的重要力量。2018年,全省规模以上工业中非公经济完成工业增加值占规模以上工业的比重达到86.5%。

产业结构向中高端调整优化。战略性新兴产业不断壮大,2018年,规模以上工业战略性新兴产业占比提高到21.1%。高技术行业占比提升,2018年全省高技术产业增加值比上年增长13.9%,高于全省规模以上工业平均水平4.8个百分点;高技术产业增加值占全省规模以上工业增加值比重为11.3%,比上年提高0.3个百分点。

装备制造业生产加快。2018年,全省装备制造业增加值比上年增长9.7%,快于全省规模以上工业增加值的平均增速0.6个百分点,占全省规模以上工业增加值比重为22.9%,对规模以上工业的贡献率为24.9%。

部分支撑工业结构转型升级的细分行业保持较快增长。例如,电子工业专用设备业增加值比上年增长22.1%,工业控制计算机及系统制造业增加值增长14.6%,光纤、光缆制造及锂离子电池制造业增长24.5%,通信设备制造、雷达及配套设备制造业增长21.5%,电子器件制造业增长13.4%。值得一提的是厦门完成"芯片设计—芯片制造—封装测试—装备与材料"的集成电路全产业链布局,并力争构建"芯片—软件—整机—系统—信息服务"的电子信息千亿产业链。

(三)服务业蓬勃发展

满足生产生活需求的能力不断提高。新中国成立直至20世纪70年代,生产资料行业优先发展,服务业发展相对缓慢,福建服务业对福建省生产总值增长的贡献度仅为23.6%;改革开放以来,随着服务业快速发展,2018年福建服务业对福建省生产总值增长的贡献度达到46.3%。1952年,福建第三产业增加值仅为1.92亿元,到1978年也只有14.25亿元。改革开放以来,服务业随市场繁荣而日益兴旺,进入发展快车道。2018年,第三产业增加值达到16 191.86亿元,比1952年实际增长8 432倍,年均增长10.7%。其中,1979—2018年年均增长12.7%,增幅比全国平均水平高2.3个百分点。1979—2018年,交通运输业、批发和零售业、房地产业增加值分别年均增长12.0%、12.8%和13.5%,增幅分别比全国平均水平高3.0个、2.7个和3.2个百分点;金融业增加值年均增长11.2%。党的十八大以来,服务业迸发出前所未有的生机和活力,生产性服务业和生活性服务业并行发展,新产业新业态新模式不断涌现,成为保障就业、稳定经济的重要力量。现代服务业发展迅猛,金融保险、房地产、计算机服务和软件业等与现代发展相适应的新兴行业快速崛起,超级物种、朴朴超市等新零售新业态快速成长。区域金融改革发展成效显著,在全国率先建成省级"金融超市"——福建省金融综合服务平台。信息服务业迅猛发展,以云计算、大数据、物联网、人工智能为代表的新一代信息技术加速孕育、蓬勃兴起,2018年全省有6家企业入选"中国互联网企业100强"榜单,仅次于北京、广东、上海,位居全国第四。

(四)民营经济充满活力

新中国成立后,公有制经济居主导地位。改革开放以来,乡镇企业异军

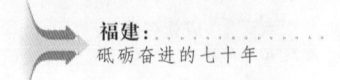

突起,民营经济逐步发展成为国民经济的活跃力量。2018年,民营经济实现增加值24 311.37亿元,对福建省生产总值增长的贡献率为68.6%,占福建省生产总值的比重连续7年保持在67%左右,2018年为67.9%;规模以上民营工业企业达到1.5万家,占全省规模以上工业增加值比重为73%;完成税收约3 000亿元,占全省总额的70%以上;吸纳就业人数占全省就业总数的80%;拥有各类市场主体340多万户,占全省总数的90%以上。

三、创新驱动逐步凸显,福建智造崭露头角

(一)创新投入持续增加

根据科技部最新统计,福建省综合科技创新水平指数居全国第12位,经济发展方式转变指数居全国第6位,科技促进经济社会发展指数、知识产权综合实力均居全国第8位。科技投入大幅增加,2018年,全省研究与试验发展经费内部支出642.79亿元,是1990年的391倍,年均增长23.8%;研究与试验发展经费支出占福建省生产总值的比重由1990年的0.3%提高到2018年的1.8%。

(二)全创新链逐步形成

经过多年的探索实践,福建已形成从原始创新到技术开发、成果转化、企业孵化,再到新兴产业的"全创新链",走出一条具有福建特色的创新发展之路。科创基地和平台建设如火如荼,中科院海西研究所、国防科技大学军民融合协同创新研究院、中船重工厦门材料研究院等新一批"国字号"研发机构落地。全省已布局建设18家省级产业技术研究院和31家省级产业技术创新战略联盟;拥有国家重点实验室10个、省级重点实验室204个、国家级工程技术研究中心7个、省级工程技术研究中心527个、省级新型研发机构70家。

(三)科技创新成果丰硕

专利授权量从1990年的276件发展到2018年的10万余件,年均增长

23.5%,2018年全省每万人口发明专利拥有量达到9.8件。技术市场蓬勃发展,2018年共登记技术合同成交额110.90亿元,是1999年(8.09亿元)的近14倍。高新技术产业化取得新进展,高技术企业总数突破3 800家,高技术产业增加值增长13.9%。2018年全省入库备案科技型中小企业3 344家、省高新技术企业904家、省科技小巨人领军企业1 823家,其中,高新技术企业是1999年(356家)的2.5倍。

(四)创新贡献作用逐步增强

科技创新持续推动福建产业转型升级,通过运用新技术、新业态、新模式等对传统产业进行改造,实施"机器换工"专项行动,传统产业焕发出新的活力。食品、石材、水暖、冶金等产业的主要企业工艺技术装备水平已达到国际或国内先进水平,纺织服装、鞋业、食品、卫浴等20多个传统制造行业实现了产品高端化,涌现出福耀、安踏、九牧等传统行业全国龙头企业。截至2018年,全省18家企业(产品)入选国家级单项冠军企业(产品)名录,数量居全国第5位;时代新能源动力电池、宁德新能源消费电池产量全球最大,稀土磁性材料规模进入全国前五,发光材料全国第一,储氢合金全国第三,厦门钨业是全国六大稀土集团之一,石墨烯形成"资源开采—材料制备—下游应用—终端产品及相关配套"的产业链,不锈钢产能全国第一。科技创新提供专业民生服务。随着科技不断进步,我国在生态、医疗、质检、气象、地震、海洋和测绘等领域提供的专业技术服务水平逐年提高。长汀水土流失治理技术、省科技重大专项食品中致癌物检测技术研究取得突破,部分设备实现批量生产;抗乙肝药物研发取得重大进展,获得抗乙肝适应证药品生产注册,新药创制水平不断提升。

四、基础设施加速发展,体系逐步完善完备

(一)投资保持快速增长

新中国成立70年来,福建固定资产投资持续快速增长,年均增长18.0%,比全国年均增幅高2.4个百分点。新中国成立初期的福建,百业待

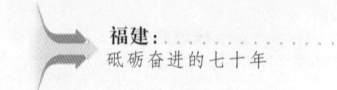

兴,经济基础十分薄弱,固定资产投资保持较快增长。1953—1980年,全省全民所有制单位固定资产投资年均增长13.5%,比全国年均增幅高2.8个百分点,建成一批工业化必需的基础产业项目,保障国民经济生产活动步入正轨。党的十一届三中全会提出"以经济建设为中心,大力发展生产力",固定资产投资呈现高速增长的态势,投资增速明显加快,1981—2012年,全省固定资产投资年均增长23.8%,比全国年均增幅高2.7个百分点。党的十八大以来,投资保持平稳增长,投资结构持续改善,投资质量不断提高,2013—2018年,全省固定资产投资年均增长15.3%,比全国年均增幅高4.6个百分点。

(二)交通建设日新月异

新中国成立初期,福建省交通十分闭塞,全省铁路里程仅354公里,勉强通车的公路不足1 000公里。1997年泉厦高速公路通车试运营,实现了福建高速公路零的突破,此后全面启动"三纵、八横"长约4 800公里的高速公路网建设,形成了省会城市到各设区市"4小时交通圈"。2018年高速公路总里程达5 155公里,密度为416公里每万平方公里,是全国平均水平的2.9倍。铁路方面,出省通道从最初的只有1条增至7条。1956年,铁路里程只有354公里,2018年铁路运营里程达3 509公里,是1956年的近10倍,密度是全国平均水平的2倍。其中,高铁里程1 850公里,是全国唯一实现了市市通高铁的省份。2009年9月,温福铁路动车组首发,标志着福建从此进入了双线快速运输的动车时代。普通公路通车里程达到10.89万公里,其中高速公路通车总里程达5 344公里,通车里程位居全国第二,路网密度达到发达国家水平,所有县城都连接了高等级普通公路。港口方面,沿海主要港口货物吞吐量从1949年的29.7万吨增加到2018年的56 130.8万吨,增长了1 888倍,可以靠泊世界最大的集装箱船、散货船和邮轮等各种船型。航空方面,机场数量从新中国成立初期的1个增加至2018年底的6个,形成了以福州、厦门国际机场为主,晋江、武夷山、连城等中小机场为辅的干、支线机场相结合的空港体系,开通国内外航线100多条,年旅客发送量达3 329.82万人。

（三）能源保障不断增强

福建一次能源相对贫乏，缺油缺气少煤。为满足生产消费和高质量发展的共同需求，近年来，全省构建起安全可靠的能源保障体系，建成一批骨干电源工程和与省外联网工程，完成城乡电网建设与改造，实现能源建设的新跨越。"十五"以来，积极调整和优化能源结构和布局，加快核电建设，2006年宁德核电、2014年福清核电相继建成投产，实现了福建核电零的突破；大力发展可再生能源，陆上风电、光伏项目快速发展，2018年，建成风电装机容量300.3万千瓦，平均利用小时数达2587小时；太阳能发电装机容量148.0万千瓦。2018年，全省电力装机累计达5769.7万千瓦。2018年，全省核电发电量达645.58亿千瓦时，占全省发电量的26.2%；风力发电量72.30亿千瓦时；太阳能发电13.60亿千瓦时。

（四）邮电通信设施日趋完善

邮路单程长度由1952年的3.42万公里提高到2018年的71.21万公里，增长近20倍。邮电业务总量从1949年的877万元增加到2018年的2523.03亿元，年均增长16%。本地电话用户从1952年的不足1万户增加到2018年的733万户，年均增速为11.4%；移动通信从无到有，2018年，移动电话用户达到4554万户，年均增长28%，并向5G时代迈进。互联网用户从1998年的3.85万，增加到2018年的5474万户，普及率为126%。

五、城乡发展更加均衡，区域协调明显改善

（一）山海协作日益紧密

福建率先在全国开展山海协作联动发展，20世纪80年代初期就提出大念"山海经"的区域发展战略，90年代末开始实施"山海协作、联动发展"战略，2012年出台《关于深化山海协作的八条意见》，构建起省级部门、发达地区与欠发达地区沟通交流的桥梁，把"山"的资源、劳动力、生态等优势与"海"的资金、技术、人才等优势有机结合起来，实现了优势互补、互利共

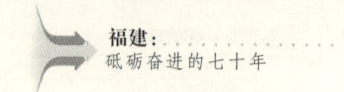

赢。全省共建成32个山海协作共建产业园区。2016—2018年，沿海帮扶县落实对口帮扶资金12.8亿元。

（二）中心城市作用更加突出

福州、厦门、泉州三大中心城市引领全省经济发展，2018年经济总量占全省的58.98%，比1978年提高20.92个百分点，比1952年提高21.64个百分点。1952年以来，福州、厦门、泉州三个城市地区生产总值年均增速分别为12.88%、14.80%、13.31%，居全省前三位，示范带动作用突出，形成了以福州都市区和厦漳泉都市区为引擎，闽东北协同发展区和闽西南协同发展区加快发展的良好局面。

（三）城乡要素流动更加自由

新中国成立初期，福建与全国其他省市一样长期实行城乡二元经济体制结构，城乡之间要素流动不明显。从新中国成立到改革开放前夕，福建人口城镇化发展受体制等因素的影响，城镇人口增长十分缓慢。从1950年至1978年的28年间，福建城镇人口比重一直徘徊在13.0%左右，每年增加的城镇人口也在五六万人中迂回。1957年，福建常住人口城镇化率仅为11.5%，到1978年为13.7%，22年间仅提高了2.2个百分点，处于全国下游水平。改革开放后，全省工业化进程加速推进，城镇化进程明显加快。1979—2018年，全省城镇人口从336万人迅猛增加到2593万人，城镇化水平由13.7%提高到65.8%，平均每年提高1.3个百分点。2018年全省城镇化率比全国高6.2个百分点，居全国第8位。全省城乡居民收入比由1978年的2.68∶1调整为2018年的2.36∶1，低于全国2.69∶1的收入比。近年来，随着乡村振兴战略的实施，第一、二、三产业加快融合发展，城乡要素配置呈现出双向流动的新动向，城镇部分劳动力带着技术、资本下乡从事农业经营，现代农业加快发展，特色小镇风生水起，新业态、新模式不断涌现。

（四）城乡一体化程度显著提高

城乡义务教育一体化改革不断推进，城乡"双高普九"全面实现。城乡居民社会养老保险制度、基本医保政策实现一体化。农村公共文化服务体系更加健全,全省基本公共文化服务标准化建设完成率达 84.5%,基层综合性文化服务中心建设完成率达 50.6%。全面实现社会救助一体化,2018年末,农村低保平均标准、农村特困供养年平均标准达到城市标准的 98%;农村养老服务设施覆盖率提高到 53%。

(五)农村生产生活环境明显改善

财政支持力度不断增强,资金分配和转移支付从新中国成立后的"以农补工、以乡养城"向"城市支持农村、工业反哺农业"转变,农村面貌发生翻天覆地的变化,村容村貌从"脏乱差"变成"洁美净"。全省畜禽粪污综合利用率超过 85%,位居全国前列;有 265 个村入选中国传统村落;三分之一的村庄开展美丽乡村建设。

六、开放合作水平提升,对外联系更加紧密

(一)对外贸易快速发展

1952 年,福建对外贸易进出口额仅 942 万美元,到 1978 年超过 2 亿美元。党的十一届三中全会以后,福建坚持改革开放方针,努力发展外向型经济,对外贸易取得迅猛发展。2018 年,福建进出口规模达 1 875.76 亿美元,居全国第 7 位,比 1978 年增长 923 倍,年均增长 18.6%。其中,出口 1 156.85 亿美元,居全国第 6 位,年均增长 17.0%;进口 718.90 亿美元,居全国第 8 位,年均增长 24.0%。进出口额占福建省生产总值的比重也由 1978 年的不足 5.0%提高到 34.5%。出口结构也得到优化,1986 年以前,福建几乎没有高新技术产品出口,2018 年高新技术产品出口额为 1 028.62 亿元,占出口总额的 13.5%。

(二)利用外资水平提高

改革开放前,福建对外交流很少,处于一个较为封闭的状态。1979 年,全省实际利用外资 83 万美元,不足全国的 1%。改革开放以来,随着市场准入不断放宽,投资环境持续优化,引进外资规模大幅扩大,全省累计批准

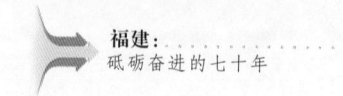

设立外资企业5万多家,吸引外资超过1 200亿美元。2018年,全省新设外商投资企业2 419家、协议投资额323亿美元,增长18.5%,实际使用外资44.5亿美元。

(三)对外投资成效明显

新中国成立以来至20世纪70年代,只有少数企业开展对外交流。改革开放以来,外贸迅速发展,带动了企业逐步走出去。1980—2018年,全省累计签订对外承包工程合同额、完成营业额双双突破百亿美元,分别为101.81亿美元、107.98亿美元。2018年末在外承包工程与劳务合作人数达6.4万人。进入21世纪,随着"走出去"战略的实施,对外投资步伐加快,出现了良好的增长势头,2018年全省备案核准对外投资项目246个,中方协议投资额超过55.20亿美元。

七、对台交流持续深入,经济社会融合发展

(一)闽台双向投资持续增长

改革开放初期,台商主要是以港资或侨资的名义到福建进行间接隐蔽的试探性投资。1989年5月,国务院正式批准厦门杏林地区、海沧地区及福州马尾经济技术开发区未开发部分为台商投资区。90年代初,时任福州市委书记习近平创造性地提出了"以侨引侨、以侨引台"等招商引资思路,福建迅速成为台商投资的热点和中心,国务院批准的6个台商投资区全部在福建,并实施外商投资"负面清单"管理模式,率先给予台企台胞同等待遇。2018年福建新批台资项目同比增长22.5%,实际使用台资约占大陆19%,新批台资项目和实际使用台资分别居各省市的第1位和第2位,台湾百大企业中已有60多家在闽投资设厂。2009年,福建新大陆集团成为第一家赴台投资的大陆企业。截至2017年底,全省入岛投资企业共达90家,协议投资3.85亿美元,均位居大陆前列。

(二)闽台贸易往来不断深化

改革开放初期,闽台经贸交流主要方式是经香港转口贸易、民间小额直接贸易。从 1982 年福建制定了《福建省对台贸易管理试行办法》开始,到率先设立对台小额商品交易市场、打造"海峡两岸经贸交易会""台湾商品交易会""海峡两岸商品博览会"等重大经贸交流平台,闽台贸易往来日益紧密。至 2018 年底,全省累计实现闽台贸易总额超万亿元。特别是在对台农产品贸易上,率先建立台湾农产品物流中心、启动零关税进口台湾农产品,福建自贸区开创最便利的台湾商品通关模式,台湾水果实现"台湾上午采摘,大陆下午上架",福建已成为对台农产品贸易最大的出口省份和第二大进口省份。

(三)闽台产业合作先行先试

福建率先设立海峡两岸农业合作试验区和台湾农民创业园,最早出台促进两岸农业合作的地方性法规,连续多年举办海峡两岸农博会、林博会、茶博会、渔博会等重大农业经贸展会活动,是引进台湾品种技术最多、农业利用台资规模最大的省份。截至 2018 年底,全省累计批办台资农业项目 2 681 个,合同利用台资 39.5 亿美元,农业利用台资的数量和规模稳居大陆各省市区首位。制造业方面,已形成以电子信息、石化产业和机械装备三大产业为主导;以食品、纺织等传统制造业为基石;以太阳光电、生物科技等战略性新兴产业为亮点的全产业合作体系。服务业方面,率先开放台资进入旅游、医疗和建筑等领域,闽台金融业合作创下两岸第一家合资寿险公司、第一支两岸合资的证券期货基金、第一家两岸合资的消费金融公司等多个第一。

(四)两岸往来通道快速便捷

改革开放初期,台胞一般是绕道港澳或东南亚来闽。2000 年,闽台"小三通"开始启动,每年有百余万民众经"小三通"往返探亲、旅游、经商,便捷性日趋凸显。2006 年厦门首航两岸春节包机,2008 年两岸空中直航、海运直航和直接通邮正式启动,福建成为两岸直接双向"三通"的主要通道。从

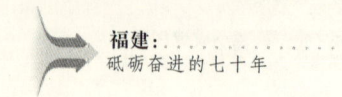

绕道到直航,从分散到组团,两岸交流越来越多,开始朝着多领域、多形式、多渠道、多层次的方向发展。2008年以来,福建先后开通了对台集装箱定期班轮航线12条、散杂货不定期航线31条,实现闽台所有港口海上直接通航的全覆盖,对台直航港口货物吞吐量突破亿吨,闽台海上航线在两岸海上直航集装箱运输量中占比达到30%以上。除海上直航外,福建省也是两岸空中客货直航点最多的省份之一。

(五)闽台民间交流深入拓展

1979年,《告台湾同胞书》在海峡两岸产生强烈的反响,台胞辗转来闽参加文化交流活动。2008年直接"三通"后,福建以"福建文化宝岛行"项目入岛交流,展开了全方位、多层次、宽领域的双向闽台文化交流合作。已先后组织了20多批"福建文化宝岛行"赴岛交流项目、30多个院团(组)入岛交流,屡创大陆赴台交流组团规模新高和交流区域先河。厦门、福州等5个城市相继成为赴台个人游试点城市,率先实施台胞往来大陆免签注政策,大陆首张电子台胞证在福州签发。同时,着力打造海峡论坛、海峡两岸民间艺术节、海峡两岸文化产业博览交易会、莆田湄洲妈祖文化旅游节等涉台交流平台,建立了12个海峡两岸交流基地、8个"海峡两岸青年创业基地",数量居大陆首位。

八、生态文明持续推进,绿色发展走在前列

(一)"治山理水"效果显著

新中国成立的70年,是对生态环境从改造到保护,由恶化转向逐步改善的70年。特别是改革开放40多年来,福建对生态环境治理力度不断加大,实行省领导挂钩帮扶水土流失治理重点县,推进水土流失精准治理、深层治理。2012年起累计治理1 767万亩,越来越多的"火焰山"变成"花果山"。作为全国第一个生态文明实验区,2018年全省森林覆盖率66.8%,连续40年保持全国第一;森林蓄积量7.29亿立方米,居全国第7位,生态文明指数长期居全国首位。开展水质提升精准治理工程、饮用水安全"六个

100%"工程,实施82条"小流域综合治理"等为民办实事项目,抓好三都澳、闽江口、厦门湾等重点海域生态环境治理,全面消除劣V类小流域和"牛奶溪",完成城市主要内河黑臭水体整治任务。2018年,12条主要河流水质状况为优,I类～III类优良水质比例为95.8%,高于全国平均水平,122个县集中式生活饮用水水源地达标率100%。

(二)推进"管天管地"

福建以空气质量优良天数比例不低于国家下达的97.9%为刚性目标要求,实施大气精准治理减排"十百千"工程,坚持臭氧和$PM_{2.5}$协同控制,完成324个大气重点项目整治。2018年,全省九市一区空气质量达标天数比例为95.0%(按新标准计算为97.6%),高于全国平均水平,$PM_{2.5}$浓度26微克每立方米,比全国平均水平低33.3%。启动3个土壤环境保护示范区建设,推进5个土壤治理与修复试点示范项目,筛选10个县(市、区)开展土壤风险防控试点。遵循减量化、资源化、无害化原则,打好垃圾分类攻坚战、持久战。厦门全市100%建成小区和80%农村地区已开展生活垃圾分类;福州也在全市全面推开垃圾分类。

(三)实现"留白留绿"

福建落实主体功能区战略,推进"多规合一",整合各类空间管控手段,多保留功能性"空地"、公共空间和生态空间,把该开发的地方高效集约开发好,把该保护的区域严格保护好,建立起协调有序的国土开发保护格局。坚持不懈护绿、增绿、管绿,每年均超额完成造林绿化任务,创建了7个国家森林城市和62个省级森林城市(县城),2018年全省建成区绿地率39.95%,人均公园绿地面积14.3平方米,植被生态质量由2014年的全国第四提升到全国第一。

九、民生保障持续加强,人民生活全面小康

(一)脱贫攻坚成效显著

福建始终坚持习近平总书记提出的"以改革创新引领扶贫方向、以开放

意识推动扶贫工作"原则,遵照总书记在宁德工作期间致力摆脱贫困的思路和要求,发扬"弱鸟先飞、滴水穿石、久久为功"精神,持之以恒地推进扶贫开发工作,扶贫工作的内涵与时俱进,不断发展完善。从20世纪80年代中后期以解决温饱为基本任务,到20世纪90年代以脱贫致富奔小康为工作主线,再到21世纪以来以全面建成小康社会为奋斗目标,实现了由"输血式"扶贫到"造血式"扶贫、由一般性扶贫向精准扶贫、由解决温饱为主向人与自然和谐共生的转变。贫困人口大幅减少,全省农村的贫困人口从1985年的240万人,降到2018年底的465人。23个省级扶贫开发工作重点县已有5个实现脱贫摘帽,2 201个建档立卡贫困村已有2 050个实现退出摘帽。贫困地区生产生活环境明显改善,2006年实现户户通生活用电,2015年实现村村通动力电,2018年实现光纤、4G网络、宽带全覆盖。

(二)居民收入快速增长

城镇居民人均可支配收入由1952年的106元提高到2018年的42 121元,年均增长9.5%。其中,1978—2018年平均增长速度为12.6%,比全国同期增速快0.2个百分点。农村居民人均纯收入由1952年的69.97元提高到2018年的17 821元,年均增长8.8%。其中,1979—2018年年均增长12.9%,比全国同期增速快0.6个百分点。城镇和农村居民的人均收入水平分别居全国第7位和第6位。城乡居民的财产性收入从无到有,占全部收入的比重不断提高,人民群众的生活越来越殷实。2018年,城镇居民的财产性收入占比超过11%。

(三)居民生活水平提升

居民消费水平不断提高,2018年城乡居民的恩格尔系数分别下降到32.0%和35.7%。消费需求不仅仅从量上得到满足,在质上也不断提升,从"老三样"到"新三样",再到汽车、珠宝,再到文化娱乐消费,人民生活从最初的追求温饱,向美好生活的需要迈进,生活质量不断提高。住户条件明显改善,城镇居民人均住房建筑面积从1980年的11.3平方米,增加到2018年的43.1平方米,农村居民为78.9平方米。

(四)社保体系逐步完善

我国社会保障制度的重构,与国家经济体制改革是同步的。1993年开始实施的社会保险制度,进一步完善了社会保障体系,逐步改变了城镇居民养老、医疗等各项保障主要靠企业,农村居民的各项保障由家庭承担的局面。全民医保基本建立,城乡居民养老保险实现了全覆盖。2018年底,全省参加城乡居民社会养老保险人数1525.64万人,参加城乡基本医疗保险人数3804.72万人,参加城镇失业保险人数570.27万人。

(五)教育取得长足发展

2018年,全省教育经费支出923.06亿元,占财政支出的19.1%。普通高等学校在校生人数由1949年的0.37万人增加到2018年的77.24万人,年均增长7.9%;普通中学在校学生数由4.63万人增加到192.10万人。在全国率先实现了城乡免费九年义务教育,厦门大学、福州大学列入国家"双一流"建设计划。每万人口高中阶段教育、普通高等教育在校生数均居全国前列。2018年,大专以上文化人口占总人口的比重为11.2%,比1982年的0.6%有明显提高。

(六)卫生事业进展喜人

2018年,全省共有卫生技术人员24.73万人,比1949年的0.09万人增长了近274倍,年均增长8.4%;拥有卫生机构床位数19.26万张,比1949年的0.07万张增长了274倍,年均增长8.4%。每千人拥有的医生数由1949年的0.46人增加到2018年的2.31人,年均增长2.3%;每千人拥有的床位数由0.06个增加到4.88个,年均增长6.5%。人均预期寿命从1982年的68.50岁提高到2010年的75.76岁。

(七)文化事业蒸蒸日上

2018年,全省有广播电台4座、电视台5座、广播电视台68座,广播综合人口覆盖率和电视综合人口覆盖率分别达99.04%和99.19%,均高于全国平均水平。全省文化系统共有公共图书馆90个、博物馆124个,分别是

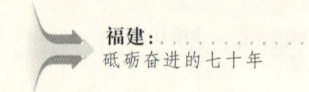

1957 年的 9 倍、124 倍。出版各类报纸 7.97 亿份、期刊 0.24 亿份、图书 1.08 亿本，分别增长 21 倍、37 倍、9 倍。

70 年沧桑巨变，70 年风雨兼程，福建发生了翻天覆地的变化。回顾峥嵘岁月，鉴往知来；展望锦绣前程，催人奋进。当前正值全面建成小康社会的关键之年，我们坚信福建人民一定会在党中央和国务院的坚强领导下，坚持高质量发展落实赶超，为建设机制活、产业优、百姓富、生态美的新福建，为决胜全面建成小康社会，实现中华民族伟大复兴的中国梦，实现人民对美好生活的向往继续奋斗，再创辉煌！

第三节　福建 70 年来经济社会发展的经验启示

新中国成立 70 年来，福建抓住了历史机遇，作为中国改革开放的先行地区，在改革开放和现代化建设中一直走在全国前列，充分发挥了"试验田""窗口"和"示范区"作用，取得了改革开放和社会主义现代化建设的历史性成就，实现了历史性的跨越，闯出了一条具有福建特色的经济社会发展道路，为中国特色社会主义建设贡献了福建经验、福建智慧。

一、坚持以人民为中心，是福建经济社会发展的"落脚点"

70 年来，福建在积极推进经济体制改革、促进经济发展的同时，始终坚持社会民生优先，不断改善社会民生事业，解决人民群众反映强烈的突出问题，提升人民群众的幸福感和获得感，增进人民福祉。

长汀县曾是我国南方红壤区水土流失最为严重的区域之一，其历史之长、面积之广、程度之重、危害之大，居福建省之首。新中国成立后，历届省委省政府高度重视长汀县的水土流失治理工作。早在 1949 年 12 月，省委省政府就成立了"福建省长汀县河田水土保持试验区"。1983 年 4 月，时任福建省委书记项南考察长汀县，写下了《水土保持三字经》。同年，省委省政府把长汀县列为治理水土流失的试点，拉开了大规模水土流失治理的序幕。此后，历任福建省委省政府主要领导都亲临长汀县，对水土保持工作做出具体指导。1998 年元旦，时任福建省委副书记习近平为长汀水土流失治理题词"治理水土流失,建设生态农业"。1999年11月,时任福建省委副书记、代省长习近平到长汀调研水土流失治理工作,语重心长地说:"长汀水土流失治理工作在项南老书记的关怀下,取得了很大成绩。但革命尚未成功,同志仍需努力,要锲而不舍、统筹规划,用8到10年时间,争取国家、省、市支持,完成国土整治,造福百姓。"30多年来,长汀县全方位推进治山、治水、治空气、治环境,探索形成了"乔灌生态修复""草牧沼果循环种养"等多种水土治理、山林修复机制,累计治理水土流失面积162.8万亩,减少水土流失面积98.8万亩,森林覆盖率由1986年的59.8%提高到现在的79.4%,植被覆盖率由15%~35%提高到65%~91%。从荒山到绿洲到美丽家园,长汀县提供了一个生态治理样本。在省委省政府的支持下,长汀县干部群众经过几代人的不懈努力,创造了水土流失治理的"长汀经验",成为中国水土流失治理的典范和福建生态省建设的一面旗帜。

宁德市,曾经因经济落后而被称为中国东南沿海的"黄金断裂带"。在这里,习近平总书记提出了扶贫开发理论,孕育着新时期习近平总书记扶贫开发战略思想的理论源头和实践起点。时任宁德地委书记的习近平在宁德待了一年零十一个月,基本走遍了所有的乡镇,探索出一条扶贫规律。总书记把宁德定位为"弱鸟先飞、滴水穿石、不耻落后",并提出"扶贫扶志,贫困地区缺'精气神'不行""不能输在精神上,人穷志不穷,只要锲而不舍,最后总能够旧貌换新颜"等,最终形成了习近平的扶贫理念——"因地制宜、弱鸟先飞,精准发力,滴水穿石,这也是欠发达地区摆脱贫困的宁德定理。为了拔穷根,宁德市干部群众在习近平总书记当年为闽东扶贫开发工作提出的重要思想和打下的坚实基础上,紧紧抓住扶贫不放松,始终将消除贫困、改善民生、实现共同富裕作为工作主线,一任一任接着干,一年一年持续抓,锲而不舍,久久为功,不断推进扶贫开发工作取得新进展。

"三明模式"一直是医改领域的焦点。在医改之前,三明市除了全国范围内普遍存在的由于医疗卫生市场化导致的卫生资源浪费严重、公立医院公益性减退、过度医疗等一系列问题外,还存在众多触发医改的特定因素。从2012年开始,三明市开展了医药、医疗、医保三医联动的公立医院改革。通过医改,三明实现了放缓医药总费用增速、减轻患者负担、降低药品费用的"三降低"以及提升医务人员薪酬、医院收入结构优化、城镇职工医保基金

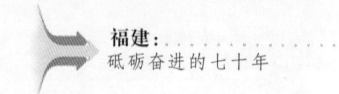

扭亏为盈的"三提升"。医改的"三明模式"取得的良好效果得到了中央的肯定,医改中总结出来的经验在全省和全国得到了推广。

正是因为福建在70年发展历程中,始终坚持社会民生优先,在经济发展和改革创新中坚持"民生指向",让福建的老百姓普遍得到实实在在的利益,也就为福建经济社会发展和改革开放凝聚了最大的共识,为福建高质量发展取得巨大成就奠定了深厚的根基。

二、中央支持给力有效,是福建经济社会发展的"压舱石"

福建发展离不开中央的政策支持。70年来,中央给予福建极大的政策支持,早在改革开放初期,中央就决定对福建在对外经济活动中实行特殊政策和灵活措施,作为改革经济体制的一种试验。

1979年,国务院批准福建50家国营工业企业进行扩大经营自主权试点;1980年厦门经济特区设立;1988年4月,国务院批准福建为改革开放试验区,并赋予11条政策。进入21世纪,国家出台了一系列政策措施,支持福建推动新一轮发展。2009年5月,国务院出台《关于支持福建省加快建设海峡西岸经济区的若干意见》,海西战略上升为国家战略;2011年,"加快平潭综合实验区开放开发"写入国家"十二五"规划纲要和国务院批准的《海峡西岸经济区发展规划》,平潭开放开发上升为国家战略,同年国务院正式批复《平潭综合实验区总体发展规划》;2012年6月,国务院发布《关于支持赣南原中央苏区振兴发展的若干意见》,政策覆盖了龙岩、三明、南平3个设区市全域,以及漳州的8个县(区、市)和泉州的4个县(市),有力支持了原中央苏区发展;2012年11月,国务院批复了《福建海峡蓝色经济试验区发展规划》,提出到2020年,福建将全面建成海洋经济强省。这表明福建海洋经济发展已上升为国家战略,面临新的重大历史机遇。

尤其是习近平总书记对福建改革发展寄望甚殷,关怀备至,两次亲临福建考察,多次为福建工作做出重要指示,亲自为福建谋划未来,擘画了福建发展的新蓝图:"希望福建的同志抓住机遇,着力推进科学发展、跨越发展,努力建设机制活、产业优、百姓富、生态美的新福建。"

2013年以来,为了推动福建更快更好发展,中央出台了一系列更有力的措施支持福建发展,先后批准了中国(福建)自由贸易试验区、21世纪海上丝绸之路核心区、福州新区、福厦泉国家自主创新示范区、国家生态文明试验区等,为福建改革发展注入了强劲动力。2014年12月,国务院批复同意设立中国(福建)自由贸易试验区,中国(福建)自由贸易试验区成为继上海自由贸易试验区之后的第二批自由贸易试验区。2018年5月,国务院又印发《进一步深化中国(福建)自由贸易试验区改革开放方案》,福建自贸试验区迎来新一轮发展机遇,将在新一轮改革开放中进一步发挥引领示范作用。2015年3月,国务院授权外交部和国家发展改革委发布《推动共建丝绸之路经济带和21世纪海上丝绸之路的愿景与行动》,中央明确提出支持福建建设21世纪海上丝绸之路核心区。2015年8月,国务院批复同意设立福州新区。2016年6月,国务院批复同意设立福厦泉国家自主创新示范区,打造连接海峡两岸、具有较强产业竞争和国际影响力的科技创新中心。

2016年8月,中共中央、国务院印发《国家生态文明试验区(福建)方案》。这标志着福建成为全国首个生态文明试验区,将引领带动全国生态文明建设和体制改革,以率先推进生态文明领域治理体系和治理能力现代化为目标,以进一步改善生态环境质量、增强人民群众获得感为导向,集中开展生态文明体制改革综合试验,着力构建产权清晰、多元参与、激励约束并重、系统完整的生态文明制度体系,努力为美丽中国建设做出应有贡献。

2019年3月10日下午,中共中央总书记、国家主席、中央军委主席习近平参加十三届全国人大二次会议福建代表团审议,重点就营造有利于创新创业创造的良好发展环境,探索海峡两岸融合发展新路,做好革命老区中央苏区脱贫奔小康工作等做出重要指示、提出明确要求。为深入学习贯彻习近平总书记在参加十三届全国人大二次会议福建代表团审议时的重要讲话和对福建工作的重要指示批示精神,2019年5月22日,中共福建省委召开十届八次全会,对营造有利于创新创业创造的良好发展环境、探索海峡两岸融合发展新路、推进老区苏区脱贫奔小康和加强新时代党的建设等做出深入部署。福建正是充分利用了中央赋予的"特殊政策、灵活措施"和先行先试政策,解放思想、积极探索,稳步推进改革开放和经济建设,经济社会面貌发生了历史性变化。

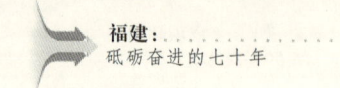

三、立足省情科学谋划，是福建经济社会发展的"路线图"

福建在加快经济社会发展进程中充分把握省情，积极探索符合自身实际的发展路子，在70年发展历程中科学谋划、稳步发展。福建地处东南沿海，背山面水，面对台湾，毗邻港澳，有着得天独厚的自然优势，福建又素有"八山一水一分田"之称，森林资源十分丰富。改革开放以来，福建省委省政府抓住机遇，立足福建实际、审时度势、科学谋划，制定出了符合福建省情实际的一系列发展战略，从大念"山海经"到海峡西岸经济区再到建设"机制活、产业优、百姓富、生态美"的新福建。

改革开放伊始，福建就被推到风口浪尖。1979年中央的50号文件决定，对福建在对外经济活动中实行特殊政策和灵活措施。为了运用好这一中央政策，时任省委书记的项南指出，"闽之水何泱泱，闽之山何苍苍，若要福建起飞快，就看思想解放不解放"。在经过省情大调查之后，福建省委认真分析了福建的省情，于1981年秋正式做出大念"山海经"，建设林业基地、海洋基地、经济作物基地、牧业基地、轻工基地、外贸基地、科教基地、统一祖国基地的战略决定。大念"山海经"、建设八大基地战略决策，紧密结合福建实际，立足于福建优势的发挥，对于改革开放初期振兴福建经济起到了重要的作用。1992年初，改革开放总设计师邓小平发表南方谈话，掀起了改革开放的新一轮浪潮。福建省委省政府以邓小平南方谈话为指导，研究提出突出闽东南地区发展的福建新一轮发展战略。这一战略是在进一步深入对省情的认识并总结福建十几年改革开放经验教训的基础上提出的，具有十分重要的意义。

进入21世纪，福建省委省政府积极谋划新世纪的发展战略。2001年11月召开的福建省第七次党的代表大会，正式提出了构建"三条战略通道"的战略决策。2004年初召开的福建省十届人大二次会议，明确提出建设对外开放、协调发展、全面繁荣的海峡西岸经济区的战略构想。2009年5月，国务院出台《关于支持福建省加快建设海峡西岸经济区的若干意见》，海西战略上升为国家战略，在服务全国发展大局、推动两岸关系和平发展中的重要作用进一步凸显，海峡西岸经济区建设站在了新的起点上，进入了新阶段。

　　进入新时代,福建省委省政府坚持解放思想、先行先试。2013年11月26日,福建省委九届十次会议通过《中共福建省委关于贯彻党的十八届三中全会精神全面深化改革的决定》,提出把福建建设成为富有创造力、充满活力的先行省份。习近平总书记对福建改革发展寄望甚殷,关怀备至,两次亲临福建考察,多次为福建工作做出重要指示,亲自为福建谋划未来。2014年10月30日至11月2日,习近平总书记考察福建期间,擘画了福建发展的新蓝图:"希望福建的同志抓住机遇,着力推进科学发展、跨越发展,努力建设机制活、产业优、百姓富、生态美的新福建。"在新时代新起点上,习近平总书记殷切期望福建实现赶超。2018年4月,福建省委省政府在总结提升闽东北、闽西南经济协作区等经验做法的基础上,统筹全局,与时俱进,提出大力推进闽东北、闽西南两大协同发展区建设,形成促进区域协调发展的重要战略。为适应经济发展新常态和社会主要矛盾变化,坚持高质量发展落实赶超,在统筹解决质的问题时实现量的扩张,不断增强发展新动能、新活力,不断提高经济创新力、竞争力,有效应对各种风险,保持稳中求进、稳中向好的良好局面,2018年9月29日召开的福建省委十届六次全会提出,要坚持高质量发展落实赶超,奋力推进新福建建设,把习近平总书记对福建提出的"机制活、产业优、百姓富、生态美"的重要要求,落实和贯穿到赶超的全过程、各领域、各方面。

　　正是福建省委省政府带领全省干部群众,从省情实际出发,科学谋划和推动各个时期、各个领域的建设与发展"路线图",福建才能取得显著成效和重大进步,经济总量不断壮大、发展后劲持续增强、发展质量进一步提升,推动机制活、产业优、百姓富、生态美的新福建建设。

四、先行先试开拓进取,是福建经济社会发展的"看家宝"

　　福建地处东南沿海,得改革开放风气之先。70年来,尤其是改革开放以来,福建人爱拼会赢、敢为人先,在经济社会发展和改革开放求索中从来不甘人后。

　　20世纪90年代,面对日趋激烈的市场竞争,福建国有企业因自身体制

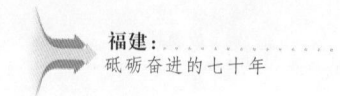

机制弊端,步履维艰。时任福州市委书记习近平力排众议,着力推进国有企业股份制改革,推动福州经济技术开发区建设总公司成为福州首个"试水"股份制改革的国有企业。

20世纪90年代中期,闽北粗放型小农经济和单一种植结构的计划经济陷入困境,农民增产难增收更难。1998年,南平3 000多名干部下基层问计于民,发现农村基层科技力量不足和科技服务缺位是制约农村发展的突出矛盾。为了破解这一突出矛盾,在习近平总书记深入总结基层实践、科学深化提升、大力倡导推进下,南平创立科技特派员这项十分重要的农村工作机制创新。1999年2月,首批225名科技人员下派进驻215个村,成为首批科技特派员。他们指导农民运用现代科技改造传统农业,在闽北大地上掀起一场农业科技推广普及和创新浪潮。如今,福建深入推进科技特派员制度,不断放活的选派方式和政策支持等机制,工作始终走在全国前列。

2002年发端于武平的集体林权制度改革将集体林地使用权和林木确权到户,建立起"山有其主、主有其权、权有其责、责有其利"的集体林业经营新机制,历经15年的探索,福建大胆改革创新,敢于先行先试,坚持尊重农民意愿、维护农民利益,开拓创新,敢为人先,极大地调动了林农群众发展林业的积极性,荒山育成了绿水青山,林农拥有了金山银山,实现了"生态美、百姓富"有机统一。

为在更高起点上部署推动新时代改革开放再出发,2018年12月26日,中共福建省委十届七次全会召开并提出,坚持以习近平新时代中国特色社会主义思想和党的十九大精神为指导,坚持党对一切工作的领导,坚持统筹推进"五位一体"总体布局、协调推进"四个全面"战略布局,坚持稳中求进工作总基调,坚持新发展理念,坚持以供给侧结构性改革为主线,紧紧围绕高质量发展落实赶超,解放思想、开拓创新,对标一流、奋力先行,继续全面深化改革、全面扩大开放,加快建设"机制活、产业优、百姓富、生态美"的新福建,努力成为高质量发展排头兵、综合改革试验田、对外开放新高地、对台合作先行区、生态文明先导区,为服务党和国家大局做出福建新的贡献。会议通过的《关于进一步深化改革扩大开放的若干措施》,提出了推进新时代改革开放的总要求,明确了奋斗目标,做出了总体部署,推出了8个方面93条具体措施,构成了全面深化改革、全面扩大开放的行动总纲,从更高站位、更宽视野理解和把握好全会提出的新目标新任务新举措。

正是福建干部群众在改革开放40多年里,勇于先行先试,敢于迎难而上,以敢为天下先的气魄在社会经济各方面开拓创新,为福建经济社会发展注入了源源不竭的动力。

五、基层群众创新创造,是福建经济社会发展的"动力源"

70年来,福建人民群众开拓进取、创新创造。尤其是改革开放以来,福建人民群众善于发挥首创精神,爱拼敢赢,敢为人先,生活发生了翻天覆地的变化。改革开放中的探索实践、创新突破,都来自基层和人民群众。从"分田单干,包产到户"的破冰之行,到乡镇企业的异军突起,"两头在外、三来一补""共享单车""桥界珠峰"……基层和人民群众中蕴藏着无限的改革动力和创新智慧,人民群众的首创精神是推动改革的原动力。尊重群众主体地位,发挥群众首创精神,改革开放不断从胜利走向胜利。集思广益,吸纳与会同志的集体智慧,代表全党全国人民的根本利益,十一届三中全会实现历史性伟大转折。党的十八大以来,以习近平同志为核心的党中央在调研中孕育新思想、谋划新战略、形成新举措,铺展全面深化改革开放波澜壮阔的画卷。

回望改革开放的壮阔历程,群众路线贯穿这场伟大革命性变革,是党领导改革开放取得成功的重要法宝。回首70年福建波澜壮阔的发展历程,福建人民发挥创造性,推动经济社会发展和改革开放的例子比比皆是。1984年3月24日,福建55位厂长经理在《福建日报》上发出"请给我们'松绑'"的呼吁。信中请求省委省政府下放企业内部的干部任免权、奖励基金支配使用权、试行厂长经理负责制等五项权力。《福建日报》于次日在一版头条全文刊登了《请给我们"松绑"》的呼吁信。同时,《福建日报》社论指出"要改革城市经济中普遍存在吃'大锅饭'的弊端,给企业'松绑'放权"。随后,人民日报、经济日报、新华社、中央电视台、中央人民广播电台等全国主要新闻媒体都加以转载和播发,将"松绑"风吹向全国。1984年4月15日,国家体改委和国家经委邀请55名厂长经理的代表赴京座谈,在全国引起巨大反响。"松绑"放权的影响,很快从八闽遍及全国,成为经济体制改革具有里程

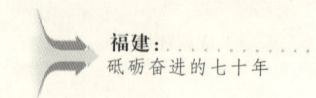

碑意义的标志性事件。1996年至2002年，先后担任福建省委副书记、省长的习近平七下晋江，总结出了"晋江经验"。改革开放前，晋江还是一个靠政府财政补贴过日子的贫穷农业县，由于历史和自然条件的限制，晋江经济发展缓慢。改革开放初期，晋江群众立足侨乡"闲房、闲资、闲散劳动力"多的特点，联户集资兴办乡镇企业，在晋江大地上形成了一股兴办乡镇企业的热潮。在干部群众的大胆探索中，晋江闯出了一条独具特色的经济发展道路，形成了以市场经济为主、外向型经济为主、股份合作制为主、多种经济成分并存的共同发展经济格局和运行机制。现在的晋江已是福建经济发展最快、实力最强和最具经济活力的地方之一，并进入全国经济十强县市行列。

福建经济社会发展中的每一次突破和飞跃，无不来自基层干部群众的广泛参与和大力支持。正是这些出自基层、出自群众的创造，为福建的经济社会发展提供活力和动力。

六、生态环保绿色发展，是福建经济社会发展的"发力点"

生态兴，万业兴。生态建设引领了福建绿色发展，为福建高质量赶超打下了底色、增添了底气。新中国成立以来，福建广大干部群众在省委省政府的领导下，从生产和生活实践出发，从各个领域践行生态文明理念、探索人与自然和谐相处的客观规律，为推进生态省建设积累了大量的实践经验。闽南东山岛，海边、路边、田边随处可见苍翠成荫的木麻黄一号称"风沙克星"的外来树种，记录着几代东山人为战胜风沙肆虐的不屈努力。从20世纪50年代起，东山县的老书记谷文昌立下"不制服风沙，就让风沙把我埋掉"的愚公志，一扎就是14年，在贫瘠海岛上广种木麻黄，也播下了绿色的希望。今天的东山已经是"国家级生态县"，正在建设"国际生态旅游岛"。告别风沙扑面历史的东山人，把生态建设和经济发展的方向瞄向了更加宽广的海洋。长汀曾是我国南方红壤区水土流失最严重的县份之一，"一场大雨、河田不分"的灾难景象频繁上演。从新中国成立之初的筚路蓝缕再到改革开放之后的艰难掘进，长汀人民对"穷山恶水"的抗争从没停止过。21世纪初，长汀水土流失治理被列为福建省为民办实事项目，长汀以"人一我十、滴水穿石"的斗志和韧劲，揭开了全力治理水土流失的历史新篇章。经过十多年艰苦奋斗,曾经"山光、水浊、田瘦、人穷"的长汀,一座座火焰山逐渐消失,一片片绿色不断延伸……从东山的向海转型到长汀的荒山披绿,闽山闽水的沧桑巨变,见证了福建大地生态优势铸成背后的久久为功。福建是习近平生态文明思想的重要孕育地,也是践行这一重要思想的先行省份,福建生态文明建设的理论与实践始终走在全国前列。

  2000年,时任福建省省长的习近平同志提出建设生态省的战略构想。2002年3月,习近平同志在政府工作报告中,正式提出建设生态省的战略目标;7月,省政府成立以习近平同志为组长的生态省建设领导小组;8月,经国家环保总局批准,福建成为全国第四个生态省建设试点省份。2016年6月,福建获批建设国家生态文明试验区。紧盯制度创新,大胆改、深入试,福建树牢绿色导向,构建生态文明建设责任体系,绿色发展成为福建各级领导干部的政绩导向和全社会的自觉行动。为了建立完善的绿色目标考核评价体系,福建引导各地由单纯注重经济增长,向生态环境和发展质量并重转变,取消包括扶贫开发工作重点县、重点生态功能区在内的34个县地区生产总值考核指标。同时率先实施"党政同责、一岗双责"制度,开展地方党政领导生态环保责任制考核,每年由省委书记、省长与设区市党政主要领导签订生态环境保护目标"军令状";明确党政52个部门、130项工作职责,对履职不到位、问题整改不力的严肃追责,有效引导领导干部树立正确的政绩观和发展观。近年来,福建坚持绿色发展导向,对占全省县(市、区)总数40%的34个县(市、区)和南平、龙岩、三明、宁德、平潭这5个地市取消了地区生产总值硬性考核,把考核重点放到包括生态文明建设在内的贯彻落实新发展理念和增加城乡居民收入上。创新绿色发展机制,进行生态区位商品赎买改革,完成赎买23.6万亩,实现"社会得绿、林农得利"。实施全流域上下游生态补偿制度,仅闽江、九龙江、鳌江、汀江四条流域的补偿资金就达到了55亿元。开展了排污权交易、绿色金融、用能权有偿使用等一系列制度创新。坚持环境保护优先,打好蓝天、碧水、净土三大保卫战,福建的空气清新,全省空气优良天数比例2018年达到98.6%。化学需氧量、氨氮、二氧化硫、氮氧化物4项主要污染物排放强度,连续多年保持在全国平均水平的一半以下,生态福建、清新福建已经成为现实。2018年,全省森林覆盖率66.8%,连续40年保持全国第一,森林蓄积量7.29亿立方米居全国第7

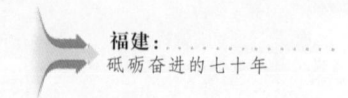

位,生态文明指数长期居全国首位;全省九市一区空气质量达标天数比例为95.0%(按新标准计算为97.6%),高于全国平均水平,$PM_{2.5}$浓度26微克每立方米,比全国平均水平低33.3%;12条主要河流水质状况为优,Ⅰ类~Ⅲ类占比95.8%,高于全国平均水平,122个县集中式生活饮用水水源地达标率100%。

新中国成立的70年,是对生态环境从改造到保护,由恶化转向逐步改善的70年。改革开放尤其是十八大以来,福建对生态环境治理力度不断加大。"生态资源是福建最宝贵的资源,生态优势是福建最具竞争力的优势,生态文明建设应该是福建最花力气抓的建设。"这三句话是习近平总书记对福建的重要嘱托,也是重要要求。福建的干部群众牢牢记住"三最",坚定不移地贯彻落实习近平生态文明思想,持之以恒实施习近平总书记当年擘画的"生态省"建设战略,加快建设"机制活、产业优、百姓富、生态美"的新福建。今天的福建,正成为生态环境高颜值、经济发展高素质的有"福"之地,谱写着绿色发展的崭新篇章。

本章小结

70年,在人类历史长河中,只是短暂的一瞬,但是对于福建人民来说是伟大的、不同寻常的、永远值得记忆的光辉历程。新中国成立70年来,福建发生了翻天覆地的变化,福建人民与全国人民一起经历了从贫穷落后到解决温饱到实现全面小康社会的伟大变革,经历了从计划经济到改革开放到创建社会主义市场经济体制的伟大变革,经历了从站起来到富起来到强起来的伟大变革,经历了从社会主义到中国特色社会主义到新时代中国特色社会主义的伟大变革。福建70年发展的历史变革,不是自然而然产生的,也不是轻而易举取得的,更不是一帆风顺得来的,而是长期艰辛探索、艰苦奋斗换来的。

在经济发展方面,从相对落后的省份迈入先进行列,实现量和质的双飞跃。2018年,福建地区生产总值达到3.58万亿元,经济总量提升至全国第10位。经济总量占全国的份额从1952年的1.9%,提高到2018年的4.0%,在全国经济格局中的地位不断提升。人均生产总值由1952年的102元提高到2018年的91 197元,居全国第6位。

在产业发展方面，从农业社会迈向工业化社会，实现产业结构的优化升级。工业经济总量快速增长，服务业进入发展快车道。民营经济逐步发展成为国民经济的活跃力量。2018年，民营经济实现增加值24 311.37亿元，对福建省生产总值增长的贡献率为68.6%，占福建省生产总值的比重连续7年保持在67.0%左右。

在创新发展方面，从借鉴模仿迈向全产业链创新，走出福建特色创新之路。2018年，综合科技创新水平指数居全国第12位，经济发展方式转变指数居全国第6位，科技促进经济社会发展指数、知识产权综合实力分别居全国第8位。全创新链逐步形成，一批省级、国家级研发机构落地建设。科技创新成果丰硕，创新贡献作用逐步增强。

在基础设施方面，从空白简陋迈向基本实现现代化，实现跨越式发展。2018年，高速公路总里程达5 155公里，密度是全国平均水平的2.9倍；铁路运营里程达3 509公里，密度是全国平均水平的2倍；沿海主要港口货物吞吐量达到56 130.8万吨，可以靠泊世界最大的集装箱船、散货船和邮轮等各种船型。开通国内外航线100多条，年旅客发送量达3 329.82万人。

在城乡发展方面，从山海不平衡迈向城乡区域协调，实现协同发展。山海协作日益紧密，实现优势互补、互利共赢。福州、厦门、泉州三大中心城市示范带动作用突出，引领全省经济发展。闽东北协同发展区和闽西南协同发展区加快发展。城乡要素流动更加自由，城镇化进程明显加快，城乡一体化程度显著提高。2018年，城镇化水平达到65.8%。乡村振兴战略加快实施，现代农业加快发展，农村生产生活环境明显改善。

在开放合作方面，从封闭半封闭迈向全方位对外开放，实现更高水平开放。2018年，进出口规模达1 875.35亿美元，居全国第7位；高新技术产品出口额为1 028.62亿元，占出口总额的13.5%；全省新设外商投资企业2 419家、协议投资额323亿美元，实际使用外资44.5亿美元。

在对台交流方面，从两岸分隔迈向经济社会融合，实现深度融合发展。2018年，福建新批台资项目同比增长22.5%，实际使用台资约占大陆19%，新批台资项目和实际使用台资分别居各省市的第1位和第2位。福建已成为对台农产品贸易最大的出口省份和第二大进口省份，还是引进台湾品种技术最多、农业利用台资规模最大的省份。

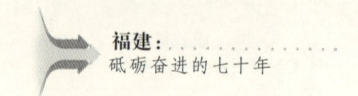

在生态建设方面,从环境恶化迈向生态文明高颜值,实现绿色发展走前列。福建是习近平生态文明思想的孕育地,习总书记在福建工作的时候,在21世纪初就提出了生态省建设战略。福建这些年来一直认真践行习近平生态文明思想,既保持了绿水青山,又收获了金山银山。全省森林覆盖率连续40年保持全国第一。作为全国第一个生态文明实验区,福建在中国工程院2019年发布的全国生态文明指数排名中位居第一。

在民生保障方面,从贫穷落后温饱不足迈向全面小康,实现历史性跨越。居民收入快速增长,2018年城乡居民人均可支配收入达到42 121元、17 821元,分别居全国的第7位和第5位。全民医保基本建立,城乡居民养老保险实现了全覆盖。教育取得长足发展,总体水平迅速提升;卫生事业飞速发展,医药卫生体制改革成效明显,走在全国前列。文化事业不断繁荣,公共文化服务水平不断提高。

新中国成立70年来,福建所取得的巨大进步和翻天覆地的变化,都是在党中央的坚强领导下取得的,都倾注着习近平总书记的巨大心血和深情关怀。习近平总书记在福建工作十七年半,亲自领导了福建的改革开放和现代化建设,进行了一系列具有前瞻性、开创性、战略性的理念创新和实践探索。党的十八大以来,习近平总书记亲自为福建擘画了建设"机制活、产业优、百姓富、生态美"的新福建宏伟蓝图。在习近平总书记提出的新福建建设的宏伟蓝图指引下,福建全省上下坚定践行新发展理念,加快推进高质量发展,一个高素质高颜值的新福建正在崛起。

第二章

产业结构：从农业社会迈向工业化社会

福建：砥砺奋进的70年

产业结构，也称国民经济的部门结构，是指在社会生产过程中形成的各个产业之间的比例关系。国家和地区的经济发展水平，不仅表现为人均收入水平，也表现在产业结构的"变迁"。产业结构和经济增长具有内在联系，是相互依赖、相互促进的，随着经济社会的发展，产业结构由第一产业向第二产业和第三产业逐次转移，逐步实现产业结构转型升级。

福建作为我国近现代发展中最先开放的省份之一，拥有厦门、福州东南五口通商中的两个，因此较早出现了近代产业的萌芽。早在1866年洋务运动初兴时期，福建就设立了我国最早的大型军事工业企业福建船政局，并开启了华商在福建试办工业企业的进程。依托华商和福建特有的侨商力量，福建在近现代的发展过程中先后出现过轮船业、电报业、粮食加工业、木材加工业、茶叶加工业、罐头食品加工业、制糖业、酿酒业、造纸业、印刷业、化学工业、建材工业、矿山开采业等产业，成为我国近代历史上较早出现工业发展的省份之一。但是从整体上看，在半封建、半殖民地的社会制度束缚下，一直到新中国成立初期，福建还是以分散的小农经济为主体，工业基础十分薄弱，属于典型的农业社会。据史料记载，在新中国成立前夕，省会城市福州仅有一个半烟囱，即福州电气公司和当时处于半瘫痪状态的福建造纸厂，而厦门的多数企业也在抗战前夕纷纷转移到香港等地，全省仅剩少量轻工业，重工业基本空白，更谈不上形成工业体系和框架。

第一节 福建产业结构变迁历史进程

新中国成立70年来，福建经济建设取得了举世瞩目的成就，经济结构也随着经济发展不断优化，工业化正式走上发展轨道。从20世纪50年代到60年代，福建产业结构还是以第一产业为主的"一、二、三"初级产业序列。改革开放以后，福建着眼于经济体制改革，加快经济发展，1978年首次出现了"二、一、三"产业发展序列，按产值计算的三次产业结构比例达到36.0∶42.5∶21.5，第二产业产值略高于第一产业。20世纪70年代末至21世纪初，第一产业在国民经济中所占比重大幅下降，第三产业发展迅速，在1990年甚至出现第三产业比重超过第二产业的情况。进入21世纪，从

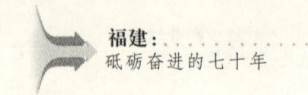

2000年开始,基本呈现稳定的"二、三、一"的产业发展顺序,第二产业和第三产业占全省生产总值的比重达到85%左右,第二产业在经济社会发展中的地位显著提升,同时第三产业比重也呈现出逐步上升的趋势,现代化的产业结构体系基本形成。整体上,新中国成立以来,福建产业结构大致经历了四个发展阶段。

一、前工业化时期(1949—1952年)

从1949年10月中华人民共和国建立到1952年底,福建在国家一系列方针政策的作用下,一方面制止了"中华民国"时期国民党政府遗留下来的恶性通货膨胀,稳定了市场物价,恢复了被战争严重破坏的国民经济;另一方面基本上完成对封建土地制度的改革,解放农村生产力,发展社会主义国营经济,确立了国营经济对资本主义经济和个体经济的领导地位。但从整体上看,在这一时期,福建是典型的农业省份,第一产业占主导地位;第二产业处于萌芽阶段,基础非常薄弱,除了传统的造纸、制糖和部分地市的陶瓷、酿酒、火柴、麻袋、松香等小型工业企业外,几乎没有像样的大型工业企业;第三产业则非常落后。1952年,全省实现生产总值12.73亿元,三次产业比例为65.9∶19.0∶15.1,农业是经济的主要组成部分,是典型的农业社会。

二、工业化初期(1952—1978年)

由于对台的特殊地理位置,在1978年改革开放之前,福建一直被视为海防前线,国家大型工业项目很少在福建投资,整体经济发展相对缓慢。从新中国成立初期到1978年期间,福建产业结构呈现出不规则发展。特别是20世纪50年代,由于缺乏经济建设经验和受"左"的思想等影响,福建经济发展大起大落,造成国民经济比例严重失调。1958年开始的"大跃进",使工农业生产大幅波动,三次产业比例关系出现严重失调。1960年,福建第二产业跃居首位,三次产业比例为30.9∶40.6∶28.5;1962年,第二产业又大幅度回落,三次产业序列变为"一、三、二"。但从整体上看,在这一时期,福建初步建立了工业体系,实现了以农业为主体,向以农业为基础、以工业为主导的转变。1978年全省三次产业结构比为36.0∶42.5∶21.5,第一产业比重从1952年的65.9%下降到1978年的36.0%,下降了29.9%,第二产业从19.0%上升至42.5%,上升了23.5%,第三产业比重也有一定程度上升。

三、工业化中期(1978—2015年)

改革初期福建就着眼于调整农轻重结构、加快工业化进程,根据当时产业比例关系和基础工业相对薄弱的状况,提出"突破中间,武装两头"的战略设想。"突破中间"就是集中力量把轻工业搞上去,以此积累资金,用于武装农业和基础工业这"两头",促进工农业的现代化。这个战略设想受到了中央领导和省内外经济专家的重视,并在实践中发挥了积极作用,初步奠定了福建轻型经济结构框架。在改革开放的过程中,福建始终坚持因地制宜,以"坚持以农业为基础,加快推进工业化进程,大力发展第三产业"为产业结构调整方针,采取各项积极有效措施,不断加快产业调整步伐。进入21世纪,福建进一步加快了产业结构调整的步伐,2007年三次产业结构调整为10.8∶48.4∶40.8,第一产业占比首次与全国持平;2015年,三次产业结构又继续调整为8.2∶50.3∶41.5,与1978年相比,第一产业下降了27.8个百分点,第二、第三产业分别提高了7.8个和20.0个百分点。在这个发展阶段,第一产业的比重不断下降;第二产业比重先是上升,后保持相对稳定,处于主导地位;第三产业比重则保持一个相对稳定但缓慢上升的趋势,最终基本形成了农业基础稳固、工业生产能力全面提升、服务业全面发展的格局,产业结构实现由"一、二、三"向"二、三、一"的转变。

四、工业化后期的起步阶段(2015年至今)

按照三次产业产值结构来看,2015年福建第一产业产值占比为8.2%,已经低于10%;第二产业产值占比为50.3%,比重高于第三产业的41.5%,高出8.8个百分点。根据产业结构发展阶段判断,福建已经处于工业化后

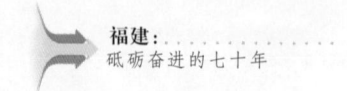

期的起步阶段。进入"十三五"以来,福建服务业占比突破了2000年以来处于38.0%~40.0%相对稳定的发展状态,2015年突破40.0%关口后开始出现比较明显的上升趋势,2016年和2017年服务业占比分别提高了1.7个和1.2个百分点。2018年,三次产业结构调整为6.7∶48.1∶45.2。在这一阶段,第一产业比重已经很小,第二产业比重开始初步呈现下降趋势,而第三产业比重上升势头明显,在经济社会发展过程中的主导地位进一步显现。

第二节　福建产业结构发展成就

新中国成立70年来,随着经济的不断发展变化,福建经济结构也不断优化。特别是改革开放以来,作为中国最早实施改革开放政策的省份之一,福建坚持改革开放不动摇,破除体制机制障碍,营造良好发展环境,始终坚持在发展中促进经济结构调整,以结构调整促进经济发展,经济结构在不断优化升级中实现重大调整。

一、结构不断优化升级,三次产业协调发展

在新中国成立之初,福建还是典型的农业社会,经过70年的发展,福建已经进入工业化社会,并逐步向后工业化社会迈进。

新中国成立后,福建各项建设事业百废待兴。在中国共产党的领导下,迅速进行了农业、手工业、资本主义工商业的三大社会主义改造,集中力量进行大规模工业建设,不断推进工业化进程,国民经济总量不断提高,三次产业结构基本上沿着第二产业、第三产业比重上升,第一产业比重下降的通道行进。1952年,全省实现生产总值12.73亿元,三次产业比例为65.9∶19.0∶15.1,为典型的农业社会。新中国成立初期,由于缺乏经济建设经验和受"左"的思想等影响,福建经济发展也曾大起大落,造成国民经济重大比例严重失调。1958年开始的"大跃进",使工农业生产大幅波动,三次产业比例关系出现严重失调。1960年,第二产业跃居首位,三次产业比例为30.9∶40.6∶28.5;1962年,第二产业又大幅度回落,三次产业序列变为

"一、三、二"。

改革开放以来,福建坚持因地制宜,采取各项积极有效的措施,不断加快产业的调整步伐。1978—2018年,第一产业年均增长12.2%,第二产业增长18.0%,第三产业增长19.2%。从构成看,第一产业所占比重明显下降,第二产业所占比重略有上升,第三产业所占比重大幅上升。其中,第一产业所占的比重从1978年的36.0%下降到2018年的6.7%,下降了29.3个百分点;第二产业所占比重由1978年的42.5%螺旋下降至1990年的33.4%后,又逐渐上升至2014年的52.0%,达到40年间的最高点,此后又逐年下降至2018年的48.1%;第三产业所占比重由1978年的21.5%上升至2018年的45.2%,上升23.7个百分点,第三产业占比持续上升,经济结构和增长动力正在发生深刻变化,转型升级已到了关键阶段,经济由工业主导向第三产业主导加快转变,"服务化"进程已不可逆转。

三次产业就业结构也发生了明显的变化。伴随着经济结构的大调整,四分之三的就业人口从事农业的局面有了很大的改观,相当比例的人口转向从事工业和服务业。其中,第一产业就业人数占总就业人数的比重由1978年的75.1%下降到2018年的21.0%,下降了54.1个百分点;第二产业就业人口所占比重由13.4%上升至35.2%,上升了21.8个百分点;第三产业就业人口所占比重由11.4%上升至43.8%,上升了32.4个百分点。就业结构排序从"一、二、三"的基础型模式提升到了"三、二、一"的现代模式。

二、农林牧渔全面发展,沿海区位特色明显

新中国成立70年来,福建始终将深化农村改革、发展农村经济放在经济工作中的重要位置,着力提高农业综合生产能力,全面发展农村经济,努力建设社会主义新农村。特别是党的十一届三中全会以来,始于家庭联产承包责任制的农村经济改革,极大地调动了农民生产积极性,农村综合经济实力迅速增强,农村经济发展日新月异,呈现欣欣向荣的繁荣景象。

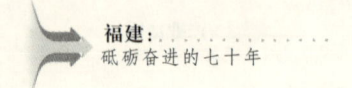

(一)农业发展历程

回顾新中国成立以来福建农村经济发展走过的历程,大致可分为三个阶段:即1949—1957年的恢复发展阶段,1958—1977年的曲折发展阶段,1978年以来的改革发展阶段。

1.恢复发展阶段(1949—1957年)

这一阶段,福建全省完成了土地改革,消灭了地主阶级,彻底废除了封建土地所有制,从根本上改变了农村生产关系,农村生产力大解放。广大农民当家做主,扬眉吐气,生产积极性空前高涨。他们积极参加互助组,迅速掀起农业合作化高潮,依靠集体力量添置农具、耕牛,兴修水利,改善农业生产条件,改进耕作技术,克服了旱、涝、风霜等自然灾害,农业生产迅速得到恢复发展。1957年与1952年相比,全省农林牧渔业总产值增长43.8%;农、林、牧、渔业总产值年均递增速度分别达4.8%、23.2%、10.5%和13.6%;由于贯彻了以粮食为重点的方针,粮食播种面积得到保证,亩产不断提高,增长7.7%,年均增长1.5%,总产量不断增加,增产72万吨,增长19.4%,年均增长3.6%;甘蔗、茶叶、水果总产量年均分别增长11.6%、7.4%和14.4%;猪、牛存栏数年均增长9.8%和2.6%,水产品产量年均增长12.2%。

2.曲折发展阶段(1958—1977年)

1958年起,由于"左"的错误思潮不断蔓延,农民生产积极性被挫伤,加上自然灾害影响,农业生产遭受很大破坏。1959—1961年,粮食生产连续3年大减产,1961年全省粮食总产量仅为323.5万吨,只相当于1958年的72.6%;油料、甘蔗、茶叶、水果和水产品产量均大幅度减产,分别只相当于1958年的36.9%、31.1%、57.0%、48.8%和86.7%;林业和畜牧业破坏更为严重,造林面积只相当于1958年的17.5%,猪牛羊肉产量只相当于1958年的11.6%,生猪存栏数只相当于1958年的29.7%;全省农林牧渔业总产值下降35.2%,年均下降13.5%。

1962年起,国家开始逐步纠正"左"的错误思想,调整国民经济,调整了过高的农业生产计划,缩短了过长的农田基本建设战线,鼓励发展粮食作物、经济作物、畜牧业、渔业,逐步实施以生产队为基本核算单位的三级所有制,使农业生产逐步恢复发展。1965年,全省农林牧渔业总产值达到18.8亿元,比1962年增长26.9%,年均增长8.3%;粮食总产量455.5万吨,比1957年增长2.6%;其他主要农产品有较大增产,甘蔗、烤烟、黄(红)麻、猪牛羊肉和水产品产量,分别比1957年增长5.5%、200.0%、7.3%、81.6%和14.9%;造林面积也比1957年增长35.3%。

1966—1977年,福建和全国其他省份一样陷入了史无前例的"文化大革命",在经济领域大批"唯生产力论",在农业方面搞"以粮为纲,战备夺粮""割资本主义尾巴",严重挫伤了农民生产积极性,整个农村经济因此停滞不前,甚至下降。这一时期,全省农林牧渔业总产值年均递增速度仅2.4%。农业落后状况成为福建国民经济发展突出的薄弱环节。

3.改革发展阶段(1978年至今)

1978年召开的中国共产党第十一届三中全会,吹响了中国改革开放的号角。改革最先从农村试行。1981年初,全省普遍贯彻落实中央关于推行农业生产责任制的一系列方针、政策,全面进行农村经济体制改革。在推行"包产到户"和"包干到户"等责任制形式的基础上,以家庭联产承包责任制为主、统分结合的双层经营体制在八闽农村迅速推开。到1983年,全省有99.3%的生产大队实行了联产承包责任制,打破了"大锅饭""平均主义",广大农民逐步从封闭、僵化的体制中解脱出来,成为独立的生产经营者,农民禁锢了30多年的生产积极性得到了空前的激发,农业劳动生产力得到了极大的解放,农业生产得到了快速的恢复发展。在改革春风的吹拂下,经过突破阶段、迈向市场化阶段、全面向社会主义市场经济体制转轨阶段、综合改革和社会主义新农村建设等四个阶段的发展,福建农业和农村经济得到了持续、快速、全面的发展,取得了辉煌成就。

(二)农业发展的主要成就

新中国成立70年来,福建农业农村发生了巨大的历史性变化,实现了重大的历史性跨越,特别是从20世纪70年代末改革开放以来,从家庭联产承包责任制到乡镇企业的异军突起,再到新农村建设,乃至今天的乡村振兴,福建紧紧围绕党中央的各项政策,根据不同阶段农业和农村发展要求,循序渐进地推进农村改革和建设,解放和发展了农村生产力,极大地调动了

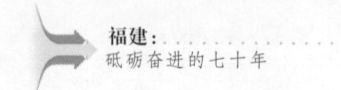

农民的主动性、积极性和创造性。农林牧渔业得到全面发展,结构不断优化,传统农业向现代农业加速转变,农村经济综合实力日益增强,为农村社会和谐稳定奠定了坚实的基础。

1.农林牧渔全面发展,农产品产量大幅增加

在农产品供给方面,福建的主要农产品已经由长期短缺到总量平衡,丰年有余,由产品单一、产能低下向品种丰富、高产能转变。1952年福建农林牧渔业总产值仅11.07亿元,农业产品单一,农产品产量增长缓慢,供给呈现长期短缺。改革开放以来,特别是20世纪90年代中期以来,农业生产不但有量的突破,而且实现质的飞跃,主要农产品的供给实现了由长期短缺向总量基本平衡的历史性转变。1978年农林牧渔业总产值为36.33亿元,1999年农林牧渔业总产值首次突破千亿元大关,2010年突破两千亿元,2013年突破三千亿元,2018年则突破四千亿元大关,完成农林牧渔业总产值4 229.52亿元,其中,农业产值1 653.45亿元,林业产值389.00亿元,牧业产值718.42亿元,渔业产值1 318.20亿元。从增速看,1978年农林牧渔业总产值增速最高,达19.7%,其次是1994年,达14.2%;2000—2018年,农林牧渔业总产值保持平稳增长态势,年均增速为8.1%。

(1)农业综合生产能力大幅度提高,特色优势农产品发展较快

由于农业科技创新不断推进,农业综合生产能力大幅度提高,农产品品种和数量大幅度增加,特别是90年代中期以来,农业生产不仅在数量上有突破而且在质量上有飞跃,主要农产品的供给实现了由长期短缺向总量基本平衡的历史性转变。

近年来,粮食生产在耕地减少和种植结构调整的情况下,福建深入开展粮食高产创建活动,努力提高粮食单产,保持粮食生产水平总体稳定。粮食亩产量由1978年的219公斤提高到2018年的399公斤,增加180公斤,增长82.2%,年均增长1.5%。

此外,福建牢牢抓住农业生产的区域性特点,立足实际、因地制宜,对农业发展区域布局做出科学规划,形成特色优势农业产业带。同时随着获取农业信息渠道的不断拓宽,农民对市场信息的判断和把握能力大幅度提高,产出效益高的经济作物得到较快发展,详见表2-1。一是茶叶。作为福建传统特色产品,茶叶品种资源丰富,随着茶叶种植管理和技术水平不断提高,

产量不断增长。2018年,全省茶叶总产量达41.83万吨,比上年增长5.9%,总产量居全国第一。安溪铁观音、武夷岩茶、福鼎白茶、茉莉花茶等品种享誉海内外。二是食用菌。作为福建省农业特色优势产业,近年来,通过改进栽培模式和技术,食用菌生产规模和栽培水平不断提升,珍稀菌种增长尤为迅速,2018年,食用菌产量达126.28万吨。三是园林水果。福建省大力优化大宗果类和特色果品早、中、晚熟品种结构,拉开采收档期。积极推广应用果树高接换种技术和水果套袋技术,加快推广营养诊断、整形修剪、避雨栽培、完熟栽培、增施有机肥等技术和措施,提高果品优质率。2018年,全省园林水果产量683.11万吨,比上年增长5.3%。四是蔬菜。福建省鼓励引导优势区域蔬菜产业发展,突出抓好夏秋高山蔬菜和东南沿海设施蔬菜生产;鼓励引导在全省蔬菜生产基地建设蔬菜产地净菜分级、田间预冷、冷链运输、冷链终端等系统,提高蔬菜采收后商品化处理水平。在政策支持和市场带动下,蔬菜生产呈现出面积扩大、结构优化、质量改善和效益提升的良好态势。2018年,全省蔬菜产量1 366.70万吨,比上年增长5.8%。五是中草药材。随着种业创新与产业化示范推广不断推进,福建省金线莲、铁皮石斛、黄栀子等经济效益较高的新兴药材品种,呈现蓬勃发展的态势,带动中草药材播种面积不断扩大,产量不断增加。六是花卉盆景园艺。近年来,全省花卉、观赏绿化苗木和盆栽类园艺市场行情好,种植效益高,生产规模不断扩大。如表2-1所示。

表2-1 福建省茶叶、食用菌、园林水果、蔬菜生产情况

指标	2018年 (万吨)	2018年比 1978年增长(倍)	1978—2018年 年均增长(%)
茶叶产量	41.83	19.63	7.86
食用菌产量	126.28	61.25	10.88
园林水果产量	683.11	62.38	10.93
蔬菜产量	1 366.70	——	——

(2)绿化造林成效显著,林业经济效益和生态效益凸显

福建林木生长具有得天独厚的气候和土地条件。改革开放以后,全省

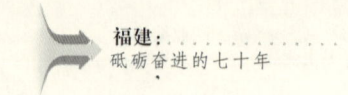

采取一系列改革措施，一手抓森林资源培育，一手抓木材及林产品的生产、加工，林业生产焕发勃勃生机。

1989年，福建省委省政府做出实施"三五七"（3～5年基本消灭宜林荒山，7年绿化八闽大地）造林绿化工程的决定，造林绿化的全民运动在八闽大地全面铺开。1992年，全省基本完成了宜林荒山的造林任务；从1993年开始，全省消灭了长期以来的森林资源"赤字"，森林面积和蓄积量开始步入"双增长"的良性轨道；1995年，"绿化八闽"的宏观目标如期实现。随后，造林绿化成果不断巩固和发展，造林质量逐步提高。2014年以来，围绕"机制活、产业优、百姓富、生态美"新福建建设目标，林业生态建设力度加大，森林资源增多。据林业部门统计，2018年，全省森林覆盖率达到66.8%，居全国首位。生态环境质量评比连续多年居全国前列，是全国生态环境、空气质量均优的省份。

林改全国先行。2002年，在时任福建省省长习近平同志的推动下，福建在全国率先开展了以"明晰产权、放活经营权、落实处置权、确保收益权"为主要内容的集体林权制度改革，2006年又率先推进综合配套改革，有效调动了广大林农和社会各界参与林业建设的积极性，增强了林业发展活力，初步实现了"山定权、树定根、人定心"和"国家得绿，林农得利"目标，成为全国林改的一面旗帜。继2013年、2015年福建省政府两次出台深化林改文件后，2016年福建省政府办公厅又出台了《关于持续深化集体林权制度改革六条措施的通知》，推进福建深化集体林权制度改革继续走在全国前列，实现了"在全国率先开展重点生态区位商品林赎买等改革试点、开展设施花卉种植保险工作、成立了省级林权收储中心"等"三个全国率先"。2017年，新培育林业专业合作社、股份林场、家庭林场等新型林业经营主体310家、累计4 873家，新增林权收储机构4家、累计41家，森林综合保险参保率83.2%、林下经济发展面积2 235万亩，继续为全国林改做示范。

（3）畜牧业生产由传统向现代转变，畜产品产量大幅度增加

1978年，福建畜牧业仅是农村家庭副业，农民养殖畜禽所起的作用只是："养牛为耕田、养猪为过年、养鸡养鸭换油盐"。畜产品产量短缺，全年要从浙江、上海、江西等省调进大小猪300万～400万头，是全国畜产品的主销省份。改革开放以后，福建采取一系列有利于畜牧业发展的政策和措施，

调动农户和社会各行业发展畜牧业的积极性,畜牧业生产不断由千家万户分散饲养向规模化、集约化方向发展。通过科学饲养,改良品种,加强疫病防治,大力发展专业化、现代化饲养场等手段,畜产品产量大幅度增加。畜牧业产值在农林牧渔业总产值中的比重由1978年的10.5%提高到2018年的17.0%,提高6.5个百分点。

近年来,福建不断促进畜牧养殖由传统数量型向生态质量型增长方式转变。推广生态环保规模养殖模式,关闭和拆除禁养区内的生猪养殖场以及可养区内改造不达标的生猪养殖场,大力推广畜禽养殖污染防治新技术新模式,引导畜牧业生产朝规模化、产业化、健康养殖方向发展。

(4)渔业生产迅猛发展,优势资源得到充分利用

海是福建省的重要优势和特色之一。全省海域面积13.6万平方公里,超过陆地面积,浅海滩涂辽阔,发展海洋渔业经济的条件得天独厚。改革开放以来,全省进行了以股份合作制为代表的水产业生产经营体制和以放开价格为标志的水产品流通体制改革,极大地调动了渔民生产积极性,生产力得到有效发挥,渔业生产在产业规模及生产经营的深度和广度上都有了空前的发展。渔业养殖面积不断扩大,水产品产量不断增加。如表2-2所示。

表2-2 福建省水产品生产情况

指标	2018年	2018年比1978年增长(倍)	1978—2018年年均增长(%)
一、水产养殖面积(万亩)	372.02	4.18	4.20
二、水产品总产量(万吨)	782.12	13.42	6.90
海水产品	695.04	12.09	6.64
淡水产品	87.08	68.60	11.19

2018年,全省水产品总产量782.12万吨,居全国第3位,人均水产品占有量198公斤,居全国第二。福建是中国远洋渔业始发地。1985年3月,中国第一支远洋渔业船队就从福州马尾港起航,赴西非海域从事渔业生产。经过30多年发展,福建省远洋渔业现已分布三大洋共8个国家,确立了在全国的领先地位。远洋渔业企业从2011年的8家,扩大到2017年的28家;外派远洋渔船从2011年的195艘,增加到2017年的562艘。

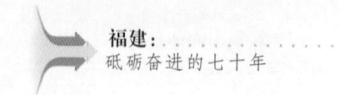

2.农林牧渔业布局调整,结构逐步优化

改革开放以来,农林牧渔业在快速发展的同时,内部结构不断优化。到2000年,农业在农林牧渔总产值中所占比重由1978年的77.7%下降为40.6%,下降37.1个百分点;林、牧、渔业所占比重不同程度提高,其中,林业产值所占比重由1978年的6.4%提高到7.9%,上升1.5个百分点;牧业产值所占比重由1978年的10.5%提高到20.1%,上升9.6个百分点;渔业产值所占比重由1978年的5.5%提高到31.4%,上升25.9个百分点,标志着全省农林牧渔业生产已逐步改变单纯依赖农业的单一状况,体现山海田优势的生产结构。之后,农林牧渔生产基本平稳,2018年,农林牧渔产值结构为40.5∶9.5∶17.6∶32.3。

(1)农业扭转了单纯抓粮食的生产格局,经济作物发展较快

在保证粮食生产稳定发展的前提下,适应市场需要、具有福建特色优势的经济作物发展较快。2018年与1978年相比,粮食作物面积与非粮作物面积比重由1978年81.9∶18.1调整为2018年51.4∶48.6。在种植业产值中,粮食产值比重由1978年的77.0%下降到2017年的11.2%,降低65.8个百分点;蔬菜、花卉、烟叶等非粮作物产值比重由1978年的20.2%提高到2017年的58.5%,提高38.3个百分点;茶桑果产值比重由1978年的2.8%提高到2017年的30.3%,提高27.5个百分点。

(2)畜牧业改变了重生猪生产的单一结构,家禽及草食动物饲养比重不断提高

改革开放以后,全省逐渐放开副食品价格,畜牧业生产以市场为导向,以需求为中心,大力发展饲料工业,推广良种和防疫灭病,实施"菜篮子"工程,加强了畜禽商品生产基地建设,畜牧业从以养猪为主的耗粮型生产结构逐步转向多元化的品种生产结构,家禽及草食动物饲养比重不断提高。尤其是近几年,福建省政府提出"严控生猪养殖总量,做强家禽产业,加快发展草食动物"的发展目标,畜牧产业转方式调结构,家禽及草食动物得到较快发展。2017年全省肉类产量中,禽肉产量的比重从1978年的14.6%变为49.4%,首次超过了猪肉产量。禽蛋在肉蛋奶总产量的比重从1978年的8.7%提高到2018年的14.3%。

(3)渔业逐步向高优化、生态化发展

改革开放以前,福建水产品基本停留在"四贝"(缢蛏、牡蛎、花蛤、泥蚶)、"两藻"(海带、紫菜)和"四大鱼"(鲢鱼、鳙鱼、草鱼、青鱼)上,品种结构单一,产量、产值徘徊不前。改革开放以后,为适应国内外水产品市场需求多样化的趋势,全省在加大生产重点投入的同时,渔业内部结构不断优化,养殖业日趋向高优特色品种转化。近年来,福建大力推进大黄鱼、石斑鱼、鳗鲡、对虾、牡蛎、鲍鱼、海带、紫菜、海参、河鲀等十大特色品种超百亿全产业链建设。2017年,鲍鱼、鳗鲡、对虾、海参、海带、牡蛎和大黄鱼分别比上年增长14.0%、12.8%、8.9%、8.3%、8.1%、6.4%和6.3%。积极推进养殖业绿色发展,推广标准化池塘、全塑胶渔排、深水网箱、工厂化养殖和封闭式循环水养殖等生态养殖模式,探索远海大型设施养殖。全省工厂化养殖车间累计达2 000多万平方米,标准化养殖池塘累计达26万亩。经过40余年的发展,全省海水养殖产量和淡水养殖产量的比重由1978年的97.2∶2.8调整为2018年的88.9∶11.1。

3.农业生产条件得到明显改善,农业发展基础加强

(1)农业机械化水平得到提高

全省以促进农业增效、农民增收为目标,因地制宜推广先进适用的农机化新技术、新机具,引导经济作物生产和农产品加工向机械化发展,特别是近五年来大力发展农机服务产业化,充分发挥农机合作社、农机大户在农业机械化作业方面排头兵作用,依托他们在机具、信息方面的优势,引导参与连片作业、区域协作,促进了农机化全面进步,保证了农业机械安全生产,取得显著成绩。如表2-3所示。

表2-3 福建省农业机械化情况

指标	2018年	2018年比1978年增长(倍)	1978—2018年年均增长(%)
农业机械总动力(万千瓦)	1 228.27	6.31	5.10
实际机耕面积(万亩)	1 358.33	1.39	2.20
机播面积	262.01	121.39	12.77
机收面积	764.86	397.81	16.15

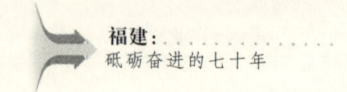

(2) 基础设施明显改善,农民生活更加方便

农村基础设施建设有了很大改观。到 2017 年末,全省 927 个乡镇已全部开通公路,全省 94.9% 的行政村是自来水受益村,98.5% 的行政村通宽带,全省实现村村通电。到 2016 年末,97.1% 的乡镇生活垃圾集中或部分集中处理,92.5% 的村生活垃圾集中或部分集中处理,75.5% 的村完成或部分完成改厕。

4.农业和农村经济市场化进程不断加快

随着经济的发展,农村市场日趋活跃,农副产品交易规模不断扩大。到 2016 年末,70.9% 的乡镇有商品交易市场,28.6% 的乡镇有以粮油、蔬菜、水果为主的专业市场,4.3% 的乡镇有以畜禽为主的专业市场,5.6% 的乡镇有以水产为主的专业市场。34.6% 的村有 50 平方米以上的综合商店或超市,4.1% 的村开展旅游接待服务,31.6% 的村有具有营业执照的餐馆。

5.农村教育、卫生、文化事业蓬勃发展

全省农村社会各项事业蓬勃发展。经过布局调整优化,到 2016 年末,98.6% 的乡镇有幼儿园、托儿所,97.2% 的乡镇有小学,97.3% 的乡镇有图书馆、文化站,15.6% 的乡镇有剧场、影剧院,18.7% 的乡镇有体育场馆,86.3% 的乡镇有公园及休闲健身广场,99.5% 的乡镇有医疗卫生机构,99.7% 的乡镇有执业(助理)医师,80.2% 的乡镇有社会福利收养性单位,67.9% 的乡镇有本级政府创办的敬老院。38.5% 的村有幼儿园、托儿所,61.0% 的村有体育健身场所,38.9% 的村有农民业余文化组织,83.6% 的村有卫生室,44.4% 的村有执业(助理)医师。

三、工业发展成就卓越,主体地位坚实稳固

新中国成立初期,福建工业十分薄弱,省会福州市有代表性的工业只有装机容量 5 000 千瓦的发电厂和日产 5 吨的造纸厂,其余则是小规模的机械修理、制茶、酿酒、锯木、印刷、碾米和生产火柴、肥皂等工厂。新中国成立以来,福建着力于大规模工业建设,经过不懈努力,取得了举世瞩目的成就,工业总量迅速壮大,轻重比例日趋合理,新兴产业茁壮成长,产业结构不断优化,企业竞争能力日益增强。在 70 年的发展过程中,福建工业走过了不

平凡的路,有发展、有徘徊、有高峰、有低谷,但发展始终是主旋律。特别是改革开放以来,福建充分运用中共中央、国务院赋予的优惠政策和灵活措施,积极探索,开拓进取,工业经济迅速崛起、快速前进,成为支撑国民经济持续快速发展的主导力量。

(一)工业发展历程

70年来,福建工业发展历程可分为两个时期,一是改革开放前的曲折发展时期(1949—1978年),二是实行改革开放后奋力前进时期(1979年至今)。其中改革开放前分三个阶段,改革开放后分六个阶段。

1. 曲折发展时期

(1)顺利发展阶段(1949—1957年)

三年恢复与"一五"计划时期,是改革开放前工业发展较快的时期。三年恢复时期福建实施了民主改革和初步生产改革,一方面大力发展国有工业,一方面对私营工业采取加工订货和积极扶持的方针,工业生产得到很快恢复和发展,这三年工业总产值年平均增长速度达到30%,工业总产值从1950年的2.45亿元提高到1952年的4.20亿元,1952年全省工业增加值达到2.17亿元。"一五"时期,福建工业开始进入有计划的发展轨道,在中央支持下建设了古田溪水电站和南平造纸厂等重点大项目,利用地方财政重点发展资源优势轻工业,新建一批大小制糖厂和福州、厦门罐头厂,扩建了福州造纸厂,为了适应装备工业和支援农业需要,还发展了机械工业,这时期福建工业建设速度快、效益好、发展顺利,工业总产值以平均每年16%的速度递增,并提前完成第一个五年计划。到1957年工业增加值为4.23亿元,比1952年翻了一番多,年均增长15%。

(2)起伏波动阶段(1958—1965年)

这阶段福建工业经历了大起大落的发展过程。资金的积累和资源的探明给1958年开始的第二个五年计划的大规模工业建设奠定了基础,在此期间福建兴建30多个骨干工业企业,重点发展原材料等基础工业,如三明钢铁厂、潘洛铁矿、福州二化、三明化工厂、三明重型机械厂等,位于福建腹地的三明市成为新兴工业基地。福建工业面貌大大改观,初步扭转了缺乏原材料、燃料的工业格局。但由于指导思想上出现急于求成、盲目追高的倾

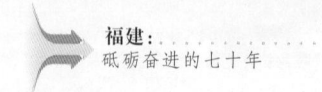

向,组织"大跃进"和"以钢为纲",工业急剧转向重工业而导致重工业比例迅速上升,与当时经济发展水平极不匹配。1961年被迫对产业进行调整,缩减基建投资,对仓促办起来的小钢铁厂、小机械厂实行关停并转,工业生产急速萎缩,1961年、1962年、1963年当年生产总量仅相当于1960年的50%,轻重工业比例大幅波动。1963年起,经过三年调整,工业经济开始好转,一些关停企业重新开工,1965年工业增加值为6.55亿元,比1957年增长59.3%,年均增长9.8%,轻重工业比例调整为68.9∶31.1。

(3)徘徊动荡阶段(1966—1976年)

"文化大革命"给福建工业建设和生产造成严重破坏,"停产闹革命"和"江青反革命集团"破坏,严重阻碍了工业生产力的发展,工业生产再次出现较大波动,其中1967年、1968年工业增加值下降了11.0%和24.3%,工业生产出现停滞和倒退,工业经济效益十分低下,1976年国有企业全员劳动生产率比1965年下降12.4%。这期间工业投资偏向军工企业,重工业投资上升,轻工业投资下降,轻工业产值增长缓慢。1966—1976年工业增加值年均仅增长7.6%。

2.奋力前进时期

改革开放后,福建工业发展大致可分六个发展阶段:即工业经济适度增长阶段(1979—1983年)、高速增长阶段(1984—1988年)、治理整顿阶段(1989—1991年)、新一轮高速增长阶段(1992—2000年)、持续快速提升阶段(2001—2014年)和稳步转型阶段(2015年至今)。

(1)工业经济适度增长阶段(1979—1983年)

改革开放初期,福建全省认真贯彻中央"调整、改革、整顿、提高"方针,加强对消费资料工业的投入,轻工业发展速度明显加快,轻重工业发展比较协调。五年间,全省全部工业总产值年均增长10.1%,其中,轻工业增长11.1%,重工业增长8.4%。这一时期是改革开放时期全省工业发展最慢的时期,但人民的物质文化生活得到明显改善,工业经济效益较好。

(2)高速增长阶段(1984—1988年)

1984年中央4号文件将社队企业正式改称为乡镇企业,对家庭办和联户办企业及时给予了充分的肯定。国家对乡镇企业采取了更加积极的扶持政策,企业在组织生产、产品销售等方面获得了较大的自主权,有力地促进了全省非国有经济工业的发展,1988年与1983年相比,工业总产值增长24.4%,其中,1988年的增长速度高达33.2%。全省非国有经济工业总产值从1983年的34.56亿元,增加到1988年的178.44亿元,年均增长38.9%,对全省工业高速增长起重大推动作用。

(3)治理整顿阶段(1989—1991年)

这一阶段,针对国民经济发展过热现象,国家采取了"治理经济环境、整顿经济秩序、全面深化改革"的调整政策,宏观上控制了企业贷款,过高的工业速度明显回落。1989年全省工业现价增长速度为15.2%,1990年为12.8%,1991年为22.4%,三年间年均增长16.7%。国有工业增长速度明显慢于全国平均水平,三年年均增长5.6%。

(4)新一轮高速增长阶段(1992—2000年)

1992年邓小平同志南方谈话后,"抓住机遇、深化改革、加快发展"的提出为全省工业创造了空前良好的外部环境,全省工业走上了健康和有序的发展道路。2000年全省全部工业实现总产值3 994.86亿元,是1991年的5.1倍,年均增长25.2%。

(5)持续快速提升阶段(2001—2014年)

全省紧紧抓住新一轮加快发展的有利时机,充分发挥各种优势,把工业化作为经济发展的重中之重和经济结构战略性调整的主攻方向,工业化进入了持续高速发展时期,工业经济已经成为拉动国民经济增长的主导力量。全省工业已经初步形成了具有自己特色的产业体系,生产能力和技术装备水平明显提高,全省工业经济总量稳步迈上新台阶。2014年全省全社会工业完成总产值41 579.84亿元,比2000年增长9.4倍。

(6)稳步转型阶段(2015年至今)

受全球金融危机的影响,世界经济跌宕起伏,国际大宗商品价格持续下跌,市场需求疲软,全省工业经济由快速增长逐步转向稳中趋缓,呈现明显的"减速换挡"特征。2015—2017年全省工业增加值增速基本维持在7%~8%左右,增速趋于平稳。面对严峻形势,福建省委省政府审时度势,出台相应政策,协调生产要素、加大帮扶力度,全力协助企业保生产、渡难关;同时随着供给侧结构性改革的深入推进,积极化解过剩产能,加快产业转型升级,努力培育新兴产业,大力发展新产品、推广新技术,工业经济发展逐步从

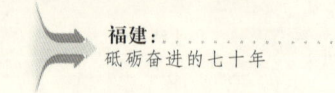

"重速度"向"重质量"转变。

(二)工业发展的主要成就

经过70年的不懈努力,福建工业取得了卓著的成果,经历了从无到有、从小到大、从粗放发展到集约发展,1978年党的十一届三中全会的召开,全党工作重点转移到社会主义现代化建设上来,给福建工业经济带来了无限的生机与活力,福建工业紧紧抓住这一发展机遇,坚持以市场为导向,加大对外开放,大力引进外资,推进民营经济发展,培育了一批新兴产业,工业整体素质和竞争力明显增强。

1950年福建工业总产值仅2.45亿元,1978年增加到63.14亿元,改革开放以来,福建工业经济实现了前所未有的快速发展,工业生产能力扩张迅速,2018年工业总产值达57 732.35亿元,1952—2018年,年均增长15.5%;实现工业增加值14 183.20亿元,工业增加值年均增长13.1%;主要工业产品产量增长迅猛。2018年规模以上工业企业生产原煤918.87万吨、粗钢2 100.70万吨、水泥8 783.18万吨、汽车23.95万辆,分别是1978年的2.2倍、57.6倍、72.9倍和264.0倍。

1.改革开放前,初步构筑工业体系

经过近30年的自力更生和艰苦奋斗,福建工业发生了巨大变化,为改革开放后工业化建设打下了初步基础。1978年工业企业单位数达8 619家,其中大中型企业46家;全省工业总产值为63.14亿元,比1950年增长23.5倍,工业总产值占工农业总产值的比重提高到63.5%;完成工业增加值23.85亿元,比1952年增长10.0倍;工业固定资产原值为44.84亿元,比1950年增长225.2倍。基本形成了食品、纺织、造纸、皮革、缝纫、家用电器和文教艺术用品等行业组成的轻型工业体系和冶金、电力、煤炭、机械、建材、森工等行业组成的重工体系,1978年轻重工业比例为58.9∶41.1,与当时经济发展基本相符。但大而全小而全的粗放型经营理念和封闭型发展给福建工业留下了结构不合理、科技含量低、企业活力不足等弊病。

2.改革开放以来,工业实力显著增强

党的十一届三中全会以来,福建积极实施中央赋予的特殊政策、灵活措施,坚持以市场为导向,抓住机遇,深化改革,扩大开放,大力引进外资,努力发展民营工业,加大企业技术进步,推进产业结构调整和发展方式转变,培育和发展了一批新兴产业,工业化进程不断加快,企业整体素质和市场竞争能力明显提高,工业经济进入了持续、快速、协调、健康发展的新时期。党的十八大以来,面对错综复杂的国内外发展环境和经济下行压力,在以习近平同志为核心的党中央的坚强领导下,福建主动适应把握引领新常态,激发市场主体活力,着眼于工业经济总量的提升、产业结构的协调、生产力布局的优化,全省工业经济综合实力再上新台阶。

(1)工业经济总量与实力迈上新台阶

改革开放以来,福建通过不断深化改革、扩大开放,工业发展步伐加快,年年上新水平,几年上一个大台阶,企业规模、实力日益扩大,工业经济总量快速增长,有力地促进了福建工业化进程。1978年,全省工业基础比较薄弱,工业企业实现现价工业总产值仅为63.14亿元。1993年工业总产值突破千亿元大关,达到1 522.37亿元;2006年首次突破万亿元大关,为11 855.68亿元,2010年突破2万亿元,达到23 805.32亿元。2018年工业总产值达到57 732.35亿元,比1978年增加57 669.21亿元。以2018年的工业生产水平,只需要不到半天的时间,就可以创造出1978年一年的产值。

一是工业在国民经济中居主导地位。改革开放以来,工业对全省国民经济的发展发挥了巨大作用。从国民经济中的产业结构看,工业是第二产业的重要组成部分,占第二产业的比重基本在80%左右。作为全省国民经济主导产业的工业,2018年完成增加值占福建省生产总值的39.6%,工业对全省经济增长的贡献率达到44.4%,成为推动经济持续发展的重要因素。工业的快速发展,加快了工业化的进程步伐,推动了全省经济结构的调整和优化,全省三次产业的结构由1978年的36.0∶42.5∶21.5调整为6.7∶48.1∶45.2。

二是主要工业产品产量大幅增长。1978年以来,全省工业产品产量大幅增长,产品质量明显提高。2018年,全省规模以上工业统计的主要产品产量,均比1978年有大幅度的增长。其中,化学纤维694.88万吨,比1978年增加693.71万吨;成品钢材2 915.95万吨,比1978年增加2 902.13万吨;水泥8 783.18万吨,比1978年增加8 662.73万吨;平板玻璃4 949.48万重量箱,比1978年增加4 905.89万重量箱;生铁982.31万吨,比1978年增加955.74万吨；纱569.21万吨,比1978年增加567.37万吨；汽车239 457辆,比1978年增加238 550辆；照相机1 276 639架,比1978年增加1 276 139架。这些重要产品生产规模的增长,满足了全省经济建设的发展需要。许多工业产品经历了从无到有、从小到大的过程。例如,新能源汽车、智能手机、液晶电视机、平板电脑、平板显示器、路由器、卫星导航定位接收机、城市轨道车辆、家用空气湿度调节装置等与人民生活密切相关的工业产品相继投产并形成规模,成为全省的龙头产品。在不断增加工业产品数量的同时,注重自主创新,加快产品的更新换代步伐,培育了一批拥有自主知识产权、产品技术、标准水平在同行业中具有领先优势的"中国名牌"产品。

三是工业经济效益显著提高。改革开放以来,随着工业生产的持续快速发展,工业经济运行效益得到稳步提高。2018年,全省规模以上工业实现主营业务收入50 640.07亿元；实现利税总额5 793.32亿元,其中,实现利润总额4 180.27亿元,比1978年增长619.3倍。2017年末,企业经济效益达到较高水平。全省规模工业综合效益指数达309.22,其中反映发展能力的资本保值增值率达108.71%,反映降本增效能力的成本费用利润率达7.19%,反映企业盈利能力的总资产贡献率达15.84%,反映营运能力的流动资产周转次数达2.97次,反映工业生产产品已实现销售程度的产品销售率达96.90%,反映偿债能力的资产负债率达51.74%,反映企业生产效率和劳动投入的全员劳动生产率达27.34万元/人。

四是工业企业规模不断扩大。1978年全省拥有大中型工业企业46家,完成工业总产值10.58亿元,分别占全省的0.5%和17.4%,企业规模不大,实力不强,基础较差。改革开放以来,福建高度重视营造企业发展壮大的良好环境,着力培育一批大企业大集团,加快产业集聚,培育产业集群,做大做强企业,企业规模不断扩大,大中型工业企业数增加。2018年全省拥有规模以上工业企业1.74万家,省级工业和信息化龙头企业358家,营业收入超百亿元工业企业44家。国家级制造业单项冠军企业(产品)18家、国家专精特新"小巨人"企业10家,10家企业上榜中国500强,20家企业列入中国民营企业500强,产值超千亿产业集群16个。据不完全统计,列入统计的419种产品中有100多种产品市场占有率进入全国前三,全球每4块汽车玻璃就有1块产自福建,每12个人就拥有1双福建产的鞋。宁德时代的动力电池和新能源科技的聚合物消费类锂离子电池出货量均位列全球之首,青拓集团成为福建首家年产值超千亿元的工业企业集团,恒申集团的己内酰胺、福耀集团的汽车玻璃产量全球第一等,这些企业已经成为福建工业经济发展的中流砥柱。

五是民营经济蓬勃发展。1978年,全省全部工业企业构成仅分为国有和集体两个部分,全省工业总产值的构成中,国有经济占74.2%,集体经济占25.8%。随着改革开放的不断深入,国家采取了一系列有利于股份制、民营经济特别是私营经济发展的措施,同时积极吸引外商、港澳台商投资兴办工业,在更高程度上形成多种所有制经济共同发展、具有较强活力的体制优势。以股份制、"三资"和私营企业为主体的非公有工业从无到有、从小到大、从弱到强,迅速发展,成为推动全省经济持续快速增长和保持社会稳定的重要力量。2000年,全省工业总产值的构成中,国有企业占9.9%;集体企业占5.3%;"三资"企业占41.9%。发展到2008年,国有企业占4.4%,比2000年下降5.5个百分点;集体企业占1.3%,下降4.0个百分点;"三资"企业占46.9%,提高5.0个百分点。2018年,全省规模以上工业中非公经济完成工业增加值占规模以上工业的比重达到86.5%;全省民间投资增长20.6%,增幅比2017年提高2个百分点,对全省投资增长的贡献率达94.9%。福建已经成为名副其实的民营经济大省,民营经济在全省经济总量中"三分天下有其二",成为创业就业的主要领域、技术创新的重要主体、国家税收的重要来源,有"3个7、1个8",即70%的GDP、70%的税收、70%的科技成果、80%的就业都是民营企业创造的。

(2)工业产业结构趋于优化

工业产业结构调整是推进工业发展的一条主线,改革开放以来,福建紧紧围绕这一主线,从本省实际出发,加大投入力度,陆续新建、改造了一大批重点项目,使工业门类逐步扩大,形成轻重工业合理、协调,富有福建特色的工业体系。

一是轻工业发展为市场的繁荣发挥了重要的作用。1980年以来,福建根据国家加快轻工业发展、增加市场有效供给的方针,并根据福建的优势,制定了"轻型、外向、高新、跳跃"的发展战略,轻工业发展步伐不断加快,为

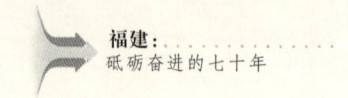

全省工业的快速增长、市场的繁荣发挥了重要的作用，也促进了以食品、纺织、皮革、服装、造纸、塑料加工、家用电器等骨干行业为主的具有福建优势的轻工业进一步发展。2017年，全省规模以上轻工业产值25 111.3亿元，按可比口径，1978至2017年平均每年增长17.7%。轻工业内部结构也逐步优化、协调，适应市场需求，深度加工、高附加值的产品比重不断上升，而简单加工、附加值低的产品日益减少。

二是产业结构向适度高水平重化迈进。为解决因重工业发展缓慢制约全省工业增长的问题，从"六五"后期开始，中共福建省委省政府确立了加快重工业特别是基础、原材料工业发展的指导思想，使重工业得到加强并保持优先增长。通过加强重工业的发展，特别是能源工业的快速发展，在一定程度上扭转了福建省长期因能源短缺而制约经济发展的状况。原材料工业及其他重工业通过技术进步生产能力大幅度增长，其中金属材料、化工原料和建筑材料得到长足发展。冶金工业的钢、钢材、生铁、锰、铝、钨等，化学工业的烧碱、纯碱、硫酸和甲醇，以及建材工业的水泥、平板玻璃和彩釉砖等重点产品产量迅速增加。推动产业结构向适度高水平重化迈进，一直是福建产业强省之梦。党的十八大以来，梦想照进现实。全省按照集聚发展、协调发展、绿色发展、优化发展、良性发展的目标，更加着眼于产业结构的协调和生产力的优化布局。2013年底，福建省人民政府出台《关于全省石化等七类产业布局的指导意见》。根据全省各地产业特色，资源禀赋和环境承载力，对于对环保和生产要素具有较高要求的石化、汽车、船舶、冶金、水泥、制浆造纸、印染等七类产业和平潭综合实验区等十大区域的产业布局提出指导意见。沿海岸线自北向南，环三都澳高端不锈钢，江阴半岛化工新材料，湄洲湾、古雷半岛炼化一体化等产业集群，在改变产业结构"轻重比"的同时，让福建产业"旧貌换新颜"，打开新的增长空间。

三是三大主导产业发展强劲。近几年来，福建着力培育的电子、机械、石化三大主导产业发展迅速，有力地带动了工业经济发展。2017年，全省规模以上工业三大主导产业完成总产值18 500.47亿元，比1978年增长642倍。

主导产业之一的电子信息产业是推动福建产业转型升级的核心基础产业。福建已成为全国平板显示器、笔记本电脑和液晶电视等终端产品的主要生产基地之一,新型显示、集成电路、LED等产业形成了全产业链发展态势。2017年,全省规模以上电子信息制造业实现产值6 081亿元,比上年增长11.8%;完成销售产值5 858亿元,增长15.3%。福建省电子信息集团、万利达、福大自动化、宏发电声等四家企业入围2017年中国电子信息制造业百强。其中,电子信息集团正围绕着"填屏补芯"战略加快布局新兴产业,着力建设一批重点项目:全省首条12英寸晶圆生产线将建成投产,国内首个具有自主技术及世界级先进制造工艺的存储器项目动工,国产数据库领域杀入"福建黑马"。电子元器件行业继续保持良好态势,在智能终端、物联网、智能制造、云计算等新兴技术发展拉动下,2017年,电子元件行业产值比上年增长23.9%,电子器件行业增长7.6%。计算机和网络通信产业由于市场的复苏,逐渐恢复景气,2017年,计算机制造业实现产值1 050亿元,比上年增长9.8%;通信设备行业实现产值180亿元,增长33.2%。电池制造受益于国家鼓励新能源汽车消费政策、锂电池产品产量快速增长拉动,2017年实现产值641亿元,比上年增长26.5%;锂离子电池产量12亿只,增长23.7%。宁德新能源消费类电池产量继续保持世界第一,时代新能源公司动力锂电池超过比亚迪成为世界第一。

福建机械装备制造业主要有汽车、船舶、工程机械、电工电器等制造业。福建汽车工业起步晚、基础差,经过几年的快速发展,规模相对集中,配套能力逐步增强,产生了一批具有一定影响力的汽车品牌。2003年,福建省生产出东南菱帅,使全省人民的轿车梦变成现实。2004年,与戴姆勒—克莱斯勒公司合资合作的项目正式签约,2006年正式动工,标志着福建汽车工业已经融入世界汽车产业分工协作体系。2017年,全省机械装备工业经济运行总体平稳,全年规模以上机械装备工业实现产值8 007亿元,比上年增长9.2%。经济效益持续提升,实现主营业务收入7 563.2亿元,增长11.0%;利润总额585.8亿元,增长19.6%。汽车行业保持良好增长势头,2017年实现产值1 404亿元,比上年增长14.3%;汽车产量28.1万辆,增长27.7%。乘用车中的SUV和MPV受东南汽车和福建奔驰新品热销拉动分别增长52.7%和103.7%。船舶行业总体形势仍较严峻,2017年实现产值197亿元,比上年下降12.3%,接单难、交船难、资金回笼难等问题依然没有得到根本解决,但骨干船厂结合自身优势,积极推进产品结构转型升

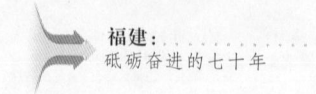

级,马尾造船公司建造的全球首创的227米深海采矿船已顺利动车,东南船厂建造的12 000DWT成品油轮顺利下水,厦船重工首制2 400TTV集装箱船成功交船。工程机械市场需求持续回暖,主要工程机械产品特别是装载机、挖掘机产量增长强劲,2017年实现产值188.1亿元,比上年增长15.9%;装载机产量增长42%,挖掘机增长56.8%。厦工、龙工、南方路机等企业均实现较快增长,产能发挥90%以上。电工电器稳步增长,2017年完成产值2 114亿元,比上年增长8.3%,其中,输配电控制设备受国家加大基础设施建设配套需求拉动,产值增长12.8%,大通机电、ABB高压、太阳电缆等企业增势较好。

石化工业跨越式发展。1949年还不产一滴油的福建,如今已形成"两基地一专区"(湄洲湾石化基地、漳州古雷石化基地和福州江阴化工新材料专区)发展格局,2018年石化产业工业总产值超过4 000亿元。石化产业横跨石油产品加工业、基础化学原料制造业、化学肥料制造业、化学纤维制造业、橡胶制品业和塑料制品业等,并形成以石油产品加工、化学纤维、橡胶制品和塑料制品为重点的产业布局。

四是产业结构向中高端调整优化。传统产业转型升级,战略性新兴产业壮大发展。轻工业从制造到创造。纺织服装、制鞋、工艺美术品、塑料制品、造纸及纸制品、食品等行业规模居全国前列。拥有"中国食品之都""中国罐头之都""中国鞋都""中国工艺美术之都"等数十个国字号区域品牌。冶金与建材工业加快创新转型,三钢集团综合生产能力超过1 000万吨钢,实现利润超百亿元;宁德青拓集团已成为全国乃至世界单体最大的不锈钢生产及深加工基地;厦门钨业仲钨酸铵、钨粉末、钨丝、硬质合金、稀土发光材料、稀土储氢材料等产品产量位居全国第一。全省黄金、锂电正极新材料等有色产品以及建筑陶瓷、建筑石材等建材产品产量居全国前列。战略性新兴产业不断壮大,2018年规模以上工业战略性新兴产业增加值占规模以上工业比重21.1%;全省高技术产业增加值增长13.9%,高于全省规模以上工业平均水平4.8个百分点,占全省规模以上工业增加值比重为11.3%,比上年提高0.3个百分点。

(3)工业发展区域布局趋于协调,园区成为工业产业的聚集地

一是工业在沿海山区分布趋于协调。新中国成立后,福建按照全省资源

分布情况,工业沿海岸线和闽江流域两条脉络逐步向内地拓展,从区域上看,沿海主要以轻工、纺织、食品、电子、仪器仪表等轻工业和轻加工工业为主,内陆地区主要以冶金、森工、化工、机械、电力、煤炭等重工业为主,是全省的重化工业基地。但存在"三线"工业过多地集中于内地,不少地方"小而全""大而全"以及"五小工业"遍地开花等问题。改革开放以后,福建大力推行以外向型经济为导向的发展战略,按资源配置不断调整工业布局。福州、厦门、漳州、泉州、莆田、宁德等沿海地区充分发挥交通便利,投资环境良好,集港、澳、侨、台以及特区、侨资、台资及先进的技术设备和管理经验,规模以上工业经济率先发展,成为全省改革开放的排头兵,2017年,福州、厦门、漳州、泉州、莆田、宁德等沿海地区集中全省83.4%的工业总量。与此同时位于山区的三明、龙岩、南平等地发挥自身优势,迎头赶上,发展步伐明显加快;区域间差距逐步缩小,山区沿海协调推进,共同推动福建工业经济发展的新格局。

二是工业园区(开发区)成为工业经济的聚集地。工业向园区集中,产业向园区集聚,园区兴工是加快推进新型工业化的有效模式。全省工业园区作为工业发展的重要支撑和招商引资的重要载体,在加速推进新型工业化进程中发挥着越来越重要的作用。2017年有四成以上的规模以上工业企业集中在全省各类工业园区中,这些工业企业创造的产值约占全省工业总产值的57%,成为工业发展的重要聚集地和增长极。园区工业有效集中了人力、物力、财力,充分利用了资源,有力地促进了全省新型工业化进程。

四、服务业后来居上,成为经济增长新动能

广义的服务业即第三产业,是指农业、工业、建筑业以外的为生产和生活服务的经济活动,包括批发和零售业、住宿和餐饮业、交通运输业、仓储和邮政业以及旅游业、金融业、房地产业、信息传输、计算机服务和软件业、其他服务业等,不包括第一产业中的农林牧渔服务业。其发展水平是衡量一个国家或地区经济发展水平和社会现代化程度的重要标志。

(一)服务业发展历程

70年来,福建的服务业发展历程可分为四个时期:改革开放前的缓慢

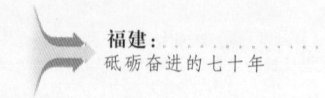

发展时期(1949—1978年)、实行改革开放后的迅速发展时期(1979—1990年)、平稳发展时期(1991—2011年)、高质量发展时期(2012年至今)。

1.缓慢发展时期(1949—1978年)

改革开放以前,福建经济处于高度集中管理的计划经济时期,国民经济发展重点是物质产品生产,服务业被看作是不创造社会财富的非物质生产部门。服务业竞争不充分,市场程度低下,发展受到制约,不仅规模偏小、结构单一,而且在国民经济发展中长期处于从属地位。服务业增长相对缓慢,比重偏低。1950年全省服务业增加值仅有1.21亿元,经过29年的发展,1978年服务业增加值也仅达到11.30亿元,年均增长8.6%,尤其在"三五"时期和"四五"时期,年均增长仅为2.8%和1.2%。从产业结构看,福建服务业发展缓慢主要受三个因素的影响。一是经济理论偏差。曾经把服务部门看成不创造社会财富的非生产部门,把其比重增大看作帝国主义腐朽性和寄生性的突出表现。没有正确认识服务业比重的增大是一个历史的进步,是世界发展的必然趋势,导致在实践中对"非生产部门"的歧视,使第三产业资源投入受阻、发展被遏制。二是发展战略偏差。在工农业已有较大发展的时候,没有及时把服务业的发展列入国家经济发展战略。"四个现代化"只把工农业现代化列入议事日程,忽略了服务业现代化。三是政策失误。长期实行服务低价制,损害了服务业的利益;曾经把不少服务活动当作资本主义因素来批,挫伤了服务业发展的积极性。

2.迅速发展时期(1979—1990年)

改革开放初期,各级政府出台服务业发展政策,提出转变"重生产轻服务"传统观念,服务业地位和重要性逐步提高。企事业单位内部附属的服务业部门,开始作为自主经营、自负盈亏的独立法人走向市场。福建服务业由弱变强、由小变大,进入迅速发展时期。1979—1990年,服务业增加值由14.77亿元增长至200.80亿元,年均实际增长16.2%,比福建省生产总值和第二产业年均增速分别高4.1个和2.9个百分点,占福建省生产总值比重从19.9%迅速上升至38.4%。1990年,服务业对经济增长贡献率达46.3%。

3.平稳发展时期(1991—2011年)

随着福建工业化进程加快,工业强省的战略选择,资源要素向工业集聚,工业经济进入迅速发展的黄金时期,形成了"服务业快速增长、第二产业更快增长"的发展态势。1991—2011年,服务业增加值由233.49亿元增长至6 878.74亿元,年均实际增长12.6%,比福建省生产总值和第二产业年均增速分别低0.9个和4.4个百分点。从产业结构看,服务业占福建省生产总值比重在39%左右徘徊,比重最低年份是1994年,为34.1%;比重最高年份是2009年,为41.2%;之后又回落到40%以下。2011年,服务业对经济增长贡献率更是回落至29.5%的低位。

4.高质量发展时期(2012年至今)

党的十八大以来,在以习近平同志为核心的党中央治国理政新理念新思想新战略的指引下,福建服务业牢牢抓住供给侧结构性改革机遇,乘势而上,跨越发展,在优化结构、提高质量、促进就业、拉动消费、改善民生等方面发挥了重要作用,进入了高质量发展时期。2012—2018年,服务业增加值由7 737.13亿元增加至16 191.86亿元,年均实际增长10.1%,比福建省生产总值和第二产业年均增速均高1.0个百分点,占福建省生产总值比重也从39.3%提高至45.2%,对经济增长贡献率由30.7%提高至46.3%。

(二)服务业发展成就

新中国成立初期,福建省交通十分闭塞,全省没有一寸铁路,勉强通车的公路不足1 000公里。全省邮路总长只有2.74万公里,尚有13个县与省城不通电报,23个县与省城不通长途电话。全省市场萧条,人民群众生活水平很低,科教文卫事业落后,全省多数学校处于停办半停办状态,平均每万人口中在校学生仅44人。1952年,福建服务业生产总值仅1.92亿元,占全省经济总量的15.1%。经过70年的不懈努力,特别是改革开放后,福建把发展服务业作为经济增长的重要环节来抓,各地纷纷出台鼓励和促进服务业发展的政策措施,服务业已经成为福建经济增长的重要支撑和劳动就业的主要渠道,在优化产业结构、实现产业协调发展方面发挥着越来越重要的作用。2018年,全省服务业经济增加值达到16 191.86亿元,与1952年相比增长了8 432倍,与1978年相比增长了1 135倍。1952—2018年年均增长10.7%,比全省生产总值年均速度快1.0个百分点。改革开放后的1978—2018年期间,年均实际增长12.7%,比福建省生产总值年均增速快0.5个百分点。

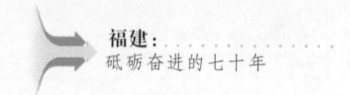

1.服务业规模不断扩大,对经济增长贡献逐步加大

1950年,全省服务业增加值只有1.21亿元,1978年服务业增加值不足15亿元。改革开放以来,福建经济和社会事业得到了快速发展,经济发展和人民生活水平的迅速提高,为服务业提供了良好的发展基础。特别是"八五""九五""十五"期间,伴随着人们重积累轻消费、重生产轻流通、重产品轻服务传统观念的转变,全省服务业发展进入了一个新的历史时期。改革开放初期,福建三次产业呈现"二、一、三"的状态。随着产业发展与结构优化,服务业在国民经济中的地位和作用显著增强,三次产业增加值比重由1978年的36.0∶42.5∶21.5调整为2018年的6.7∶48.1∶45.2。从对国民经济增长贡献看,在经济转型或增速放缓时期,服务业对稳增长具有重要的支撑作用。改革开放前(1952—1977年),福建服务业对福建省生产总值增长的贡献度仅为23.6%。例如,1990年、2001年和2018年,福建省生产总值增幅分别为7.5%、8.7%和8.3%,但服务业增长对福建省生产总值增长的贡献率分别为46.3%、42.4%和54.0%,服务业增长稳定性优于第一、第二产业。2018年服务业对福建省生产总值增长贡献率为46.3%,比1980年提高14.6个百分点。

2.服务业投资稳步增长,成为拉动经济增长的重要组成部分

改革开放前,福建投资重点是加强生产性建设,改革开放初期的1979年,福建城镇以上三次产业固定资产投资比例仍保持10.7∶49.6∶39.7。改革开放以来,福建服务业投资规模不断扩大,投资种类不断丰富,投资主体日益多元,服务业投资逐渐成为固定资产投资的主要部分。服务业固定资产投资的提高,吸引外资力度的加大,既成为扩大需求、带动经济增长的重要因素,又为福建服务业的进一步发展打下良好的基础。1980年后,全省在进行生产建设的同时,安排大量资金用于服务业项目建设,服务业向开放式外向型转变。自1989年起,福建服务业投资比重开始超过第二产业。随着改革开放的进一步深入,招商引资规模的日益扩大,福建更加注重引资的质量和效益,不断调整外资投向,使其符合福建产业结构调整的要求,尤其是加入世界贸易组织(简称WTO)后,福建服务业对外开放步伐大大加快,对外开放程度明显提高。

2017年,全省服务业完成固定资产投资16 399.87亿元,三次产业投资比例调整为3.7∶33.7∶62.5,服务业投资比重远超过第一、第二产业之和。分行业看,投资量较大的行业是房地产业,水利、环境和公共设施管理业,交通运输、仓储和邮政业,其投资额分别为5 577.94亿元、4 486.65亿元和2 921.78亿元;投资增速较快的行业是居民服务、修理和其他服务业,批发和零售业,卫生和社会工作,文化、体育和娱乐业,分别增长93.9%、70.7%、33.5%和33.5%。

3.服务业社会效益不断提高,成为吸纳就业主渠道

新中国成立之初,福建从业人口结构主要以农牧业从业人口为主,1952年服务业从业人员仅有60.71万人,占全部从业人员的12.8%。1978年,服务业从业人员仅105.81万人,三次产业从业人员比例为75.1∶13.4∶11.4,从业人员以第一产业为主。2018年,服务业从业人员增长至1 224.15万人,三次产业从业人员比例调整为21.0∶35.2∶43.8,就业结构趋向科学合理。1978年以来,福建从业人员共增加了1 866.96万人,其中,服务业新增就业1 118.34万人,成为吸纳劳动力就业的主渠道。

从收入水平看,2018年,全省城镇单位在岗职工平均工资为78 215元,三次产业的平均工资分别为62 479元、65 418元和96 968元,服务业平均工资高于第一、第二产业。分行业看,金融业,信息传输、软件和信息技术服务业,卫生和社会工作,科学研究和技术服务业,公共管理、社会保障和社会组织,教育年人均工资分别达到16.3万元、11.1万元、11.8万元、10.9万元、11.7万元和10.1万元,成为年人均工资超10万的六大高收入行业。

4.供给侧结构性改革初见成效,现代服务业发展迅猛

(1)服务业内部结构优化

70年来,福建服务业内部结构调整初见成效。尤其改革开放以来,随着社会主义市场经济体制的不断完善和国民经济的快速发展,城乡居民的生活水平有了显著提高,居民的消费结构以及消费观念也随之发生了深刻的变化,交通运输仓储和邮政业、批发零售贸易餐饮业等传统服务业持续增长,但比重有所下降。金融保险、房地产、计算机服务和软件业等与现代发展相适应的新兴服务业行业快速崛起,比重有所上升。新中国成立之初,全省服务业体系相对单一,表现在批发零售贸易、餐饮、交通运输等传统行业开放程度低;金融、保险、综合技术服务业等新型行业长期处于管制经营、限

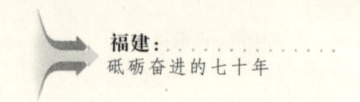

制经营状态之中。"九五""十五"以来,这种状况开始改变,特别是进入 21 世纪以来,全省第三产业体系初步完善。在传统行业持续增长的同时,金融保险、房地产、计算机服务和软件业等与现代发展相适应的新兴行业快速崛起。多元化的金融服务体系初步形成。

(2)消费品市场繁荣活跃,电商助力消费升级

随着计划经济体制下的保障产业向市场经济体制下的先导型产业转变,福建商贸业发生翻天覆地的变化。消费品市场对经济增长的贡献不断加大,并形成了如电子商务等"互联网+商贸"的新型经济业态。2017 年,实现社会消费品零售总额 13 013.00 亿元,是 1978 年的 425.8 倍,年均增长率为 16.8%,如图 2-1 所示。同时,电子商务助力传统商业模式创新,超级物种、朴朴超市等新零售新业态快速成长。全省限额以上批发和零售企业通过互联网实现的商品零售额 835.69 亿元,与 2014 年相比,年均增长 63.3%,占全部社会消费品零售总额比重为 6.4%,比 2014 年提高 4.4 个百分点。全省电子商务交易额 14 168 亿元,与 2014 年相比,年均增长 41.6%。在电子商务带动下,快递业快速成长。2017 年,全省邮政业务总量 392.86 亿元,与 1995 年相比,年均增长 22.8%;全省快递业务量 16.61 亿件,与 2008 年相比,年均增长 45.8%。

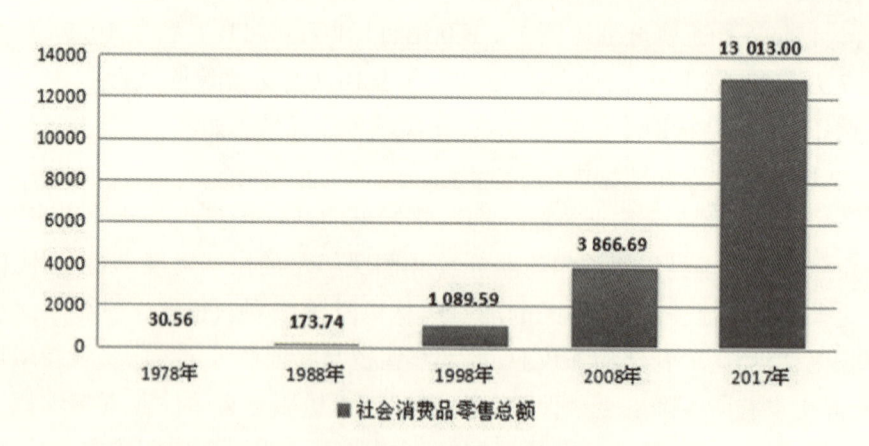

图 2-1 1978—2017 年福建社会消费品零售总额(亿元)

(3)交通运输取得新成就,服务保障能力持续提升

公共交通基础建设,是社会经济发展的基本要件。随着改革开放的发展,福建交通运输建设不断取得新成就,铁路、公路、水路、航空等运输方式发展壮大,铁路建设跨越发展、公路建设稳步推进、港口建设生机勃勃、民航事业突飞猛进,全省已实现"市市通高铁、县县通高速、镇镇通干线、村村通客车"目标,形成"两纵三横"的综合交通运输大通道。

(4)金融业运行稳健,金融改革不断深入

金融业是社会经济的血脉,为经济发展提供动力。金融业的稳定健康是社会经济茁壮成长的源头活水。福建金融业伴随现代化步伐快速成长,金融机构业务种类和服务领域不断扩展,金融业总量稳步攀升。2017年,金融业实现增加值2 055.53亿元,是1978年的682.9倍。2017年末,全省金融机构本外币存款余额42 794.79亿元,与1990年末相比,年均增长19.4%;本外币贷款余额40 484.93亿元,与1990年末相比,年均增长18.9%。同时,作为全国拥有较多区域性金融改革试点的省份之一,福建把金融业作为产业结构调整的一个重点,金融体系不断完善。在全国率先建设省级"金融超市"——福建省金融综合服务平台,有力推动了重点项目、基础设施、战略性新兴产业、传统产业转型升级、民生工程、"三农"和中小微企业等重点领域强支撑和薄弱环节补短板。区域金融改革发展成效显著。福州海峡金融商务区已有200多家金融机构入驻,厦门初步建成集货币清算、现钞调运与反假币为一体的两岸货币业务合作支点,平潭加快打造以基金、创投、资产、资本等为主的特色金融集聚区,泉州金融服务实体经济综合改革和沙县农村金融改革不断深化。

(5)"互联网+"成为创新驱动,信息服务业迅猛发展

近年来,"互联网+"在引领经济发展、推动社会进步、促进融合创新等方面发挥了巨大作用,互联网经济规模快速扩大,互联网科技成果惠及民生,互联网企业竞争力持续提升。2017年,全省信息传输、软件和信息技术服务业实现增加值785.24亿元;全省电信业务总量897.00亿元,与1995年相比,年均增长14.2%;互联网用户4 882.36万户,光缆线路长度126.15万公里。电信基础设施进一步增强,带动互联网行业迅猛发展。以云计算、大数据、物联网、人工智能为代表的新一代信息技术加速孕育、蓬勃兴起,福

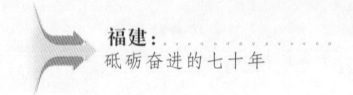

建互联网企业竞争力和影响力不断提升。2017年末,全省互联网重点企业中上市或挂牌交易的企业为20家,总市值为1 099.50亿元。

5.紧靠"民生幸福",生活性服务业亮点频频

(1)"清新福建"品牌全面打响,旅游业影响力持续扩大

随着人民生活水平的提高,人们对旅游的思想观念从"逛公园"转变为"世界那么大,我想去看看",旅游业也迎来了黄金发展期,在稳增长、调结构、惠民生等方面发挥的作用日益凸显。近年来,福建充分发挥生态优势,大力推进全域生态旅游省建设,着力打响"清新福建"品牌,认真实施"放心游福建"服务承诺,统筹推进产品体系、重点景区、乡村旅游、导游服务、智慧旅游等"五大提升工程",旅游业呈现出快速、高效、健康发展的良好态势。2017年,全省旅游业接待国内游客3.75亿人次,与1997年相比,年均增长16.1%,实现国内旅游收入4 570.77亿元,年均增长20.5%;接待入境游客775.41万人次,年均增长9.9%,实现旅游外汇收入75.88亿美元,年均增长13.4%。2017年末,共有等级旅游景区53家,其中4A级以上高等级景区23家。

(2)教育投入稳步增长,各类教育全面发展

改革开放初期,福建教育刚刚走出"文化大革命"的阴霾,百废待兴。1976年,全省青壮年文盲、半文盲370多万人,占青壮年总数的48%,全省仅有7所高等学校,在校生仅有1.14万人,教育水平严重落后。伴随着改革开放不断深入,科教兴省和人才强省战略的落实,福建教育进入了又好又快的发展时期。2017年,全省教育业增加值683.80亿元;全省财政性教育经费支出854.11亿元,占财政支出的18%。2017年末,全省普通高等学校89所、普通中学1 774所、小学5 190所、幼儿园8 041所;各类学校专任教师46.99万人,是1980年的2.1倍;各类学校在校学生784.85万人,是1980年的1.5倍;学龄儿童入学率、小学升学率、初中升学率分别为99.97%、98.73%和85.51%,比1990年分别提高0.9个、33.8个和35.8个百分点。

(3)健康养老事业蓬勃发展,服务能力显著增强

新中国成立以来,福建卫生事业逐步起步,并在改革开放以后得到了前所未有的发展,医疗改革不断深入,卫生资源总量大幅度增长,城乡医疗卫

生体系不断完善,分级诊疗保障制度建立完备,医疗科学技术水平日益提高,卫生计生服务能力进一步提升,人民群众健康水平大幅提高。2017年,卫生和社会工作增加值534.17亿元。2017年末,全省卫生机构、医疗卫生机构床位、卫生人员的数量分别为27 217个、18.34万张和30.10万人,比1978年分别增加23 318个、13.19万张和24.61万人。已建成城市养老服务机构117个、农村养老服务机构97个、社区服务机构8 630个。社会保障水平进一步提升,2017年末全省城镇基本养老保险、城乡居民社会养老保险参保人数分别为1 022.31万人和1 493.74万人。

(4)文化产业迈上新台阶,文化惠民富有成效

发展文化产业是满足人民日益增长精神文化的需要,是推进供给侧结构性改革的需要,是经济和社会和谐发展的需要,是增强文化国际竞争力的需要。近年来,福建文化产业积极适应新常态,深化文化体制改革,推进文化产业转型升级。2016年,全省文化产业增加值1 190.28亿元,与2004年相比,年均增长19.6%;占福建省生产总值比重为4.1%,比2004年提高1.7个百分点。精心打造文化产业发展平台,积极培育壮大龙头文化企业,全省国家级、省级文化产业示范基地达148家。围绕为民惠民,公共文化服务日益完善。打造"百姓大舞台"品牌,建设(提升)1 000多个地方戏台、541个非遗传习场所及一批文化村史馆、小型特色博物馆、宗祠文化场所、农民文化小公园等,让广大群众共享文化改革发展成果,实现公益演出常态化。2017年末,全省公共图书馆90个,比1978年增加67个;博物馆123个,比1978年增加110个;文化站1 125个,比1978年增加1 090个。

(5)全民健身不断深入,体育产业快速发展

体育产业作为朝阳产业,有助于优化产业结构、推动经济转型升级。改革开放以来,福建体育立足长远发展、创新工作机制,体育产业规模不断扩大。福建省已初步形成了以体育用品服装鞋帽为支柱,体育场馆为依托,体育健身娱乐、竞赛表演、体育中介和技术培训市场初步发展的结构体系,体育产业总量和增加值占比均居全国首位。2017年,体育业增加值22.53亿元;体育彩票销售量突破百亿,达到106.46亿元,比上年增长32.1%。同时,福建运动员在各项竞技体育赛事中成绩优异,全民健身工程稳步推进。里约奥运会上福建运动员创造了4金1银2铜的历史最好成绩;天津全运

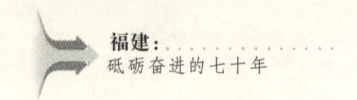

会上,有467名运动员、149名教练员参加了24个大项、201个小项竞技体育项目决赛,获得17.5枚金牌、15.5枚银牌、20枚铜牌,创造了福建省参加历届全运会的最好成绩。2017年,投入体彩公益金7 950万元,新建120个多功能运动场、60个笼式足球场、50个室内健身房和30个门球场,同时还举办各类群众性比赛活动3 200场次,直接参与人数160万人次。

6.民营经济是服务业的主体,引领服务业的发展

福建民营经济保持了持续、快速、健康发展势头。随着近年来福建发展民营经济的政策环境不断完善,非公有制经济的地位不断提高,贡献逐渐显现。在企业的经营环境上,国家逐步放开了经营的领域,为民营经济的发展创造了更加宽松的环境,民营经济蓬勃发展,规模不断扩大。在批零贸易业、餐饮业、公路水路运输业等行业,民营经济已经占据主导地位。在公共服务领域如公共交通、卫生、教育及公共服务等,民营经济所占的比重正在不断扩大。

进入新时代,在习近平新时代中国特色社会主义经济思想指引下,福建经济驶入高质量发展新航道。未来,福建将坚持改革开放,抓住供给侧结构性改革不断深入、工业转型升级步伐加快、居民消费结构优化升级的历史机遇,坚定贯彻党中央、国务院决策部署,奋力落实创新驱动战略,推动"工业+服务业"和"互联网+服务业"融合发展,服务业必将成为推动福建社会经济发展的核心动力。

本章小结

在新中国成立之初至今的70年发展过程中,福建产业结构发生了根本性转变。三次产业比例从1952年的65.9∶19.0∶15.1调整至2018年的6.7∶48.1∶45.2。第一产业比重逐渐下降,第二、第三产业比重不断上升。第一产业比重处于相对稳定状态,第二产业比重从2014年52%的高点呈现出缓慢下降的趋势,而第三产业比重则开始出现比较明显的上升态势。整体上,经过70年的发展,福建已经从典型的农业社会进入工业化社会,并逐步向后工业化社会迈进。农林牧渔、工业、服务业和所有制结构都发生根本改变。

一是农业内部结构明显改善,现代农业、特色农业粗具规模。新中国成

立后,福建片面强调"以粮为纲"的农业生产结构,偏重于抓种植业,忽视林、牧、渔业全面发展;偏重于抓耕地经营,忽视山、海资源的综合利用,农业结构不尽合理。1952年,全省农林牧渔业总产比重为76.2%、5.9%、12.8%、5.1%,直至改革开放前夕的1978年,农业仍占77.7%,林业、牧业、渔业产值仅占6.4%、10.5%和5.4%。改革开放以后,随着中央方针政策的调整,农民依据各地实际和市场需求开展多种经营的积极性得到了充分发挥。

第一,在稳定粮食生产的基础上,充分发挥区域优势,扭转了单纯抓粮食的生产格局,非粮作物和茶叶、水果比重提高,有福建优势的烟叶、油料、蔬菜、瓜类、甘蔗等经济作物播种面积不断扩大。

第二,实施"大念'山海经'""三五七造林绿化""建设林业强省""集体林权制度改革""实施'四绿'工程和大造林"等战略部署,有效推动林业持续发展,2018年森林覆盖率达66.8%,连续40年保持全国第一。

第三,渔业结构不断优化,水产养殖优势品质占主导。改变了水产品种结构单一的状况,大黄鱼、石斑鱼、鳗鲡、南美白对虾、牡蛎、鲍鱼、海带、紫菜、海参、河鲀等十大优势养殖品种在全省水产养殖中占据主导地位,同时远洋渔业不断发展,渔业经济整体竞争力在全国排在前列。

第四,畜产品生产从以养猪为主的耗粮型生产结构逐步转向多元化的品种结构,家禽及草食动物饲养比重不断提高。2018年,福建农、林、牧、渔业所占比重分别为38.7%、9.2%、17.0%和31.2%,已经改变单纯依赖农业的单一状况,形成了充分体现沿海区位优势的生产结构。

二是工业内部结构朝高端化迈进,主体地位稳固。从新中国成立到1978年,福建工业在曲折中发展,探索中前进,改革开放后工业发展才真正步入健康快速发展轨道,工业实力不断增强。1950年、1952年、1978年、2003年、2008年、2018年分别实现工业增加值1.14亿元、2.17亿元、23.85亿元、2 061.31亿元、4 755.45亿元、14 183.20亿元,分别占全省经济总量的11.9%、17.0%、35.9%、41.4%、43.9%、39.6%。特别是改革开放以来,福建工业化水平巨幅提升。1978至2018年,工业增加值从23.85亿元增加到14 183.20亿元,按不变价格计算年均实际增长15.1%。根据中国社会科学院工业经济研究所工业化水平综合指数测量,福建已经进入后工业化阶段。

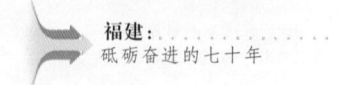

第一,重工业从零起步,轻重工业实现同步发展。新中国成立初期福建只有单一轻工业和手工业,几乎没有重工业。到1978年,轻工业和重工业比例进一步调整为58.9∶41.1,趋于协调。2003年,实现规模以上工业总产值4 953.74亿元,其中重工业产值2 653.39亿元,比重达53.6%,开始超过轻工业,标志着福建工业经济增长已从轻工业拉动为主导转向以重工业为主导的发展阶段。

第二,基本形成门类齐全的现代工业体系,主导产业优势明显。新中国成立70年来,福建工业企业从小到大、由弱到强;工业门类从单一到齐全,从传统到现代;生产方式从制造到智造,从创牌到名牌闯天下,走出了一条坚持高质量发展落实赶超的绿色通道。电子信息、精细化工、生物工程和医药、新型材料等新兴行业迅速成长,行业体系逐渐完备,基本形成了门类比较齐全的现代工业体系,已形成涵盖38个大类、187个中类和569个小类的门类较为齐全的工业体系。电子、机械、石化三大主导产业发展迅速,到2020年三大主导产业年产值均有望超1万亿。

第三,大中型工业快速发展,企业组织结构进一步优化。改革开放后,福建加快了现代企业制度建设和投融资体制改革,企业组织结构得到优化,通过扩大对外开放,引导企业主动适应市场化变革,逐步培育出了一批有带动力、影响力的大型企业,有力地促进了工业企业组织结构的完善。1978年全省没有一家产值上亿元的工业企业,2017年产值上亿元的工业企业达到8 712家,其中10亿元以上774家,100亿元以上35家。青拓集团成为福建首家年产值超千亿元的工业企业集团,恒申集团的己内酰胺、福耀集团的汽车玻璃产量全球第一。

第四,高技术产业不断发展壮大。2017年,福建拥有规模以上高技术工业企业911家,占全部规模以上工业企业总数的5.2%。高新产业的快速发展为推动福建工业整体技术水平的提高和产业结构的高级化进程发挥积极的作用。

三是服务业实现跨越式发展,成为产业结构调整最鲜明的特征。1952年,福建服务业生产总值仅1.92亿元,占全省经济总量的15.1%。经过70年的不懈努力,特别是改革开放后,福建把发展服务业作为经济增长的重要环节来抓,服务业已经成为福建经济增长的重要支撑和劳动就业的主要渠道,在优化产业结构、实现产业协调发展方面发挥着越来越重要的作用。服务业经济总量规模从1952年的1.92亿元增长到2018年的16 191.86亿元,增长了8 432倍,1952—2018年年均增长10.7%,其中改革开放后的1978—2018年年均增长12.7%,超过全省生产总值12.2%的增长速度。

第一,传统服务业逐步升级,新兴服务业迅速兴起。在改革开放之前,福建服务业体系相对单一,主要集中在批发、零售、交通运输等传统行业。随着居民生活水平的提高和消费观念的转变,医疗保健、旅游、文化、教育等方面的需求快速增长,金融、餐饮、旅游、文化娱乐、教育等行业也正实现新的跨越。2018年全省传统服务行业交通运输、仓储和邮政业,批发和零售贸易共完成增加值4 571.3亿元,占服务业增加值比重为23.2%,比1952年的66.1%下降42.9个百分点,比1978年的47.9%下降了24.7个百分点。传统行业的内涵已由基本消费向享受、升级型消费转变。

第二,服务业长期吸收劳动力富余人员,平均工资水平高。长期以来,福建就业结构处于"一、二、三"状态,随着服务业的迅速发展和城镇化进程的加快,大批富余劳动力向服务业转移。1952年,全社会从业人员绝大多数集中在第一产业,全省服务业从业人员仅60.71万人,第一产业、第二产业、第三产业从业人员占比为82.0∶5.2∶12.8。1993年,福建实现了劳动力结构"一、三、二"(53.5∶23.2∶23.3)的转变。2018年,全省服务业从业人员达1 224.15万人,占全社会从业人员的比重大幅提高到43.8%,成为吸收劳动力就业的主渠道。服务业平均工资水平也高于第一产业和第二产业。2018年,全省第三产业城镇单位在岗职工平均工资水平96 968万元,分别比第一产业、第二产业高出34 489万元和31 550万元。

第三,服务业新业态新模式不断涌现,整体结构升级明显。近年来,在物联网、云计算、大数据等现代信息技术的推动下,服务业的技术、管理、商业模式创新层出不穷,整体结构明显升级。同时,随着产业转型升级和居民消费升级步伐的加快,许多新的服务供给应运而生,推动了网购、快递、节能环保、健康服务等新兴行业以及地理信息、互联网金融等新兴业态的兴起和快速成长。

四是所有制结构日趋多元化,实现由单一的公有制经济向多种所有制经济共同发展的转变。从新中国成立初期,对农业、手工业和资本主义工商

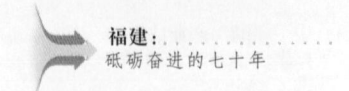

业三个行业的"三大社会主义改造"完成到改革开放前,福建是单一的公有制经济格局,工业经济类型单一,只有国有工业和集体工业。随着经济体制改革的深入,福建在积极推行公有制经济等多种有效实现形式的同时,大力发展非公有制经济,所有制结构调整取得新进展,在国有经济控制力和经济效益不断增强的同时,民营经济迅猛发展,形成了国有、民营与外资经济三足鼎立的格局,不同所有制企业间取长补短、相互融合,呈现出多种所有制经济蓬勃发展的局面。

第一,国企改革持续深入,国有经济活力和影响力不断提升。改革开放初期,国有经济在整个国民经济中占据绝对主导地位。1978年,国有工业企业产值在工业企业总产值中占比74.2%,固定资产占比更是高达90.6%。随着国有企业改革和国有经济布局的战略性调整,国有及国有控股企业在工业经济的比重明显下降。2017年,福建国有及国有控股工业企业实现工业总产值5 521.19亿元,占全部工业的比重为11.0%;实现利润总额362.77亿元,占11.3%。国有控股企业在关键行业和重要领域仍占绝对的支配地位,烟草制品业、石油加工、电力、燃气及水的生产和供应业等行业国有及国有控股企业的资产总额和营业收入占全行业的比重均超过八成。

第二,民营经济蓬勃发展成为福建所有制结构中的一大亮点。改革开放以来,福建民营企业家大胆创业,民营经济规模不断扩大。2017年,福建民营经济实现增加值2.39万亿元,占福建省生产总值的67.2%,比1978年的46.7%提高20.5个百分点,1997年、2007年福建民营经济占全省GDP的比重分别为60.5%、64.1%,呈现稳步提高趋势。

第三,外商投资企业在福建经济社会发展中占有一席之地。改革开放以来,福建凭借对外开放的区位优势,在外向型经济的带动下,外资经济快速发展。外资企业给福建经济发展提供了重要的资金、技术支持和先进的企业制度与管理经验,为福建经济发展做出一定贡献。

第三章

基础设施：从空白简陋迈向基本实现现代化

福建：砥砺奋进的70年

基础设施是保证国家或地区社会经济活动正常进行的公共服务系统，是一个国家综合实力和现代化程度的重要标志，主要包括电力、交通运输、水利、邮电通信以及市政建设等。基础设施建设对经济发展具有"乘数效应"，即能带来几倍于投资额的社会总需求和国民收入。

新中国成立前，福建不仅交通闭塞，而且电力、水利、市政建设等都基本处于空白状态，设施建设极其简陋。受依山傍海的地理因素影响，自古民间就有"闽道更比蜀道难"的说法，一直到新中国成立前，福建都是沿海各省中交通最为闭塞的一省，直到20世纪50年代才建成数十年来与内陆地区的唯一铁路通道——鹰厦铁路；省会城市福州一直到新中国成立后相当长一段时间里，闽江上只有一座大桥，旧称万寿桥，后称解放大桥。电力多以小水电为主，电力供应主要集中在福州、厦门等少数城市，农村处于空白状态。在20世纪40年代后期，福建的电力工业列全国倒数第7位，落后于东北各省及四川、广西、云南、江西、安徽、湖南、河南、陕西、山西、内蒙古等众多中西部省份，仅好于贵州、甘肃、宁夏、新疆、青海、西藏等地。在水利建设上，由于受到战争的破坏，加上人口过剩，耕地严重不足，河道与湖地被占的情况较为普遍，水旱灾害频繁，水利事业废弃。市政通信基本空白，仅厦门和福州有电话公司存在；公共事业方面，全省仅厦门设有自来水公司，城市建设基本属于放任自然状态。新中国成立前，福州城区面积仅17平方公里，市容破旧，全城木屋毗连，被喻为"纸糊福州城"。

第一节　福建基础设施建设历史进程

新中国成立以来，福建从基础设施建设入手，投入大量资金构筑经济发展基石，用于电力、交通、水利、通信、市政等基础设施的投资比重占固定资产投资比重超过三成。1950—2008年，全省累计完成固定资产投资28 489.37亿元，其中用于电力、交通、水利、通信、市政等基础设施投资8 886.28亿元，基础设施投资比重达31.2%；2009—2018年十年累计完成固定资产投资169 850.40亿元，其中2009年以来仅铁路建设年均投资就达200亿元以上。以交通设施为代表的基础设施建设成就非凡，铁路建设跨

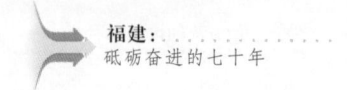

越发展,公路建设稳步推进,港口建设生机勃勃,民航事业突飞猛进,全省已实现"市市通高铁、县县通高速、镇镇通干线、村村通客车"目标,形成"两纵三横"的综合交通运输大通道。一大批基础设施项目建成投产,基础设施明显改善,"瓶颈"制约问题得到极大的缓解,为经济社会发展提供了强有力保障。回顾福建交通基础设施70年的发展历程,大致经历了起步发展阶段、加速发展阶段、飞跃发展阶段三个大的发展时期。

一、艰难起步阶段(1950—1978年)

新中国成立后相当长一段时期,由于福建地处海防前线,国家在重点项目布局上对福建投资较少,加上本省财力薄弱,投资建设起点低、起步慢,1950—1957年全省完成基本建设投资9.35亿元,仅占全国投资的1.4%,这个时期福建投资建设重点在交通,其中交通运输业基本建设投资5.44亿元。

第二个五年计划时期(1958—1962年),由于指导思想上急于求成,盲目大上基本建设项目,造成基本建设投资规模急剧膨胀。这五年完成基本建设投资23.52亿元,为前8年投资总额的2.5倍,其中基础设施投资10.04亿元,投资比重为42.7%。由于建设项目过多,战线太长,超过财力、物力的承受能力,随后不得不进行以压缩基本建设投资规模为主的调整。

三年调整时期(1963—1965年),按照中央"调整、整顿、巩固、提高"的方针,停建了不具备条件的建设项目,集中力量建设条件较好的项目。1963—1965年基本建设投资7.25亿元,其中基础设施投资3.55亿元,新增固定资产3.06亿元,固定资产交付使用率86.2%。

"文化大革命"期间,国民经济濒临崩溃的边缘,正常的生产、建设秩序被严重破坏,基本建设管理和项目审批管理混乱,不讲投资效益,重复建设现象严重。1966—1975年福建完成基本建设投资36.18亿元,其中,基础设施投资14.23亿元,新增固定资产仅6.73亿元,固定资产交付使用率为47.3%,比三年调整时期减少38.9个百分点。

"文化大革命"结束后,经过两年拨乱反正,党中央决定把工作重点转移到经济建设上来,福建基础设施建设开始走上持续快速发展阶段。

二、加快发展阶段(1978—2003年)

党的十一届三中全会掀开了中国改革开放的序幕,福建作为率先实行"特殊政策、灵活措施"的省份之一,把握改革开放先机,深化投融资体制改革,优化投资环境,充分调动各方投资积极性,对基础设施展开了全方位、多层次、大规模的建设。基础设施投资规模逐年增长,1979年全省基础设施建设投资总量仅2.80亿元,至1995年全社会基础设施投资突破200亿元,达到220.64亿元。此后八年,基础设施建设投资规模以年均9.2%的速度稳步提升,至2003年基础设施投资总量达到438.08亿元。1979—2003年全省用于基础设施建设投资达3 527.19亿元,年均增长21.5%,占同期投资总额的31.1%。基础设施建设发展之快、规模之大令人瞩目。投资成为推动经济增长的主导力量,基础设施拉动经济增长的作用进一步增强。

三、飞跃提升阶段(2003年至今)

2004年,福建提出了建设"对外开放、协调发展、全面繁荣的海峡西岸经济区"的战略构想,又先后出台了实施项目带动战略、发展县域经济、加快产业集聚、壮大中心城市、提升民营经济、转变政府职能六大举措。国家发展改革委、交通部等对海西建设给予多方面支持。周边地区也与福建加强协调联系,促进产业、交通、旅游、港口等方面的合作,区域发展形成新的态势,海西效应逐步呈现。海西战略的实施,带来了福建基础设施建设的飞跃。自1997年实现高速公路"零"的突破以来,2017年福建高速通车总里程已达到5 039公里,占总里程的4.7%,比2000年提高4.0个百分点,93%的县城实现15分钟上高速。2009年,伴随着温福铁路的通车,福建结束了没有高速铁路的历史。铁路网密度由1978年的81.37公里每万平方公里增加到2018年的289.32公里每万平方公里,是全国铁路网密度136.90公里每万平方公里的2.1倍。

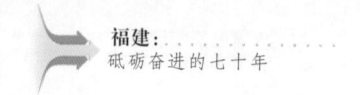

第二节　福建基础设施建设成就

曾几何时,出行难、通信难等困扰着人们的生活,这背后反映的是基础设施"瓶颈"。新中国成立70年,特别是改革开放以后,福建人民享受越来越便捷的交通、越来越方便的通信、越来越完善的市政设施,基础设施建设取得质的飞跃。

一、电力建设快速发展,基础性地位进一步增强

电力工业是支撑国民经济和社会发展的基础产业和公用事业,是能源工业的重要组成部分。新中国成立后,福建电力建设没有停止脚步。优先利用本省水能资源推进水电开发,积极发挥港湾优势建设利用北方烟煤的港口电厂,高起点推进清洁高效的核电项目,加快燃气电厂建设,有序推进风电项目建设。在加快水、煤、气、核、风多元化电源发展步伐的同时,加快推进电网建设,开展大规模的城乡电网改造,全力打造电力高速通道。仅2013—2017年,全省能源建设累计完成投资4 675.45亿元,年均增长29.3%,构建起安全可靠的能源保障体系,建成一批骨干电源工程以及与省外联网工程,完成城乡电网建设与改造,实现能源建设的新跨越。经过70年建设,福建大力推进电力建设的结构调整、技术进步,装备能力显著提升,整体效率和节能减排等方面取得了世人瞩目的成就,步入了安全、清洁、节约发展的轨道。

(一)电源建设

1951年动工兴建古田溪水电站,这是全国最早开工的一个水电重点工程,也是福建第一个规模最大的基本建设项目。1973年建成总容量为25.9万千瓦的古田溪4座梯级电站。在建设古田溪水电站的同时,闽江上游九龙溪和九龙江、晋江、汀江、穆阳溪等水系的安砂、池潭溪、船场溪、华安、山美、矶头及闽东等骨干水电站也相继动工。1969年和1972年,闽北邵武电厂两台1.2万千瓦机组投产,成为全省火电主力。1975年建成永安火电厂

一期扩建工程装机 2 台 2.5 万千瓦机组，使省内火电厂规模跨上新台阶。但至 1979 年，全省电力总装机容量仅 150 万千瓦，发电量仅 45 亿千瓦时，分别约为全国总量的 2.6％和 1.6％，处于全国倒数位置。

改革开放后，福建充分利用优越的深水港条件和厂址资源，优化发展沿海煤电，积极发展热电联产；改善电源结构，建设燃气电厂，加快发展核电；合理开发利用水能资源，推进抽水蓄能电站建设；鼓励开发风电，规模化发展可再生能源发电。在积极争取国家支持的同时，实行多渠道集资办电政策和积极合理有效利用外资的政策，走出了由政府独家办电的格局，先后建成永安电厂、漳平电厂、沙溪口水电站、水口水电站、华能福州电厂、厦门嵩屿电厂、湄洲湾电厂、后厂电厂等一批大型水火电站(厂)及一大批中小型电站，从 1994 年起，连续 7 年实现年均投产电力装机 100 万千瓦。2000 年，电网装机总容量首次突破 1 000 万千瓦大关，人均生活用电量达 189 千瓦时，从改革开放初的倒数跃升至全国第 6 位。"十五"以来，福建电力建设突飞猛进，先后建成投产大唐宁德一期 2×60 万千瓦、华电连江可门一期 2×60 万千瓦、国电福清江阴 2×60 万千瓦、泉州南浦一期 2×30 万千瓦、龙岩坑口电站 4×13.5 万千瓦机组等一大批高参数、高效率、高自动化的超临界特大型火电机组。同时加快抽水蓄能电站建设，建成投产仙游抽水蓄能电站。积极稳妥发展核电，2006 年宁德核电、2014 年福清核电相继建成投产，实现了福建核电零的突破。如表 3-1 所示。大力发展可再生能源，陆上风电、光伏项目快速发展。2017 年，建成风电装机容量 252.44 万千瓦，平均利用小时数达 2 756 小时；太阳能发电装机容量 92.43 万千瓦；到 2017 年底，累计并网陆上风电 242 万千瓦；积极稳妥推进海上风电建设，核准海上风电项目 204 万千瓦，并网装机容量约 10 万千瓦。

通过这 70 年特别是近 30 多年的高速发展，到 2018 年底，福建全省电力发电装机已达到 5 788 万千瓦，为 1978 年 128.75 万千瓦的 45 倍；年发电量达 2 356.90 亿千瓦时，是 1978 年 40.74 亿千瓦时的 58 倍；年人均用电量达 5 916.65 千瓦时，是 1978 年 120.24 千瓦时的 49 倍。

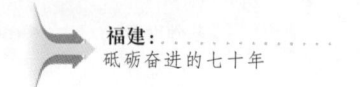

表 3-1　福建省内现有核电储备项目(包括但不限于)

项目	项目公司	管理业主	起始年份	预计型号	预计装机结构(MW)
霞浦快堆	中核霞浦核电有限公司	中核	2018	钠冷快堆	1×600
漳州一期	中核国电漳州能源有限公司	中核	2018	HPR1000	6×1 150
宁德二期	福建宁德第二核电有限公司	大唐/中广核	2019	HPR1000	2×1 150
华能霞浦	华能霞浦核电有限公司	华能	2020	CAP1000	4×1 000
连江一期	国核(福建)核电有限公司	国电投	2021	CAP1400	6×1 400
三明核电	福建三明核电有限公司	中核	未知	HPR1000	6×1 150

数据来源:公开资料整理。

此外,能源结构持续优化,新能源生产快速增长。福建拥有风、光、水、气、核等多种清洁能源,是全国为数不多的电源品种齐全的省份,清洁能源占比55.4%,已从昔日能源自然储备"小省"蜕变为清洁能源"大省"。2017年,全省一次能源生产总量4 227.77万吨标准煤,比1978年增长817.1%,年均增长5.8%。一次电力及其他能源生产比重占80.9%,比1978年提高46.4个百分点,一次电力生产量达1 046.42亿千瓦时,比1978年增长36.7倍。其中,新型能源(核电、风电以及其他新型能源)发电量达630.46亿千瓦时。核电从无到有,发电量达560.29亿千瓦时;风力发电量64.51亿千瓦时。截至2017年底,清洁能源发电装机容量达3 051.49万千瓦,占全省发电装机容量的54.5%,位居国网公司第七,每生产两度电,就有一度来自清洁能源。清洁能源中,核电装机容量比重达15.6%、发电量比重达25.6%,二者均在全国前列;风电容量装机比重4.5%;太阳能装机容量比重1.7%。传统能源生产下降,2017年,原煤生产量为1 129.54万吨,占一次能源生产量比重19.1%,比1978年下降46.4个百分点。

(二)电网建设

电网是现代经济发展和社会进步的重要基础和保障,经济社会要发展,电力须先行。改革开放初期,福建尚未形成统一的电网,当时全省电力总装机容量仅 150 万千瓦,全省发电量 45 亿千瓦时,占全国份额较小,分别约占全国总量的 2.6% 和 1.6%。电力技术装备也很落后,当时作为最高电压等级的 220 千伏变电容量仅 36 万千伏安,线路只有 280 公里。

改革开放后,福建电网建设不断提速,由小网变大网、由孤网变联网、由弱网变强网,从一个限制建设省份转变为加速发展省份,电网建设步伐不断加快,电网不断扩展、壮大和延伸。

20 世纪 80 年代末,福建电力工业以华能福州电厂 2 台 35 万千瓦机组和水口水电站 7 台 20 万千瓦机组建设为契机,构建了统一的 220 千伏双回大环网,为福建经济发展提供了强有力的支撑。

20 世纪 90 年代,福建电网建设全面提速。1998 年,正值改革开放 20 周年,福建经济稳步高速发展,而电网发展的脚步却没能跟上,电力供应一度呈现紧张状态。泉州作为福建确定要做大做强的三大中心城市之一,是"海上丝绸之路"起点城市,是国家历史文化名城,多年来经济总量居福建首位,是用电重负荷区。基于此,当时的福建省电力工业局(国网福建省电力有限公司前身)决定在泉州筹建福建第一座 500 千伏变电站——泉州变电站。该变电站的建成投产,不仅解决了泉州地区的用电需求,同时也为福建电网南北互联奠定了基础。随着水口—泉州 500 千伏输变电工程投产,电网电压等级实现了从 220 千伏向 500 千伏的历史性跨越,标志着福建电网进入了超高压电网运行阶段。

进入 21 世纪,福建电网实现了跨越式发展。2001 年 11 月 3 日,福建电网通过福龙、福双两回 500 千伏输电线路并入华东电网,不仅让福建电网结束了孤立电网运行历史,而且电网安全性得到前所未有的提高,而且使能源资源在更大范围内实现优化配置,产生巨大经济效益和社会效益。在丰水期、电量充裕的时期,可以向沪、苏、浙、皖等地区送电,不仅可有效缓解这些地区供电紧张的局面,也使福建省内清洁能源得到充分利用。同时,当福建供电形势紧张时,可通过联络线,向华东等省市购买电量,以缓解省内用电

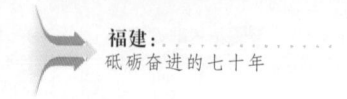

紧张局面。

2014年,随着闽浙特高压联网工程投产,福建与省外送受能力由170万千瓦提升至680万千瓦以上,大幅提升与省外送受能力,实现电力互供余缺调剂,提高电力供应的可靠性和稳定性。截至2017年底,福建向华东累计送出电量578.46亿千瓦时。同时,按照电网与电源和负荷发展相协调的原则,进一步加强电网建设,扩大电网规模,优化电网结构,建成1 000千伏浙北—福州特高压以及两回500千伏线路与华东电网相连。以特高压为引领、"全省环网、沿海双廊"500千伏超高压为主干、各级电网协调发展的坚强电网逐步形成。

从小到大、从弱到强、从孤立到互联、从落后到领先,福建电网不断实现跨越式发展,砥砺奋进,走过了不平凡的发展历程。至2017年底,全省共有500千伏变电站22座,总容量4 045万千伏安,线路5 234公里;220千伏变电站183座,容量6 060万千伏安,线路12 204公里。据官方数据统计,截至2019年上半年,福建省电网连续安全稳定运行已经接近9 000天,连续多年实现清洁能源全额消纳。

未来,福建电网将以智能电网建设为依托,全面推进"三型两网"建设(打造具有枢纽型、平台型、共享型特征的现代企业,建设运营好以特高压为骨干网架、各级电网协调发展的坚强智能电网;打造状态全面感知、信息高效处理、应用便捷灵活的泛在电力物联网),按照打造具有全球竞争力的世界一流能源互联网企业的战略部署,将建设泛在电力物联网作为推进能源革命和"数字福建"建设的具体抓手,聚焦配网侧、用户侧需求,利用大云物移智链技术,以完善数字电网基础设施升级、提高全息感知泛在物联能力为主线,为全面服务福建高质量发展落实赶超战略的新福建建设提供能源保障。

二、交运能力显著提高,综合运输体系基本成形

交通是国民经济和社会发展的基础性产业,福建山地丘陵面积占土地面积的80%以上,交通闭塞、信息不畅,长期以来是福建发展区域经济的拦路虎。改革开放前,福建交通设施建设落后,铁路只有一条鹰厦铁路,全长705公里;1996年以前还没有一条高速公路;航空只有一个民用机场。

为缓解交通"瓶颈"制约,福建坚持统筹规划、科学布局、合理安排,构建适度超前、功能配套、高效便捷的现代综合交通网络,增强综合交通对经济发展的基础保障能力和国防交通保障能力,建立了由公路、水路、铁路、民航等多种运输方式共同构成的综合交通体系,一个北承长三角、南接珠三角、西连内陆腹地、东出台湾海峡的海陆空立体交通网络已经基本形成。交通运输基本实现了从严重滞后向有效缓解阶段的转变。

公路方面,泉厦高速公路于1997年通车试运营,实现了福建高速公路零的突破,此后全面启动"三纵、八横"长约4 800公里的高速公路网建设,形成了省会城市到各设区市"4小时交通圈"。2017年,全省公路通车里程10.8万公里,是1978年的3.70倍;公路网密度为8 711公里每万平方公里,是全国的1.75倍。高速公路从无到有,总里程达5 039公里,密度为415公里每万平方公里,是全国的2.90倍。

铁路方面,福建出省通道7条,2017年,铁路运营里程达3 187公里,是1978年的3.2倍;2009年9月温福铁路动车组首发,标志着福建从此进入了双线快速运输的动车时代。

航空方面,形成了以福州、厦门国际机场为主,晋江、武夷山、连城等中小机场为辅的干、支线机场相结合的空港体系,开通国内外航线100多条。

港口方面,沿海主要港口货物吞吐量从1978年的408.13万吨增加到2017年的51 995.49万吨,增长了120多倍。

(一)港口建设

福建是全国为数不多的港口岸线资源大省,有着众多的优良深水港湾。共有大陆海岸线3 752公里,占全国大陆海岸线的21.3%,居全国第二;拥有大小港湾125个,其中深水港湾22处,可建5万吨级以上深水泊位的天然良港有——东山湾、厦门湾、湄洲湾、兴化湾、罗源湾、三沙湾、沙埕港7个。沿海各设区市大陆海岸线长度分别是:宁德市1 046公里、福州市920公里、莆田市336公里、泉州市541公里、厦门市194公里、漳州市715公里。丰富的深水港口资源和良好的深水航道与锚地条件为福建港口建设提供了良好的先天条件。

改革开放以来,福建港口建设实现跨越式发展。仅2005—2013年港口

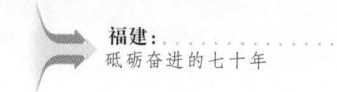

共完成投资 682 亿元,是新中国成立后至"十一五"前投资总和的 12 倍。沿海港口由厦门港、福州港、湄洲湾港、泉州港 4 个港口组成,形成以厦门港、福州港为主要港口,湄洲湾港、泉州港为地区性重要港口的分层次布局。在运输格局上,则基本形成集装箱运输以厦门港、福州港江阴港区为主,煤炭、矿石等大宗散货运输以罗源湾港、湄洲湾港为主的态势。

截至 2017 年底,福建沿海生产性泊位达到 496 个,其中泊位数量过万吨级的 172 个,10 万吨级以上(含 10 万吨)泊位 30 个,货物吞吐能力 4.86 亿吨,其中集装箱吞吐能力 1 434 万标箱。全省沿海港口具备停靠 30 万吨散货船、30 万吨邮轮、15 万吨邮轮及 2 万吨级滚装船的能力。沿海港口具有停靠目前世界上最大船舶的先天优势条件。

(二)铁路建设

福建铁路建设历史"欠账"多,直至 1958 年底鹰厦铁路全线通车,福建才打开了通向全国的大门,结束了没有铁路的历史。第二条铁路干线——外福线于 1959 年底通车,但由于当时铁路设计标准低,通过能力受到限制。

从 1958 年到 1990 年的 32 年间,福建省生产总值从 1957 年的 22.03 亿元,增加到 522.28 亿元,增长了近 23 倍;全国铁路营业里程也翻了一倍多。然而福建省铁路仍然保持着 1 000 公里"家当"和一个出省通道。铁路交通的瓶颈制约着福建的发展,制约着福建人的腾飞之梦。福建省委原书记项南的一句话,形象地说出了福建人民盼望铁路的心声:"福建富不富,关键看铁路!发展铁路不能再耽误了,无论如何都要挤出钱来修铁路。"

"九五"时期福建铁路建设开始加速,相继建设了横南铁路、梅坎铁路、漳泉肖铁路、赣龙铁路四条进出省铁路。但总体上,此时福建铁路落后状况还是没有得到根本改变。

进入 21 世纪,福建铁路进入大规模建设高潮。2004 年 1 月,国家批复《中长期铁路网规划》,明确铁路网要扩大规模、完善结构、提高质量,快速扩充运输能力,迅速提高装备水平。确定到 2020 年,全国铁路营业里程达到 10 万公里。借助《中长期铁路网规划》的东风,福建铁路建设开启了"快进"模式。习近平同志在福建省省长任上提出的"马上就办"工作理念,在加快铁路建设中得到彰显。投资 175 亿元连接温州、福州的温福铁路,投资 144

亿元连接福州、厦门的福厦铁路,投资 64 亿元的龙厦铁路,投资 518 亿元、西起江西向塘东至福建莆田的向莆铁路,投资 126 亿元将厦门、深圳两经济特区"串起"的厦深铁路相继开工建设。

2009 年 9 月 28 日开通运营的温福铁路,使八闽大地跨入了"动车时代"。温福铁路作为福建第一条快速出省通道,它的开通结束了浙闽两省没有铁路直通的历史,福州到上海用时缩短近 9 小时,大大拉近了海峡西岸和长三角地区的时空距离。

2010 年 4 月 26 日,福厦铁路横空出世。

2012 年 6 月 29 日,龙厦铁路踏歌起舞。

2013 年 9 月 26 日,向莆铁路唯美绽放。

2013 年 12 月 28 日,厦深铁路闪亮登场。

2015 年 6 月 28 日,合福高铁玉汝于成。全长 806 公里合福高铁的正式开通,标志着福建迈进"高铁时代"。合福高铁是福建境内当时最高等级的高速铁路,也是中国第四条设计时速 300 公里的双线电气化高速铁路。

2015 年 12 月 26 日,赣瑞龙铁路在红土地上腾飞。

2018 年 12 月 29 日,设计时速 200 公里、全长 248.1 公里的南龙铁路开通,并与合福高铁、杭深、龙厦等铁路携手,构成福建省内高等级快速铁路环状通道。

"十二五"期间,福建铁路建设年均投资 200 亿元以上,开通运营的高速铁路、快速铁路从 500 多公里跃升到 1 570 公里,进出省大通道从四个增加到九个,成为全国第一个市市通高铁的省份。南昌、武汉、合肥、温州、上海、深圳等城市均已进入福州 5 小时交通圈,北京、济南、郑州等城市均进入福州 10 小时交通圈。

到 2020 年,福建将基本建成"三纵六横"铁路网主框架,进出省通道增至 10 个以上,快速铁路覆盖 90% 以上县市。届时,福建铁路总里程将达 5 350 公里,路网密度从 2010 年的 135.42 公里每万平方公里增加到 447.70 公里每万平方公里。

(三)公路建设

"八五"以来福建实施了以二级以上公路建设为主的"先行工程",一举改变了公路建设严重滞后的状况。1997年底泉厦高速公路投入运营,高速公路建设实现了零的突破,随后福建公路建设开始"快马加鞭",全面提速,相继建成了厦漳、福泉、宁罗、漳诏、漳龙(龙岩段)、罗长、福宁、京福(福建段)等高速公路,构成"一纵两横"、连接全省九地市的高速公路主骨架。2004年建成了"4小时交通经济圈",从根本上打破了福建原有交通格局。厦门、泉州率先实现所有乡镇通建制村公路硬化目标。近年来,福建全省交通运输围绕服务经济社会发展的大局,加快建设综合交通、智慧交通、绿色交通、平安交通,实现了"市市通动车、县县通高速、镇镇通干线、村村通客车"。2018年,"村村通客车"入选改革开放40周年"福建影响力"优秀案例。

> **彻底解决群众出行难:福建村村通客车工程打造全覆盖城乡交通网**
>
> 要想富先修路。福建号称"八山一水一分田",过去发展的最大制约因素就是交通等基础设施建设滞后。通过数十年坚持不懈的努力,福建交通如今已四通八达,编织起立体交通网络。高速公路密度居全国第2位,全面实现"县县通高速,村村通客车"。
>
> 随着交通网的逐步建成,福建省着力推动"交通+特色产业"扶贫的旅游路、资源路、产业路建设,进一步完善农村路网安全设施,提升贫困地区通村公路通畅水平,促进贫困地区农村客运、物流等功能的有效整合,基本建成覆盖县、乡、村三级的农村物流网络,实现贫困地区"建好、管好、护好、运营好"农村公路的总目标。

截至2018年,福建高速公路通车里程达5344公里。全省84个县(市、区)全部实现15分钟上高速,为全国第4个实现"县县通高速公路"的省份;"三纵六横"高速公路主骨架基本建成,与周边省份进出口通道达到16个,实现全面对接;电子不停车收费与全国29个省(自治区、直辖市)实现联网,建设标准化管理实现全覆盖。

新形势下,为进一步发挥高速公路对经济社会发展的重要支撑引领作用,适应福建"六区叠加"政策支持下的新一轮快速发展对基础设施提出的更高要求;适应城市群和城镇化发展要求路网更便捷、路线多通道的要求,按照福建省政府于2017年批复的《福建省高速公路网规划(修编)(2016—

2030年)》,福建高速网将打造"六纵十横"大格局。

(1)六纵线路

一纵:国高沈海线福鼎(分水关)至诏安(汾水关),支线8条:福州联络线、福州南接线、福清渔溪至平潭、福州机场第二通道、同安至招银、漳州北连接线、古雷至平和、东山联络线。

二纵:国高宁东线福鼎(沙埕)至诏安(霞葛),支线4条:寿宁至福安、福州机场路、安溪至南安、平和至广东梅州。

三纵:福州(连江)至厦门(翔安),支线5条:福清至平潭(平潭第三通道)、南安至惠安、晋江至长泰、秀屿至永春、翔安机场路。

四纵:政和杨源至永定(闽粤界),支线1条:龙岩东联络线。

五纵:国高长深线松溪至武平,支线2条:三明南北联络线、古田至上杭。

六纵:浦城至武平。

(2)十横线路

一横:国高宁上线宁德至武夷山。

二横:宁德至光泽。

三横:国高京台线平潭至浦城。

四横:国高福银线福州至邵武。

五横:国高莆炎线莆田至建宁,支线1条:大田广平至安溪官桥。

六横:国高泉南线泉州至宁化,支线1条:清流(胡坊)至三元(岩前)。

七横:武夷新区至厦门(含国高沙厦线)。

八横:国高厦蓉线厦门至长汀。

九横:漳州至永安。

十横:漳州至武平。

届时,福建路网总规模由6 326公里增加到6 984公里,国土密度达到5.6公里每百平方公里,位列全国各省现有规划密度第七。可实现所有县(市、区)15分钟内上高速,95%中心镇半小时上高速,95%一般乡镇一小时上高速,各设区市间4小时内到达,沿海相邻城市间、福莆宁和厦漳泉两大都市区间实现多通道连接,城际路网更加便捷高效。覆盖范围更加广泛,形成互联互通的省内快速网络。与周边地区全面对接,进出闽主通道能力明

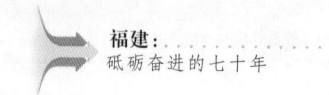

显增强,与相邻省份形成19个高速公路出口。

(四)航空港建设

改革开放前,福建仅有一个福州义序机场,且仅通上海、北京航线。改革开放以后福建民用机场建设进入大发展阶段。1982年动工修建第一个地方政府自筹资金建设的民用机场——厦门高崎国际机场,为福建打开了又一扇通向世界的大门,随后相继建成福州长乐国际机场、泉州晋江机场、武夷山机场(原名崇安机场)、龙岩连城冠豸山机场、三明沙县机场。经过30多年的拓展,福建民航事业不断发展壮大,已由过去的民用航空最落后省份步入发达省份的行列。

三、水利建设不断加强,防灾抗灾能力显著提高

水利是农业的命脉,是国民经济的基础,是改善民生的支撑。福建自古有"八山一水一分田"之称,水资源分布不平衡,江河短,水流急,同时地处亚热带,受海洋性季风气候影响,洪、涝、旱、风、暴潮等自然灾害频发,制约社会经济可持续发展。

新中国成立后,福建进行了大规模的农田水利基本建设,兴建了福清东张水库、莆田东圳水库、南安山美水库、云霄峰头水库等大批农田水利设施,不仅使水利资源得到充分利用,保证了农业灌溉需要,而且起到了拦洪的作用。改革开放以来,福建农业基础设施建设重点转向重要江河、城市防洪、海堤除险加固等,先后完成了千里海堤加固,闽江、晋江、九龙江下游部分防洪堤扩建加固,福州市闽江北岸防洪堤加固工程等防洪防潮建设;建成沿海防护林体系、闽江洪水预警体系、中尺度灾害性天气预警体系、工程防洪体系和蓄水引水工程体系等农业五大防御体系,使国民经济的防灾抗灾能力得到极大的加强。

截至2017年底,福建省共有各类水库3 603座,其中水库库容在1亿立方米以上的大型水库21座;水库库容在1 000万～1亿立方米的中型水库180座;水库库容在1 000万立方米以下的小型水库3 402座。

(一)农村饮水工程

福建雨量充沛,但时空分布不均。闽西北水资源相对丰富,开发利用程度低;闽东南沿海水资源少,人口密集,经济社会较发达,开发利用程度高,工程性、水质性缺水较严重。

新中国成立到20世纪70年代末,福建省委省政府把解决农村饮水问题列入政府工作议事日程,逐步把解决沿海人畜饮水工作列入沿海建设和农田水利建设计划,安排专项经费,解决人畜饮水工程项目问题。从新中国成立之初到改革开放前夕,全省各地不断兴起农田水利建设高潮,缺水地区的广大干部群众发扬自力更生、艰苦奋斗精神,大搞饮水工程建设。

进入20世纪90年代,解决农村饮水困难问题被正式纳入国家规划。1991年,国家制定了《全国农村人畜饮水、乡镇供水十年规划和"八五"计划》,1994年把解决农村人畜饮水困难问题纳入《国家八七扶贫攻坚计划》,通过财政资金和以工代赈渠道增加投入。福建城乡供水由原小规模的乡镇供水大步转向沿海、山区城市供水。随着对水的商品意识的增强,供水已由乡镇向城区,由单一的区域供水向跨县(市)、跨流域的供水、引水、调水发展。福建省政府专门颁布了《水利工程供水水费管理办法》,通过水价改革,新水新价和成立乡镇供水企业协会,全省城乡供水迅速发展。1978—1990年底,全省安排农田水利经费4 300万元,建设人饮工程1 452项,共解决632.8万人口的缺水问题。至新中国成立50年的1999年底,全省共建成各类农村供水工程1万多处,有582个乡镇用上自来水,累计解决了900多万人的饮水困难。沿海先后上了11个大型的引水项目,供水产业经济总量达20多亿元,成为水利行业的新兴"朝阳产业"。

进入21世纪后,福建省委省政府按照国务院《关于加强饮用水安全保障工作的通知》要求,全面做好饮水安全保障工作,把农村饮水安全工作列入为民办实事项目,从2004年起全面实施千万农民饮水安全工程建设,农村供水工作实现从"饮水解困"到"饮水安全"的阶段性转变。

随着"六千"水利工程的大力实施,千万农民饮水安全工程建设迅猛推进,至2008年底累计建成村级供水工程7 549个,投入资金15.89亿元,全省行政村基本实现村村通安全饮用水或简易自来水,受益人口达千万人以

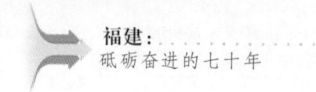

上。乡村供水事业快速发展,极大地改善了乡村生产、生活条件,促进了乡村经济社会的快速发展。

2011年8月,福建省委省政府下发《关于进一步加快推进农村饮水安全建设的意见》。2013年,福建省水利厅印发了《关于进一步提高福建省农村饮用水质量的工作方案》。2015年又下发了《关于切实抓好农村饮水安全水质达标率整改落实的紧急通知》,提出至2015年底全省基本解决广大农村居民有水吃和吃方便水的问题。

进入"十三五"以后,福建各市、县(区)认真落实农村饮水安全保障行政首长负责制,积极筹措资金,强化督导检查,推进工程建设,按时推进农村饮水安全巩固提升工程"十三五"规划年度任务。截至2017年底,全省农村集中供水率和自来水普及率分别达到88.6%和79.3%,水质达标率和供水保证率有较大幅度的提升,农村饮水安全保障水平进一步提高。

到2020年底,福建省农村饮水安全集中供水率将达到90%以上,自来水普及率达到80%以上,城镇自来水管网覆盖行政村的比例达到50%,小型工程供水保证率不低于90%,其他工程的供水保证率不低于95%,水质达标率大幅提高,略高于全国平均水平。

(二)防灾减灾体系建设

福建地处东南沿海,受特殊地理位置和气候条件的影响,台风、风暴潮等自然灾害频繁,严重威胁着全省人民群众的生命财产安全,并制约了全省社会经济建设的持续健康稳定发展。新中国成立以后的30年,即20世纪50年代初到70年代末,福建大兴水利基本建设,改善农业生产条件,构建了蓄水、防洪防潮等基本防灾减灾体系。但这一阶段生产力水平较低,施工设备简陋,主要靠人海战术,水利工程技术落后,防灾减灾体系较为薄弱。

从"七五"到"九五"期间,福建水利迎来建设高峰,1994年福建省委省政府就提出了建设防灾减灾的五大防御体系,即:工程防护体系、洪水预警报体系、蓄水工程体系、中尺度灾害性天气预警报体系和生物防御体系。从此,历届福建省委省政府一任接着一任在全省展开了大规模的防灾体系工程建设。五大防御体系的建成,为福建抗灾救灾提供了重要的物质基础。

进入"十五"期间,印发《福建省"十五"十大防灾减灾体系建设专项规划》，提出在五大防御体系的基础上，建设十大防灾减灾体系，建立起相对完善，与经济发展、社会进步、人口增长、生态环境基本适应的防灾减灾体系。

"十一五"期间，福建进一步完善防灾减灾体系建设，全面完成"五江一溪"洪水预警报系统的升级改造，全省洪水预警报系统完好率达到95%；洪水预警报系统站点总数达到1 400多个，覆盖全省99%以上的陆域面积。

"十二五"期间，福建继续加大防灾减灾设施和能力建设力度，全省综合防灾减灾工作取得明显成绩，水利和水资源保障能力增强。实施最严格的水资源管理制度，落实"三条红线"控制指标。继续推进"五江一溪"（指闽江、九龙江、汀江、晋江、赛江、木兰溪）等防洪工程建设，共完成江海堤建设653公里；基本建成仙游金钟水利枢纽工程等一批蓄引调水工程，开工建设长泰枋洋水利枢纽和11座中型水库工程，完成农村饮水安全工作目标任务1 255.18万人。

下一步，福建将坚持创新、协调、绿色、开放、共享的发展理念，推动水利发展再上新台阶。到2020年，基本建成与经济社会发展要求相适应的防洪抗旱减灾体系、水资源合理配置和高效利用体系、水资源保护和河湖健康保障体系、有利于水利科学发展的制度体系，推进水治理体系和水治理能力现代化，提高水安全保障综合能力和水平。

四、信息化建设跨越发展，驱动经济迈向数字化

改革开放前的福建是国防前线，通信状况十分落后。通信不畅、信息不灵，成为制约福建对外开放的一个瓶颈。

（一）邮电通信建设

改革开放初期的1979年，福建全省市话自动交换机容量仅1.22万门，长话电路不足700路。交换机容量严重不足，设备陈旧，障碍多，接通率低，供需矛盾突出。改革开放后，福建成为我国第一批对外开放的省份，外向度提高，国内国际电话需求迫切。面对发展的需要，福建采用"高起点、跳跃式、一步到位"的发展战略，紧紧抓住市场需求，依靠科技进步，大胆引进世界先进新技术、新设备，通信网络建设走在全国前列。

1982年，全国第一个"万门程控电话"系统在福州正式开通。福州通信技术水平由处于国际落后状态一跃而提升到处于国际先进水平，由挂一个长途电话需要提前预约、长时间等待到拿起话机只需十几秒钟就可轻松拨通太平洋彼岸的电话，这一历史性的跨越，迅速缩短了福州同世界的距离，福州被载入中国通信业发展史册，并在2018年入选改革开放40周年"福建影响力"优秀案例。

> **通信现代化的开路先锋：全国首家"全数字万门程控电话"在榕开通**
>
> 1982年11月27日零点，福州成功地在全国率先引进并开通世界上最先进的全数字万门程控电话系统，这是载入中国电信发展史册的一件大事，它不仅带来福建通信的一场技术革命，也引领全国通信业的大发展。福州万门程控电话的引进开通，使福州的通信技术一跃达到世界先进水平，同时，在全省掀起了一场轰轰烈烈的通信建设热潮。
>
> 万门程控电话系统的引进，改善了福建通信基础设施状况和投资硬件环境，方便了百姓的生产生活，为福建经济发展、对外开放发挥了重要作用。同时，它也成为当时福建省对外开放的一个重要窗口。

1989年福建在华东地区率先实现县以上电话自动化，1993年在全国率先实现县以上电话网数字化。2018年末全省电话用户总数5 286.3万户，电话普及率为135.2%。其中，固定电话用户732.7万户，减少5.7%，固定电话普及率为18.7%；移动电话用户4 553.5万户，移动电话普及率为116.4%。4G电话用户3 633.4万户，净增518.7万户。（固定）互联网宽带接入用户1 629.1万户，固定宽带家庭普及率为115.8%，其中光纤宽带用户1 424.9万户，增长33.4%。移动互联网用户3 844.9万户，移动宽带用户普及率为100.9%。

（二）"数字福建"建设

进入21世纪，福建全面推进以整合利用全省信息技术和资源，实现网络化、智能化、信息共享为内容的"数字福建"建设，加快信息化进程。"数字福建"即信息化的福建，将全省各部门、各行业、各领域、各地域的信息通过数字化和计算机处理，最大限度地加以集成和利用，快速、完整、便捷地提供各种信息服务,实现国民经济和社会信息化。

早在2000年,习近平同志在闽工作时,就着眼于抢占信息化战略制高点,增创福建发展新优势,做出了建设"数字福建"的重要决策,开启了福建推进信息化建设的进程。该进程经历了两个阶段。一是从"十五"到"十二五",数字福建主要聚焦信息化应用,从早期的电子政务、社会信息化和企业信息化,一直到后期的各领域各区域信息化应用。二是以福建省政府2015年出台的《加快互联网经济发展十条措施》为标志,将互联网经济纳入数字福建的统一框架,将数字福建建设延伸到经济社会发展创新前沿。今天,信息化应用和数字经济发展,成为数字福建建设的两大内容;服务现代化治理体系和现代化经济体系建设,成为数字福建发展的两大方向。

数字福建已进入"数字化、网络化、可视化、智慧化"融合发展新阶段。下一阶段,数字福建建设要从地上数字福建向空中数字福建拓展,从陆上数字福建向海上数字福建、海外数字福建拓展,构筑立体化的三个维度的战略信息保障体系。

一是要围绕"处处相连",加快建设新一代信息基础设施,建成泛在先进的下一代互联网和各类公共平台。

二是要围绕"物物互通",抓住未来几年物联网发展的爆发期,推动福建物联网应用和产业都再上一个新台阶。

三是要围绕"事事网办",继续推广电子证照应用,推进网上办事大厅拓展提升和应用工作,推动政务服务从PC端延伸到移动端,提升全流程网上办事水平。

四是要围绕"业业创新",盯紧云计算、大数据、人工智能、区块链、分享经济等新技术、新模式、新业态、新平台,大力推动发展数字经济,切实让数字福建成为引领创新和驱动转型的先导力量。

五、市政建设步伐加快,城市功能不断完善

城市是社会政治、经济、文化、金融、信息、科技发展的中心,城市基础设施涉及城市生产生活所必需的交通、通信、排水、供电、供气、防灾减灾、污染治理、园林绿化、环境卫生等方面,是城市运行的基础。新中国成立后,福建

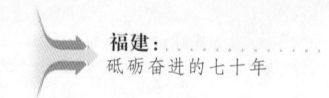

不断加强城市基础设施建设,城市整体功能逐步增强。改革开放后,遵循"高起点规划、高标准建设、高效能管理"的原则,以方便居民生活、优化人居环境、完善城市功能、营造城市特色、拓展城市发展空间、提高城市竞争力为目标,加快建设和完善城市基础设施。

(一)城市道路

至2017年,福建全省城市道路总长度达到11 427公里,是1996年3 015公里的3.8倍,仅在2017年就增长了2 771公里;城市道路面积22 238.06万平方米,是1996年2 865万平方米的7.8倍;人均道路面积达到17.41平方米,城市桥梁1 902座,是1996年927座的2.1倍。

"十二五"期间,福建城市道路建设进一步完善。加快城市综合交通网络建设,注重城市主干道与高速公路、国省道的衔接,福州、厦门、泉州等城市建成主要环网道路体系,实施背街小巷城市交通"毛细血管"的优化整治,城镇交通通行能力明显提升。公交优先战略进一步落实,新增或更新公交车约1.1万辆,新增或优化公交线路1 000条,超过1 400辆县域公交车延伸至农村。城市中心区城市慢行步道系统建设全面推进,城市街道景观和实用性得到明显提升。完成既有城市桥梁普查,建成投用城市桥梁管理信息系统,改造城市危桥65座,保障城市路桥运行安全。城市综合交通建设完成投资2 200亿元,新扩改建城市道路3 300公里、5 610万平方米,人均城市道路面积从"十一五"期末的12.10平方米提升至2015年的13.48平方米。

进入"十三五"后,福建进一步加快城市快速交通和城市道路建设。2016—2018年实施畅通城市三年行动计划,树立"窄马路、密路网"的理念,以提升道路网络密度、提高城市道路网络连通性和可达性为重点,安排城市道路建设改造项目。重点完善城市主次干道路网,强化城市环路与中心城区路网的衔接,推进城市重点发展组团与老城区以及各组团间的快速联系通道建设,拓宽、加密新老城区之间连接道路。结合旧城区有机更新、整治景观,拓宽一批老城区支路、小巷,条件允许的小巷通过改造建成车行道,完善城市"毛细血管"。福州、泉州等城市启动快速路、快速公交、有轨电车等建设。加强公交场站建设,推进城际公交换乘枢纽建设,至2020年实现设区市中心城区公交站点500米覆盖率100%,其他中等城市覆盖率90%以上，小城市覆盖率80%以上。推进公交首末站、枢纽站融入综合客运枢纽、轨道交通站、城市综合体、大型居住区开发建设。合理制定并有效落实公交专用道规划，推动公交专用道连续、成网。至2020年，城区常住人口300万以上的城市基本建成公交专用道网络，与轨道交通、快速公共交通系统共同构成城市快速通勤系统。公共交通出行比重显著提高，公共交通分担率厦门达到36%，福州达到33%，其他市达到20%，县城达到15%。"十三五"期间，全省新建城市道路5 800公里，中心城区既有道路路面维护改造总长度800公里、小街巷改造200公里。到2020年，城市路网密度提升到8公里每平方公里，道路面积率达到15%。

在慢行系统建设方面，提出城市主次干道要建设步行和自行车道，交通流量较大的次干道以上的道路视情况设置分隔设施，保障非机动车合理通行路幅。所有城市及有条件的县城建设公共自行车系统，通过构建便捷的半小时自行车体系，解决市民出行"最后一公里"。同时，还建成永泰大樟溪自行车道、邵武城市慢行系统等一批步行和自行车道。

（二）城市轨道和城际铁路建设

1.福州地铁

根据2018年8月24日《福州市城市轨道交通线网规划（2012年修编）调整公示》，福州城市轨道交通远期规划年限为2020年，并结合城市总体规划，以及长乐撤市改区，远期线网规划范围为城市总体规划确定的城市规划区范围，包括原规划中心城区范围和长乐区。远景规划年限为2050年，规划范围为福州市域。截至2019年，福州已开通1号线和2号线两条地铁线，并有1号线（二期）、4号线、5号线、6号线、滨海快线等多条在建线路。如表3-2所示。

表3-2 福州地铁建设情况

线路名称	起止站	线路里程（公里）	车站（座）	开工时间	预计开通
1号线（二期）	安平站—三江口站	4.95	4	2016年底	2020年1月
4号线	橘园站—帝封江站	28.40	23	2017年12月	2023年1月

续表

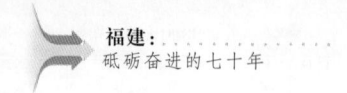

线路名称	起止站	线路里程（公里）	车站（座）	开工时间	预计开通
5号线（一期）	荆溪新城站—福州火车南站	27.30	20	2017年12月	2022年1月
6号线	潘墩站—国际学校站	36.50	22	2016年12月	2021年1月
滨海快线	福州火车站—长乐机场	58.00	13	2019年	2025年

数据来源：公开资料整理。

1号线：福州主城区范围轨道交通南北向主轴骨干线，全长29.80公里，设站24座。途经新店、鼓台核心区、仓山、三江口等组团，连接城北商务中心、福州火车站、省政府、台江商务中心、仓山城市副中心、福州南站、三江口片区等重要节点。项目沿福州市南北向主客流走廊布置，并连接福州市主要组团和重要节点，对于缓解福州中心城区交通压力，引导城市南北向发展具有重要作用。

1号线（二期）：1号线（二期）线路长4.95公里，由北至南分设安平站、梁厝站、下洋站及三江口站4个站点，其中梁厝站、下洋站为1号、6号线的换乘站，三江口站为1号线的终点站。力争2020年国庆前建成并试运行。

2号线：福州主城区范围轨道交通东西向主轴骨干线，全长52.00公里，设站35座。途经大学城、金山、鼓台核心区、晋安、马尾等组团，连接大学城、福州展览城、金山文体中心、五一广场、马尾体育馆、船政文化景区、马尾城市中心广场等重要节点。项目沿福州市东西向主客流走廊布置，连接福州市主要文教科研区、主要工业区、历史文化发展中心、大型居住区，对于缓解福州中心城区东西向交通压力，引导和巩固上街大学城、金山工业区、金山居住区、马尾新城的开发建设，引导晋安区的改造、升级具有重要作用。2号线于2019年1月31日试运行，2019年5月实现试运营。

3号线：福州主城区范围轨道交通南北向骨干线。线路全长35.40公里，设站28座。途经南屿南通、仓山、鼓台、新店等组团，连接高新区、奥体中心、老仓山中心、福州火车站等重要节点。规划沿福州市城市"南进"发展轴线布置,对于拉开福州城市发展框架,缓解中心城区交通压力,引导城市向南发展具有积极作用。

4号线:福州主城区组合环东北半环组成部分,全长28.40公里,设站23座。围绕主城区鼓台晋、仓山与5号线构成组合环线,途经金山片区、鼓台、晋安、仓山、义序片区等组团,连接中央商务区、海峡国际会展中心、鼓台中心商业区等重要节点。项目建设对拉开城市架构,支持城市发展,促进会展中心、义序片区的发展具有重要意义。

5号线:福州主城区范围南台岛东西向轨道交通骨干线,全长38.80公里,设站27座。途经闽侯城区、荆溪新城、金山片区、义序片区等组团,连接奥体中心、福州南站等重要节点。项目连接南台岛各组团,对于支撑南台岛发展,加强外围组团与中心城区联系,实现轨道交通网络整体效益具有重要作用。

6号线:福州主城与滨海新城轨道交通联系骨干线,全长36.50公里,设站22座。途经三江口、长乐、滨海新城等组团,是城市东扩发展战略的保障项目,引导城市沿江向海发展,引导和支持长乐、滨海地区开发建设。

7号线:福州滨海新城范围轨道交通南北向轨道交通骨干线,全长28.30公里,设站19座。途经琅岐、潭头、金峰、湖南、漳港、滨海新城核心区、松下,沟通福州滨海新城南北向北部、临空经济区、滨海新城核心区等重要节点,支撑滨海新城拓展。线路北起琅岐,跨江经潭头、金峰镇至滨海新城临空经济区,向南沿201省道至滨海新城核心区,并延伸至松下镇与福平铁路松下站。

8号线:福州市主副城补充骨干线、乌龙江南岸市域快线,全长49.80公里,设站20座。连接大学城、科技城、青口汽车城、长乐地区,项目建设对于加强大学城与科技城间、汽车城、长乐地区的联系,实现科技与生产力的变化具有重要作用。由2号线的建平站向西引出后折向南,沿乌龙江大道行走,跨越大樟溪后折向南,经三联村、南通镇、青口镇、玉田镇、首占镇至长乐吴航镇。

9号线:滨海新城轨道交通加密线路,全长24.40公里,设站15座。服务于滨海新城和长乐新城,促进新福州建设。线路起始于长乐市营前镇白

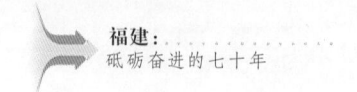

潭头,向东南行下穿沈海高速公路后折向南,上跨上洞江后经马头村折向东南,再上跨上洞江,经首占镇上洋顶、首占村和龟头里,经古槐镇青桥村后折向江鹤路,沿江鹤路行走经雁塘村再折向南行,经古槐镇、感恩村后再折向东行,沿槐海路行走,至国际学校换乘6号线。

预计从2019年起,福州每年将开通一条地铁线路,直至2022年,福州地铁主体线网将形成。届时,预计近四成市民出行将以搭乘地铁为主,地铁将成为福州城市发展的驱动器。

2.厦门地铁

厦门轨道交通共有两轮建设规划,分别是《厦门市城市轨道交通近期建设规划(2011—2020年)》和《厦门市城市轨道交通第二期建设规划(2016—2022年)》,均获得国家发展改革委正式批复,累计批准建设轨道交通线路5条,规划总长约224.2公里,车站122座。厦门市城市轨道交通已进入网络化建设时代。2018年11月,厦门已经开通1号线,2号线、4号线、3号线(一期、二期)在建,3号线(三期)、6号线(一期)调整方案、5号线、7号线、8号线、9号线、10号线仍未获得国家批复。

1号线:于2017年12月31日开始试运营,起自镇海路站终于岩内站,全长30.3公里,共设24座车站。选用标准B型空调车辆,六辆编组,最高时速80公里。1号线是厦门市轨道交通线网中的骨干线路,沿厦门市南北向发展轴敷设,是构建本岛与集美片区的快速跨海连接通道,覆盖镇海路、嘉禾路、湖滨南路等主要交通走廊,有利于加强中山路片区、莲坂、SM城市广场等成熟商业、住宅区的交通联系,带动集美新城、厦门北站等城市新区发展,进一步完善厦门市城市综合交通体系、促进城市交通一体化发展。

2号线:起点位于天竺山森林公园山脚下,终至本岛五缘湾,全长41.6公里,共设车站32座,全线为地下线。选用标准B型空调车辆,六辆编组,最高时速80公里。一期(芦坑站—五缘湾站)和二期(天竺山站—芦坑站)处于在建状态,全线车站主体封顶,预计2019年底开通试运营。

3号线:起点位于厦门火车站,终至翔安机场,全长36.7公里,共设车站26座(3座高架站,23座地下站)。选用标准B型空调车辆,六辆编组,最高时速80公里。其中一期(厦门火车站—五缘湾站)、二期(五缘湾站—翔安机场站)处于在建状态,计划2020年底试运营。三期(厦门火车站－厦大)为《厦门市城市轨道交通第二期建设规划调整(2016—2022年)》的一部分,仍等待国家发展改革委批复。

4号线:全线已获批复,设计时速120公里,2018年11月,后溪至翔安机场段工程开工建设;嵩屿码头至后溪段工程正在开展前期工作,计划2020年底试运营。

3.城际铁路

根据《福建省海峡西岸城际铁路建设规划(2015—2020年)》,2015—2020年,福建将实施6个项目,总里程583公里,总投资约1 071亿元,如表3-3所示。其中:

福蒲宁大都市区:建设福州—马尾—福州长乐机场城际铁路、莆田—福州长乐机场城际铁路、宁德—福州长乐机场城际铁路,线路总长252公里。

厦漳泉大都市区:建设泉州—厦门—漳州城际铁路、漳州—港尾—厦门城际铁路(部分利用港尾铁路改建),线路总长263公里。

南平市武夷新区:建设武夷山—建阳城际铁路,线路长68公里。

表3-3　福建省海峡西岸城际铁路规划建设项目表(2015—2020年)

序号	项目名称	线路走向	线路里程(公里)
1	福州—马尾—福州长乐机场城际铁路	自福州北站经鼓山至马尾,跨闽江终至长乐机场	66
2	莆田—福州长乐机场城际铁路	自福平铁路长乐东站至福厦铁路莆田站	87
3	宁德—福州长乐机场城际铁路	自马尾城际站至温福铁路宁德站	99
4	泉州—厦门—漳州城际铁路	自泉州市泉港区肖厝站,经泉州、厦门至漳州	187
5	漳州—港尾—厦门城际铁路	自漳州站,经漳州城区引入港尾铁路支线,至厦门站	76
6	武夷山—建阳城际铁路	自武夷山高铁北站,经武夷山景区、武夷山高铁东站,至建阳	68

资料来源:发改基础[2015]2123号批复。

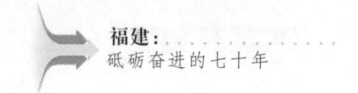

2019年6月18日,国家发展改革委正式批复了《福建省海峡西岸城际铁路建设规划(2015—2020年)调整报告》,对原有福州市境内的滨海快线(福州至长乐机场城际铁路F1线)和莆田至长乐机场城际铁路F2线莆田段进行了部分调整,建设里程约81.2公里,估算总投资约433.4亿元。其中滨海快线起于福州火车站,终于长乐国际机场,全程58公里,总投资约308亿元。

(三)供水设施

城市供水,是一项关系千家万户的系统性民生工程。为确保群众喝上安全、放心、优质的饮用水,"十二五"期间,福建持续推进供水设施建设。新建供水规模195万吨/日,新建供水管道3 294公里。厦门市、莆田市、晋江市、石狮市等城镇密集地区通过城乡统筹、以城带乡的辐射服务,推进了城乡供水的"同网、同质、同服务"。城市供水设施改造工作纳入福建省委省政府"为民办实事"项目,更新改造运行超过50年和灰口铸铁管、石棉水泥管等落后管材的城市供水管网2 212公里,漏损率下降3%;升级改造水质不达标的水厂99万 m^3/d。不断完善供水水质监测和监管体系,所有设区市公开水质信息,福州、厦门、泉州供水企业具备了国家饮用水卫生标准规定的106项检测能力,其他设区市和平潭综合实验区均达到42项以上。

2017年7月,福建省第十二届人民代表大会常务委员会第三十次会议通过《福建省城乡供水条例》《福建省水资源条例》,通过立法的形式为全省供水提供法律保障。

2018年9月,福建省政府办公厅印发《关于提升城市供水水质三年行动方案的通知》,要求到2020年底,市县集中式饮用水水源水质达到或优于Ⅲ类水比例均达到100%,Ⅱ类水比例进一步提高。湖泊、水库型水源不出现水华事件;到2020年底市、县饮用水综合合格率达97%以上,出厂水、管网水浑浊度控制在0.5NTU以下,色度控制在10度以下,出厂水游离氯控制在0.3~2mg/L内,确保饮用水水质优于国家标准,力争全国领先。

(四)垃圾、污水处理

1.垃圾处理

福建是全国最早开展生活垃圾处理产业化的省份之一,早在2002年,福建省政府就制定出台《关于推进城市垃圾处理产业化发展若干意见》,加快城市垃圾产业化进程。

"十二五"期间,福建城乡生活垃圾收运网络日趋完善,基本实现县县生活垃圾无害化处理设施全覆盖。新增生活垃圾无害化处理规模 8 160 吨/日,新扩建生活垃圾无害化处理设施 20 座;新增垃圾转运站 797 座,转运站规模 14 400 吨/日,新增垃圾运输车辆 1 125 辆,运输能力 9 800 吨/日;完成旧垃圾场整治及渗沥液改造 57 座;全省市县生活垃圾无害化处理率从 85%提升至 95.4%。

2017 年,福建在全国率先出台了鼓励社会资本投资村镇生活垃圾处理等领域 PPP(政府和社会资本合作)工程包的实施方案,通过集中打包加大投资规模,吸引社会力量投资和运营,生成 30 个以县域为单位捆绑打包的农村生活垃圾处理市场化项目,总投资 19 亿元。2017 年,生活垃圾焚烧发电量达 20.68 亿千瓦时,全省城市(含县城)正在运行生活垃圾及处理厂(场)64 座,日处理能力 3 万吨,生活垃圾无害化处理率达 97.5%,位居全国前列。

截至 2018 年 8 月,全省运行的 64 座生活垃圾处理厂(场)中,有 46 座采用 BOT(基础设施投资)等市场化运作模式,引入民间资本超过 100 亿元。在全国率先完成全部生活垃圾焚烧发电厂自动在线监控设备的"装、树、联"工作,实现对污染物排放状况的实时监控,建成生活垃圾焚烧发电厂 19 座,日处理能力 1.9 万吨,占总无害化处理能力的 62.5%,位居全国第二。到 2020 年,福建设市城市基本实现原生生活垃圾"只烧不埋",生活垃圾焚烧处理能力达到 70%以上。

在生活垃圾强制分类方面,2018 年重点推进厦门以及福州市鼓楼区、泉州市经济技术开发区、漳州市龙文区、莆田市城厢区、三明市梅列区、龙岩市新罗区 6 个试点区域开展生活垃圾强制分类;2020 年前,所有设区市和平潭综合实验区城市建成区开展生活垃圾强制分类。

2.污水处理

污水处理系统是城市重要的基础设施之一,其发展水平直接影响到广大居民的身体健康和生活质量的改善,是经济社会可持续发展的重要基础。福建污水处理总体上起步相对较晚,2000 年底,城市污水处理率仅为 22.2%,与当时全国平均水平 34.2%存在较大差距。同时,在体制机制方

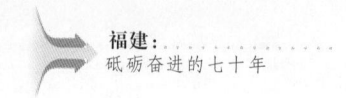

面，由于城市污水处理设施建设和运行全部由政府承担，造成了建设缓慢、运行效率较低等问题。

为改变污水处理设施落后状况，实现行业健康发展，2001年福建出台《关于推进城市污水处理产业化发展的暂行规定》，提出在全省实施城市污水处理产业化。通过加快建立城市污水处理多元化投资体制，鼓励、引导社会各方面资金投向城市污水处理事业，推进城市污水处理产业化发展，提高城市污水处理水平，改善城市环境质量。并提出"十五"期间，到2005年，全省设市城市至少应建成一座污水处理厂，城市污水处理率达45%以上；福州、厦门、泉州等50万人口以上城市污水处理率达60%以上。闽江流域、九龙江流域、晋江流域、鳌江流域上中游的县城和其他有条件的县城也应加快城市污水处理设施建设步伐。到2010年，全省城市和大部分县城都要建成一座污水处理厂，城市污水处理率达60%以上；福州、厦门城市污水处理率达70%以上。

"十二五"期间，福建城乡污水垃圾处理水平进一步提升。在县县建成污水处理厂的基础上，重点推进城镇污水处理厂扩容提升和管网完善，新扩建市县城镇污水处理厂119座，新增污水处理能力179万吨/日，新改建污水管网约5 000公里，市县污水处理率从81%提升至88%。基本完成省级试点小城镇和重点流域沿线乡镇污水处理设施建设，43个省级试点小城镇均建成污水处理设施，"六江两溪"1公里范围内和土楼保护区内292个乡镇中有260个乡镇建成污水处理设施。污泥规范化安全处理处置工作加快推进，形成以深度脱水填埋为主，焚烧、堆肥、制砖等工艺为辅的安全处理处置方式，市县生活污水处理厂污泥安全处理处置率达85%。同时持续推进投融资体制改革，通过市场化手段保障设施建设。至"十二五"末，全省城镇污水处理厂143座中采用BOT运营模式的有78座，吸引民间资本约24亿元。

"十三五"期间，福建进一步提升污水处理水平，重点推进市县生活污水处理厂扩容和提标升级改造、生活污水管网延伸完善、乡镇生活污水处理设施建设、生活污水污泥资源化利用等工作，形成"厂网并举、泥水并重、再生利用"的设施建设格局，全面提升城镇生活污水处理水平，切实改善城镇水环境治理。

2019年7月，为加快补齐城镇污水收集和处理设施短板，尽快实现污水管网全覆盖、全收集、全处理,福建出台《城镇污水处理提质增效三年行动方案(2019—2021年)》,提出经过3年努力,地级及以上城市建成区基本无生活污水直排口,基本消除城中村、老旧城区和城乡接合部生活污水收集处理设施空白区,基本消除黑臭水体,城市生活污水集中收集效能显著提高。

(五)地下综合管廊

地下综合管廊,是筑牢城市"里子"的民生工程,对于破解"马路拉链""空中蜘蛛网"等问题,保障供水、电力、通信等"城市生命线"安全运行,提升城市科学化、集约化管理水平,提高城市综合承载力都具有重要意义。

2007年,厦门市在湖边水库片区启动全省首条干支线综合管廊——湖边水库综合管廊项目,并于2011年开始投入使用。

2017年,福建省住房和城乡建设厅印发《福建省城市综合管廊建设指南》,进一步规范城市综合管廊的规划、设计、建设和运营管理。

2018年,福建实施城市地下综合管廊投资工程包,全年完成投资12亿元,在完成厦门、平潭两个国家城市地下综合管廊试点城市项目建设的基础上,因地制宜推进全省其他城市地下综合管廊建设。福州、厦门、平潭等地各类地下综合管廊陆续开建使用。"十三五"福建下综合管廊项目如表3-4所示。

表3-4 "十三五"福建地下综合管廊项目

序号	城市	划定区域	长度(公里)	总投(亿元)
1	福州	琅岐岛、三江口片区、连潘旧屋区改造、福清东部新城及长乐市	17	17
2	厦门	集美新城、翔安南部新城、翔安新机场、马銮湾、软件园三期及环东海域	85	45
3	漳州	古雷开发区、漳州开发区	17	4
4	泉州	台商投资区、北峰	10	15
5	三明	南部新城、宁化县城	15	12
6	南平	武夷新区	9	4
7	龙岩	中心城区的南部新城、北部新城	9	5

续表

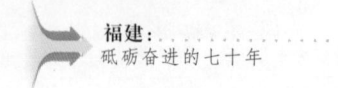

序号	城市	划定区域	项目概况	
			长度(公里)	总投(亿元)
8	平潭	平潭综合实验区	48	38
		合　　计	210	140

1.福州市

福州市 2008 年起陆续编制《综合管廊技术在福州城区的应用研究》《福州市地下综合管廊规划设计研究》《福州市马尾新城闽江口组团琅岐岛专项规划——综合管廊规划》。福州市政府办公厅下发《福州市综合管廊建设管理办法(试行)》,明确建设部门为综合管廊建设管理主管部门,确定"统一规划、统一建设、统一管理"制度,强制入廊政策及综合管廊有偿使用制度。2016 年,福州市在琅岐岛、三江口片区、福清东部新城、长乐福州新区区域等区块开展地下综合管廊试点建设,试点项目总长度达 31.06 公里。2017 年,新开工西凤路、福马路等综合管廊共计 16.47 公里,建成前屿西路、琅岐渡亭路综合管廊 1 公里。2018 年 1 月,总长 1.30 公里的福州城区首条地下综合管廊前屿西路综合管廊建成 550 米,将集纳电力、通信、供水、温泉等管线,预留的检修口极大方便日后管线养护。

2019 年福州市计划完成 5 公里地下综合管廊建设,计划完成投资 3.13 亿元。截至 2019 年 6 月,在建地下综合管廊项目数 5 个(续建 4 个,新开工 1 个),包括福马路提升改造配套地下综合管廊、福泉高速公路连接线拓宽改造工程(A 段)、福泉高速公路连接线拓宽改造工程(B 段)、滨海新城万新路配套地下综合管廊及新店外环东段道路工程配套地下综合管廊(新开工),累计形成廊体 3.06 公里(占比 61.2%),完成投资 1.33 亿元(占比 42.5%)。

2.厦门市

厦门市先后组织编制集美北部新城等 6 个片区的综合管廊专项研究,制定《城市综合管廊规划设计规划指引》及综合管廊专项规划。颁布了政府令《厦门市城市综合管廊管理办法》及加强综合管廊建设实施意见,明确新建、改建、扩建城市道路和新区建设应当配套建设管廊;已建设管廊的城市道路,除无法纳入管廊的管线以及管廊与外部用户的连接管线外,市政部门不再批准管线单位挖掘道路建设管线。出台厦门市城市综合管廊收费标准,使用费参照各管线直埋成本一次性收取,维护费按各类管线所管廊截面空间比例分摊。从2007年开始第一条管廊建设至2015年,厦门累计完成投资12亿元,建成投用湖边水库、集美新城片区和翔安南部新城综合管廊11.6公里、缆线沟35.5公里,在建综合管廊20公里、缆线管廊(缆线沟)50.5公里,规划及前期的51.0公里。入廊管线有110千伏、220千伏高压电缆,10千伏电力、通信电缆,给水,雨水,污水,有线电视,交通信号等。

2015年,经过竞争性评审,厦门市成功入选全国第一批地下综合管廊试点城市。试点期三年,每年获得中央财政专项补助资金3亿元,共计9亿元。厦门始终将管廊建设作为城市转型升级、提升综合承载力的重要载体。在试点期内,厦门市扎实推进地下综合管廊建设,超额完成了试点工作任务。在2015—2018年三年期间,厦门在第一批十个综合管廊试点城市绩效评价中实现"三连冠",并探索形成了"规划有统筹、建设有标准、管理有制度、资金有来源、运营有保障"的管廊建设厦门经验,获得中央有关部委的高度肯定。截至2019年6月,在建地下管廊项目约68公里,主要分布在各新城新区建设区域;同时,还启动缆线管廊规划建设工作,结合旧城改造、市政提升、片区道路建设等同步建设缆线管廊,实现综合管廊"主动脉"和缆线管廊"毛细血管"的系统连接,全面提升地下生命线的运行安全和城市抗灾减灾能力。

在建设突出做法与成效方面,一是通过建设综合管廊,引导电力高压架空线缆化入地,集约土地资源,为城市建设用地提供宝贵的土地资源;二是规模采用预制拼装工艺,工业化标准件生产和拼装施工综合管廊,既环保又高效;三是采取干支线管廊和小断面缆线沟建设灵活结合的方式,满足近远期地下管线的需求,既经济又合理;四是根据片区市政管线的需求和地形条件,将雨水、污水等重力流管线合理纳入管廊,开创了国内综合管廊重力流管线入廊的先例。

3.平潭综合实验区

2011年,平潭在建设南北走向主干道坛西大道时,以吸收台湾、深圳、广州、大连等地区和城市地下管廊建设经验为基础,探索建设了25公里地

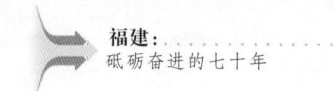

下综合管廊,实现124公里长的高压线缆入地,节约用地约2平方公里。此外,2015年平潭综合实验区还组织研究综合管廊规划,编制了《平潭综合实验区综合管廊专项规划》。

2016年4月,平潭入选全国第二批地下综合管廊试点城市,3年获9亿元的专项资金补助。2016年底,总投资38.18亿元的平潭综合实验区地下综合管廊干线工程(一期)PPP项目成功签约,成为平潭综合实验区落地的首个PPP项目。项目引入社会资本30.54亿元,由中国中铁股份有限公司、中铁建信(北京)投资基金管理有限公司联合中标。建成后,中标方成立管廊公司,未来25年,负责项目的投资、建设、运营及维护。通过"财政补贴"和"社会参与"的共建模式,改变市政工程单纯依靠政府投入的现状,实现政府部门、社会资本、城市发展多方共赢。到2020年,平潭将形成一个总长100.8公里,支撑城市可持续发展的"两纵两横四环"综合管廊体系。

(六)城市景观

城市景观是一个城市形象和品位的重要象征。福建通过园林绿化和街道景观整治等工作,挖掘和传承城市地域人文特色,全面提升城市环境品质和综合承载力,让人民群众"望得见山,看得见水,记得住乡愁"。

园林绿化方面,"十二五"期间,福建以"老城区保绿量、增绿地、创精品,新城区拓廊道、增公园、贯绿道"为主线,依托宜居环境建设行动、"四绿"工程以及"两违"综合治理,大力推进园林绿化建设。完成26个城市(县城)绿地系统规划编制,新增城市(县城)建成区绿地面积2.23万公顷、公园绿地面积0.98万公顷,建成城市公园437个、城市片林350公顷、绿道2 100公里、立体绿化1 000多处、城市湿地资源500片、面积8.90万公顷。开展园林城市、森林城市创建活动,新增国家园林城市(县城)8个、国家森林城市3个,省级园林城市(县城)22个、省级森林城市(县城)8个,率先在全国实现所有设市城市建成园林城市目标。全省拥有国家级风景名胜区18处(数量位居全国第三)、省级风景名胜区34处。福州市整治5大景观走廊,厦门市推进园林绿化岛内外一体化,漳州、莆田等市通过郊野公园、绿道、滨河绿廊建设,保护了城市生物多样性物种和原生植被,永泰、长泰、泰宁等县实施一批民生环境景观工程,城市环境景观面貌质量得到整体改变和提升,老百姓获得实实在在的"环境红利"。

"十三五"期间,福建将着力实施公园、道路、重要节点、小区、单位等绿化"五个提升"工程。到2020年底,完成100个公园、200条道路、300个重要节点、500个小区、500个单位的绿化提升,新增立体绿化1 000处以上。城市(县城)建成区绿地率达39%以上,人均公园绿地面积达13平方米以上。力争国家生态园林城市建设有新突破,国家园林城市(县城)新增2个以上,省级园林城市(县城)实现全覆盖。继续推进国家(省级)森林城市创建工作,新增国家森林城市3个以上,省级森林城市(县城)8个以上。

在景观提升方面,"十二五"期间福建全省街道景观整治工作全面铺开。选择城市主要出入口、主要城市干道、公园和广场周边、历史文化街区周边、主要商业街区周边以及"三边三节点"("山边""路边""水边"和城市中心节点、市民活动节点、交通枢纽节点)地段、政府所在地周边街区以及早期建设标准较低居民自愿要求改造的城市社区开展街景综合整治,提升"三边三节点"420个,城市面貌焕然一新。宁德环东湖生态景观整治,福州城区内河综合整治,龙岩莲花山栈道、漳州郊野公园龙文段、长泰县上蔡村村庄环境整治,漳州闽南文化生态走廊圆山新城段绿化、保洁服务等6个项目获得中国人居环境范例奖。

2018年,福建进一步实施城镇老旧街巷(坊)整治修复投资工程包,全年投资10亿元,重点完成全省25条以上城镇老旧街巷(坊)整治修复,推进城区老旧街巷(坊)有机更新,重点修复破损路面、整治建筑立面、保护历史建筑、完善配套服务功能和市政管网设施等,提升业态,形成具有一定地域特色的街巷风貌和市民活动节点。对列为福建省委省政府为民办实事的25条城镇老旧街巷(坊)整治修复项目,省财政安排资金2 500万元,按每条街巷100万元的标准对老旧街巷整治的规划设计进行补助。同时,通过落实属地政府推进责任的方式,及时协调解决项目推进过程中的困难和问题,确保按时完成。

(七)公共体育设施

公共体育设施建设是现代社会发展的内在要求。随着近年我国综合国力的不断提升和我国体育事业的不断发展,城市公共体育建设工作迎来了

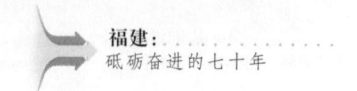

一个新的高潮。面对新的形势和要求,福建加快体育产业发展步伐,公共体育设施建设的数量、类型、功能等实现全面的提升。

2011年,福建省政府颁布了《关于加快发展体育产业的实施意见》,福建省财政厅、体育局、经贸委、人社厅下发了《福建省体育产业专项资金管理办法》,2012年福建省发展改革委、体育局制定了《关于支持和促进我省体育产业发展措施的通知》,2015年福建省政府颁布了《加快体育产业发展促进体育消费十条措施的通知》等。系列政策的出台和实施为福建体育产业发展提供了良好的政策环境,体育场馆设施逐步完善。

"十二五"期间,福建体育设施建设投入近90亿元,新建体育场地23 000多个,增长125.9%;人均场地面积由2010年的1.43平方米增至2015年的1.80平方米,增长25.9%。体育场地类型更加丰富,群众使用更方便,农村体育场地数量和质量明显改善,城乡差距明显缩小。涌现了包括海峡天翔文化体育创意产业园、海峡体育文化村、建瓯市福松体育文化产业园在内的一批以旧厂房改造的体育文化综合体,成为福建体育产业发展新主体。打造出以厦门国际马拉松、武夷山国际骑游大会、福州世界沙滩排球巡回赛、晋江CBA男子篮球赛、福州中国羽毛球公开赛、永春白鹤拳国际文化节、省市县全民健身运动会为代表的系列体育赛事。2014年,漳州市成功举办第十五届省运会。2015年,福州市成功举办第一届全国青年运动会。

进入"十三五"期间,为逐步形成覆盖城乡、比较健全的全民健身公共服务体系,福建省出台《福建省全民健身实施计划(2016—2020年)》,明确提出:"新建居住区和社区按照室内人均建筑面积不低于0.1平方米或室外人均用地不低于0.3平方米配建全民健身设施,并纳入建筑方案规划审查,确保与住宅区主体工程同步设计、同步施工、同步验收、同步投入使用,不得挪用或侵占。"福建省住建厅也出台新的街道、社区公共服务设施配置指引,对体育设施的配置提出明确要求。

在资金保障方面,从2017年开始,福建每年安排全省体育彩票销售总额的1%(约8 000万元),建设多功能运动场、笼式足球场、室内健身房和门球场等场地设施;加大对地方健身设施建设扶持力度。同时积极争取中央集中彩票公益金转移支付地方支持全民健身设施建设项目,做好县级全民健身活动中心、乡镇农民体育健身工程、社区多功能运动场等各类项目建设;开展全民健身设施提档升级工程,引导支持各地对使用寿命到期和损毁的全民健身路径器材进行更新,推动省级扶贫开发工作重点县县级公共体育设施达到国家标准。

2018年,福建实施完善公共体育服务投资工程包,全年完成投资11.70亿元,主要投资省级全民健身场地设施建设和各地体育设施项目。其中,省级全民健身场地设施建设完成投资8 640万元,全省新建110个城市社区多功能运动场、50个室内健身房、60个笼式足球场、30个门球场和3个体育公园(福州、漳州、三明各1个)等;各地体育设施项目完成投资10.80亿元,主要是各地体育场馆、体育公园、体育综合体、公共足球场地及全民健身场地设施建设项目等。其中,福州市3项,完成投资0.98亿元;厦门市1项,完成投资0.65亿元;泉州市2项,完成投资1亿元;漳州市4项,完成投资1.35亿元;莆田市2项,完成投资0.22亿元;三明市3项,完成投资1.40亿元;南平市2项,完成投资2亿元;龙岩市4项,完成投资1.23亿元;宁德市4项,完成投资0.51亿元;平潭综合实验区1项,完成投资1.50亿元。

下一步,福建将围绕"到2020年全省人均体育场地面积高于全国平均水平"的总体目标进一步加快和完善体育场馆设施建设。

一是扩大增量资源。重点完善县(市、区)、乡镇(街道)、行政村(社区)公共体育设施体系,城市社区建设15分钟健身圈,乡镇、行政村公共体育健身设施共建共享全覆盖,人均体育场地面积达到2平方米。继续将公共体育设施建设列入各级政府为民办实事项目。积极推进新建公园依据标准规划体育用地面积和配置健身设施,现有公园扩大体育用地面积,配套增设健身设施。合理利用景区、郊野公园、城市公园、公共绿地、广场及城市空置场所等建设全民健身设施。新建居住区和社区严格按照国家标准及要求配置全民健身设施,老城区逐步完善全民健身配套设施建设。充分利用城市旧厂房、仓库、老旧商业设施、农村荒地等闲置资源改建体育场馆。积极推广季节性、可移动、可拆卸、绿色环保的全民健身设施。加强与工业园区级别、规模相匹配的职工健身设施建设。鼓励政府和社会资本以PPP模式兴办公共体育设施,鼓励社会资本建设小型化、多样化的公共体育设施,鼓励政府、学校、企业等合作投资建设体育设施,实现资金联筹、场馆联建、设施共

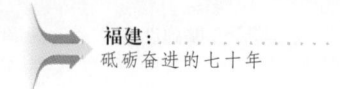

享。鼓励支持职业俱乐部建设训练基地和比赛场馆。

二是盘活存量资源。推动公共体育设施免费或低收费向社会开放，完善公共体育场馆免费或低收费开放补助政策，并逐步加大扶持力度。加强学校体育设施建设的达标管理，推进新建学校体育设施相对独立建设，开展学校体育设施分隔工程。在公共体育设施开放共享的基础上，依法推进符合条件的学校、机关团体和企事业单位的体育设施向社会开放。充分利用体育场馆附属设施和闲置用地，融合周边地产、公园绿地等资源，打造集健身服务、场馆运营、竞赛表演、商贸休闲等为一体的城市体育服务综合体。

三是加快运营机制创新。深化国有资产管理体制改革和体育场馆运营机制创新，加快推进体育场馆所有权与经营权分离，采取特许经营、委托经营等方式提升场馆运营效能。鼓励有条件的体育场馆管理公司、职业体育俱乐部、体育赛事公司、单项运动协会等采取特许经营、混合所有制等形式参与体育场馆运营。鼓励体育场馆运营管理实体通过品牌输出、管理输出、资本输出等形式实现规模化、专业化运营。推行体育场馆设计、建设、管理和运营一体化，促进赛事功能需要与赛后综合利用有机结合。建立健全体育场馆服务标准，运用现代信息技术，推进智慧体育场馆建设，提高体育场馆专业化、标准化、信息化水平。探索国有企业和学校等国有单位的体育场馆交由第三方运营机构经营管理的体制机制。

本章小结

经过近70年的发展，福建在能源、交通、水利、通信、市政建设等方面取得诸多成就。特别是改革开放以后，福建对基础设施展开了全方位、多层次、大规模的建设，基础设施建设飞跃发展。1995年全社会基础设施投资突破200亿，1995—2003年，基础设施建设以年均9.2%的速度稳步增长，1979—2003年全省基础设施投资年均增长达21.5%。近年来，围绕"机制活、产业优、百姓富、生态美"新福建的总体要求，福建进一步改善能源、交通、水利、信息等基础设施薄弱环节，着力提升城乡基础设施建设水平，增强城市综合承载能力，在高速公路、信息基础设施、城市综合管廊、垃圾污水处理等方面走在全国前列，为全面建成小康社会提供强力支撑，实现了从新中国成立初期的空白简陋到基本实现现代化的转变。

一是电力建设实现从传统能源向能源多样化发展转变。新中国成立后,福建优先利用本省水能资源推进水电开发,积极发挥港湾优势建设港口电厂。随着经济社会发展,福建逐步推进电源结构改变,高起点推进清洁高效的核电项目,有序推进风电项目建设,加快发展核电。2006年宁德核电、2014年福清核电相继建成投产,实现了福建核电零的突破;大力发展可再生能源,陆上风电、光伏项目快速发展。在加快水、煤、气、核、风多元化电源发展步伐的同时,加快推进电网建设,开展大规模的城乡电网改造,建成一批骨干电源工程以及与省外联网工程,全力打造电力高速通道,实现能源建设的新跨越。经过70年建设,福建大力推进电力建设的结构调整、技术进步,装备能力显著提升,整体效率和节能减排等方面取得了世人瞩目的成就,步入了安全、清洁、节约发展的轨道。

二是交通建设实现从闭塞之地到通达世界便捷之地的转变。受地理条件的限制,福建自古就有闽道更比蜀道难的说法,交通不便成为制约福建发展的一大桎梏。改革开放前,福建铁路只有一条鹰厦铁路,1996年以前还没有一条高速公路,航空只有一个民用机场,交通设施不便成为制约福建发展的瓶颈。为打破这一桎梏,福建坚持统筹规划、科学布局、合理安排,构建适度超前、功能配套、高效便捷的现代综合交通网络,建立了由公路、水路、铁路、民航等多种运输方式共同构成的综合交通体系,一个北承长三角、南接珠三角、西联内陆腹地、东出台湾海峡的海陆空立体交通网络已经基本形成。交通运输基本实现了从严重滞后向有效缓解阶段的转变。快速铁路突破3 600公里,高速公路突破5 000公里,实现县县通高速、镇镇通干线、村村通客车。2018年实现全省各设区市市市通动车,港口吞吐量达到5.58亿吨,厦门航空公司的班机可以抵达亚洲、欧洲、北美、大洋洲许多国家。

三是水利建设实现从区域性有限开发向深层次、宽领域综合开发转变。面对水资源分布不平衡,江河短,水流急,受海洋性季风气候影响,洪、涝、旱、风、暴潮等自然灾害频发的复杂情况,福建从新中国成立初期就进行了大规模的农田水利基本建设,兴建了大批农田水利设施,使水资源等得到充分利用的同时,保证了农业需求和拦洪作用。改革开放后,重点转向重要江河、城市防洪、海堤除险加固等,先后完成了千里海堤加固,闽江、晋江、九龙江下游部分防洪堤扩建加固,同时构建起防御体系,防灾抗灾能力得到极大

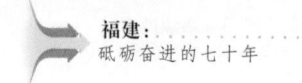

的加强。随着水利枢纽工程的正式兴建,在防洪、抗旱、发电、水土保持和支持工农业生产、促进国民经济持续发展、保证农村饮水等方面,发挥了极其重要的作用。

四是信息化建设实现从严重滞后到数字经济示范区的转变。福建作为对台前线,通信建设一直处于严重滞后的状态。改革开放初期,随着全国首家"全数字万门程控电话"在福州开通,福建成为通信现代化的开路先锋。早在2000年,时任福建省省长习近平同志着眼于抢占信息化战略制高点,做出了建设"数字福建"的重要决策,开启了福建推进信息化建设的进程。"数字福建"经历了从早期的电子政务、社会信息化和企业信息化,一直到后期的各领域各区域信息化应用,再延伸到经济社会发展的创新前沿。福建不仅实现电子政务建设持续走在全国前列,数字经济发展也达到全国领先水平,成为国家数字经济的高地、数字中国的示范区。

五是市政建设从满足基本需求向现代化城市建设转变。城市基础设施建设不仅涉及生活所必需的交通、供水、环境卫生等,随着经济社会发展,优化人居环境、完善城市功能、营造城市特色逐步成为城市基础设施建设的新要求。新中国成立后,福建不断加强城市基础设施建设,城市整体功能逐步增强。改革开放后,遵循"高起点规划、高标准建设、高效能管理"的原则,以提高城市竞争力为目标,加快建设和完善城市基础设施。至2017年,福建人均道路面积达到17.41平方米,城市桥梁1902座;城市供水能力和供水水质大幅提高,人均日生活用水量203.55升;城市园林绿地、环卫、供气等可持续事业不断得到加强。此外,城市基础设施的使用功能和观赏功能同步提升,精品工程逐渐增多,如福州江滨大道、福道、西湖公园,厦门环岛路、海沧大桥,泉州西湖公园等,成为城市中一道亮丽的风景线。

第四章
对外开放：从封闭半封闭迈向全方位对外开放

福建：砥砺奋进的70年

第四章　对外开放：从封闭半封闭迈向全方位对外开放

对外开放是指一个国家或地区积极主动地扩大对外经济交往,放开或取消各种限制,发展开放型经济,是一个国家或地区繁荣发展的必由之路。对外开放已成为中国的一项基本国策,是中国经济腾飞的一个秘诀,也是中国全面建成小康社会的一件法宝。习近平总书记指出:"中国开放的大门永远不会关上。"

福建地处东南沿海,坐拥众多的海湾良港,对外贸易历史悠久,但对外开放的发展道路极为曲折。唐宋时期,福建就是我国古代对外贸易的重要地区之一,沿海居民"资海为田,浪舶云帆,交于域外"。泉州作为"海上丝绸之路"的起点,在唐代就是世界四大口岸之一,被马可·波罗誉为光明之城。宋元时期,泉州已是国际著名的港口,被称为"东方第一大港",与100多个国家和地区有通商关系,形成大批外国侨民(主要是阿拉伯人和波斯人)定居的居留地"蕃坊",曾有"市井十洲人""涨海声中万国商"之盛景。在明代,郑和下西洋多次在福建驻泊,招募水手,修造船舶,从福建扬帆出海。但是,由于当时倭寇经常袭扰导致海禁,福建正常的海上贸易长期受阻。清朝时继续施行海禁,但福州是与古琉球国首里(现日本冲绳县那霸市)通航贸易的指定口岸。1842年《南京条约》后,厦门和福州开放成为通商口岸,对外交往进入新阶段。在洋务运动中,福州马尾的船政局及船政学堂,成为近代中国海军和造船工业的摇篮。这时福建的对外开放,明显属于西方殖民体系之下被动的对外开放。

中华人民共和国成立后,特别是改革开放之后,福建充分利用率先开放、政策先行的优势,发挥侨、台、海、特的省情,以改革促开放,以开放带发展,使福建成为中国经济发展最快、最具经济活力的地区之一。回顾这70年,福建从封闭半封闭迈向全方位对外开放,发生了巨大的可喜变化。

第一节　福建对外开放发展历史进程

中华人民共和国成立以来,福建对外开放走过了波澜壮阔的70年,取得了历史性的成就,特别是改革开放之后,以中央批准粤闽两省实行"特殊政策、灵活措施"以及外贸承包经营责任制改革、邓小平南方谈话、加入

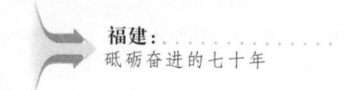

WTO 和党的十八大为标志,经历了探索、拓展、调整、深化、转型几个阶段,福建对外开放由点及面、由浅入深,从沿海到山区不断推进,实现了历史性的跨越发展。

一、封闭半封闭阶段(1949—1978 年)

新中国成立后到 1978 年之前,受国内外因素的双重压力,福建虽属对外开放前沿地区,但对外开放程度十分有限,对外开放的国内外条件都不具备。总体而言,福建仍处于封闭半封闭状态。在政企不分、统负盈亏的外贸管理体制下,全省只有国家管理的少数几个专业性贸易公司,贸易目标主要是进出口贸易在总体上达到平衡。1950 年到 1966 年是福建外贸的恢复发展时期,1952—1966 年累计进出口额 2.69 亿美元,1966 年进出口额比 1952 年增长了 3.0 倍,年均增长 10.3%,全省外贸得到恢复性发展。在出口方面,1952 年福建对外贸易进出口额 942 万美元,其中出口 229 万美元,进口 713 万美元,逆差较大;1955 年全省进出口额为 551 万美元,其中出口 497 万美元,扭转了近百年的出口逆差状况。1956 年以后,对私营经济进行改造,由国营公司专营外贸,出口贸易额迅速增长,1958 年出口贸易额达 3 219 万美元。尔后由于中苏关系恶化,加上三年困难时期,出口额在 1958 年以后连续 7 年下降,直到 1966 年才达到 3 139 万美元,接近 1958 年的水平。从 1967 年到 1978 年,福建外贸处于停滞、徘徊状态。1967 年起出口贸易额连续三年下降,直到 1972 年后,外贸出口略有起色,1978 年比 1966 年增长了 4.4 倍,年均增长 15.2%,1978 年外贸出口占全国比重为 1.9%,仅比 1952 年提高 1.6 个百分点。

二、探索起步阶段(1978—1984 年)

1978 年的十一届三中全会正式拉开了改革开放新时期的序幕。1979 年 7 月,党中央、国务院赋予广东、福建两省实行"特殊政策、灵活措施",贯彻"改革、开放、搞活"的方针。1980 年 5 月,国务院批准设立厦门经济特区,全省对外贸易、利用外资和对外经济技术合作迈出发展步伐,开启了福建对外开放发展新历程。在中央支持与鼓励下,福建省委省政府积极行动,于1981年初,根据福建具有的山、海、侨、特等优势,提出"大念山海经,建设八个基地"的区域发展战略。在扩大外贸经营管理权限方面,中央赋予福建包括外贸进出口计划以福建省为主制定,进出口商品配额和许可证在国家批准的指标内由福建省组织进出口并签发许可证,以及福建省可以审批派驻国外的经贸企业和本省经营进出口业务公司等先行先试政策。1980年2月,福建省人民政府对福建外贸机构设置、进出口经营分工、财务核算等方面做出明确规定,从而构建了福建对外贸易发展的促进平台。1979—1983年,全省进出口总额累计25.02亿美元,年均增长22.7%,其中出口17.52亿美元,年均增长14.2%。在利用外资方面,这一阶段外商对福建的投资多属"投石问路"性质,项目数量不多,投资金额很小,且大多是海外侨胞投资的"三来一补"的简单加工项目。1979—1983年,全省实际利用外资仅2 155万美元。

三、快速拓展阶段(1984—1992年)

1984年4月,国务院批准福州市成为全国首批对外开放的14个沿海港口城市之一。1985年1月,国务院批准设立福州经济技术开发区。1985年2月,党中央、国务院决定将厦漳泉三角地区开辟为沿海经济开放区。1986年,福建进一步提出"山海协作、梯度推进、分类指导、共同发展"的战略规划,下放外贸经营权,扩大贸易渠道,促进工贸结合,推进形成多层次、多形式的外贸出口经营体制。1988年4月,中央批准福建为改革开放综合试验区,赋予11条政策,进一步推动了福建的改革开放和经济发展。1988年,习近平同志在闽东九县调研中提出了"双向开放""双向开发""扩大开放""外引内联"的对外开放发展道路。这一系列政策和举措进一步推动了福建的改革开放和经济发展,随着对外开放新格局初步形成,福建对外开放步入了"快车道"。全省对外贸易经营格局发生了很大变化,形成了由100多家各级各类进出口公司和几千家"三资"企业共同经营外贸的"大外贸"格局,外贸进出口逐年大幅度增长。

1988—1991年,福建组织实施了外贸承包经营责任制改革方案,对福

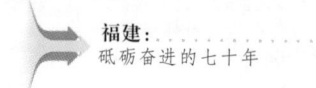

建外贸承包经营进行全面部署,创造性地在全国率先实行"不分试点与非试点企业""不分基数内外",以及"两级承包、包到企业、条块保证"为主要内容的改革方案。两轮外贸承包经营责任制的实施,不仅为福建各类外经贸企业创造了 10 多亿元的利润,而且促使企业引入了竞争机制,并开始探索建立现代企业制度。随着全省对外开放的深入,外商对福建的投资出现了蓬勃发展的好势头。1984—1991 年,全省实际利用外资 16.72 亿美元,年均增长 60.9%;全省进出口总额累计 211.10 亿美元,年均增长 33.7%,其中出口 113.80 亿美元,年均增长 30.7%。同时,两岸关系出现了巨大转变,使台湾地区厂商赴大陆考察投资成为可能,也为福建省提供了极大的历史机遇与区域优势,使长期以来困扰福建发展的台海因素转变为福建经济发展的强力助推器。

四、调整提升阶段(1992—2001 年)

1992 年初,邓小平视察南方并发表谈话,在全国掀起了新一轮思想解放高潮。同年 8 月,福建省委省政府正式提出加快闽东南开放开发的发展战略,提出要"以厦门经济特区为龙头,加快闽南三角地区、闽江口和湄洲湾地区的开放开发"。1993 年,三明、南平、龙岩及宁德地区的福安、福鼎被列为沿海经济开放区,享受对外开放的优惠政策,由此逐步形成了由"沿海经济特区—沿海开放城市—湄洲湾和闽南三角区对外经济开发区—内地山区开放区"这样一个立足地区优势、分类指导、梯度推进的对外开放新格局,使福建省在改革开放的深度和广度上都有了大的突破,对外开放势头发展迅猛,取得了较大成绩。1995 年,福建省委省政府在充分考虑福建对台优势和港口优势基础上,进一步提出建设"海峡西岸繁荣带"的设想。

1997 年之后,受亚洲金融危机的影响,福建对外贸易增速放缓,进入一段调整期。但这一轮改革加强了市场经济机制的调节作用,促进了福建对外贸易市场化的进程,福建外贸经营企业抗风险能力逐渐增强,国际市场竞争能力不断提高。1997 年,福建外贸出口首次突破百亿美元大关,迈入全国出口大省行列。1992—2001 年,全省进出口总额累计 1 568.38 亿美元,年均增长 14.7%,其中,出口 896.68 亿美元,年均增长 16.0%;实际利用外资362.68亿美元,年均增长19.8%。

五、深化发展阶段(2001—2012年)

2001年,我国加入世贸组织后,对外经贸逐步与国际通用规范接轨,同步发展,政策变化的动力由单纯的内生或者外生转变为内外协调,对完善国内营商环境、提高出口产品的国际竞争力起到重要的推动作用,对外开放水平进一步提高。同时,面对新的机遇与挑战,2001年福建省第七次党代会提出,21世纪初着力构建福建发展的"山海协作、对内连接、对外开放"三条战略通道这一决策,旨在"跳出福建直追,走出福建发展",增强发展后劲。时任福建省省长习近平指出"对外开放兴,福建兴;对外开放步伐加快,福建兴旺繁荣的机会越大"。随着外贸经营管理体制进一步完善,经济全球化和区域一体化的能力进一步增强,民营外贸企业从无到有蓬勃发展,福建对外贸易呈快速增长态势。2002—2012年,全省进出口总额累计8 754.84亿美元,年均增长19.2%,其中,出口达5 664.16亿美元,年均增长19.4%。这个阶段,外经贸的支撑拉动作用更加突出。外经贸在推动全省经济发展、促进产业集聚、优化产业结构、扩大就业和促进和谐社会建设等方面发挥越来越重要的作用。2006—2010年,5年间,全省外贸总值相当于全省GDP的54%,出口总额相当于全省GDP的36%,出口增量相当于全省GDP增量的26%;规模以上外商投资和港澳台商投资工业增加值占全省52%;涉外税收收入约占全省税收总收入的38%;外贸年均带动就业人数约400万人,占第二、三产业从业人数的30%,外商投资法人单位年吸纳从业人员约220万人,占第二、三产业法人单位从业人数的23%。

值得一提的是,2009年福建有效有力应对国际金融危机冲击,外贸总体好于全国,进出口、出口、进口累计降幅分别比全国平均降幅小5个百分点以上,累计出口增速位居全国第三、十大外贸省市第一。2010年,全省外贸总额突破千亿美元大关,达1 088亿美元。其中,出口715亿美元,进口373亿美元。2010年全省进出口、出口、进口增幅分别比全国平均水平高1.9个、2.8个、2.9个百分点。

在吸引外资方面,虽然经历了全球金融危机,在外部环境较为严峻的形

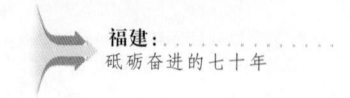

势下,福建吸收外资仍保持了逐年增长,2002—2012年,全省实际利用外资年均增长4.5%。按照入世承诺时间表,我国服务业对外开放领域逐步加大,限制逐步减少,随着服务业对外开放步伐加大,福建服务业利用外资实现较快发展。2012年,服务业实际利用外资26.13亿美元,比上年增长25.6%,占全省比重41.2%。

六、转型升级阶段(2012年至今)

党的十八大以来,我国稳步推进贸易强国建设,着力优化营商环境,加快实施自由贸易区战略,积极促进"一带一路"国际合作,以更加开放的心态、更加自信的步伐融入世界经济。与此同时,全球经济进入新一轮调整期,在贸易保护主义抬头,贸易摩擦此起彼伏,贸易规则主导权争夺更加激烈的经济新常态背景下,中央审时度势,支持福建进一步加快发展,赋予建设中国(福建)自由贸易试验区、21世纪海上丝绸之路核心区、福州新区、福厦泉国家自主创新示范区、国家生态文明试验区等政策。通过"六区"政策叠加,福建成为获得国家优惠政策最多、最集中的省份之一,进一步凸显了福建在全国发展大局中的地位和作用。这些优惠政策有利于福建加大力度发展新产业、形成新业态、构建新模式、寻找新的经济增长动力,为开放型经济进一步发展打下扎实的基础。这阶段的主要任务是全面深化改革,努力推动对外贸易由"大进大出"向"优进优出"转变,促进对外贸易结构调整,对外贸易由量的扩张转变向质的提升。

2013—2018年,全省进出口总额累计10 309.65亿美元,年均1 718.28亿美元,其中出口6 567.74亿美元,年均1 094.62亿美元,一般贸易进出口占比由2013年的68.8%上升到2018年的72.3%。利用外资方面,福建不断推进外商投资管理制度改革,在2015年4月福建自贸试验区内以及2016年10月后的全省范围内,对外商投资实行准入前国民待遇加负面清单管理模式,探索和完善外商投资备案管理和事中事后监管,形成更加开放透明的投资管理制度,创新招商选资方式,为企业投资营造良好的营商环境,吸收外资再上新台阶。2013—2018年,全省实际利用外资426.99亿美元,年均71.17亿美元。与此同时,对外贸易新业态、新模式蓬勃发展,厦门市成功获批国家跨境电子商务综合试验区,成为福建省首个国家跨境电子商务综合试验区。福州、平潭、泉州跨境电商试点体量不断壮大。在积极融入"一带一路"建设方面,福建持续推进海陆空互联互通,开通中欧(中亚)国际货运班列线路3条,运营集装箱国际航线127条,建立友好港口16个;与海上丝绸之路沿线国家和地区贸易额增长11.0%以上,对海上丝绸之路沿线国家和地区投资备案项目65个、总额7.30亿美元。

第二节 福建对外开放发展成就

一、对外贸易迅猛发展,结构持续优化

(一)对外贸易规模日益扩大

进出口规模不断迈上新台阶。改革开放前,福建经济总体上处于相对封闭状态,货物贸易主要是在国家计划下进行,进出口始终在较低水平上徘徊。1952年,福建进出口总额为942万美元,其中出口229万美元。改革开放之后,随着外贸管理体制改革和对外开放水平提升,对外贸易迅速发展。1978年进出口总额为2.03亿美元,其中,出口1.90亿美元,占全国比重为1.9%,仅比1952年提高1.6个百分点。改革开放后,福建努力发展外向型经济,不断推进外贸体制改革,对外贸易持续稳步发展。1988年进出口总额达到21亿美元,2008年全省对外贸易总额达848.21亿美元,与1952年比年均增长17.7%,与1978年比年均增长22.3%。其中,1997年出口额首次突破百亿美元大关,迈入全国出口大省行列。2001年我国加入世界贸易组织,对外贸易进入新阶段。面对新的机遇和挑战,福建一方面规范对外贸易秩序,另一方面推进贸易便利化,贸易规模不断取得新突破。2001年,福建外贸进出口总额仅为226亿美元,加入世贸组织后随着主要贸易大国对我国歧视性贸易限制的逐步取消,福建省有比较优势的产品出口快速增长,2005年,外贸总额已突破500亿美元。2010年,全省外贸总额突破千亿美元大关,达1 088亿美元,其中,出口715亿美元,进口373亿美

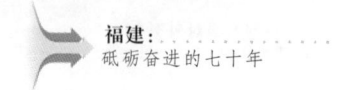

元。从改革开放到2005年,用了27年,全省年度外贸总额才突破500亿美元、年度出口总额才突破300亿美元;加入世贸组织后,全省仅用了5年时间,年度外贸总额和出口总额就分别实现了第二个500亿和第二个300亿的大跨越。2010年,全省进出口、出口、进口增幅分别比全国平均水平高1.9个、2.8个、2.9个百分点。加入世贸组织的头十年,随着国际贸易环境进一步改善,吸引外资政策逐步放宽,福建外经贸的发展空间也不断拓展,实现了"量"的扩张和"质"的提升,实现了又好又快发展。

党的十八大以来,福建积极应对错综复杂的国际形势,努力适应外贸发展新常态,加快培育外贸竞争新优势,对外贸易规模实现新发展。至2018年,福建进出口规模已达1 875.76亿美元,居全国第7位,其中,出口1 156.85亿美元,居全国第6位,进口718.90亿美元,居全国第9位。特别是福建自贸试验区2018年进出口额1 773亿元人民币,同比增长8.2%,以不到全省千分之一的面积,贡献了全省七分之一的进出口额。跨境电商出口连续三年保持35%以上快速增长,已成为全国发展最快的跨境电商进出口中心之一,卖家数量位列全国第四,并在台北设立大陆首个对接台湾的境外仓。

(二)对外贸易结构不断优化

新中国成立后到改革开放之初,福建出口商品以初级产品为主,在20世纪80年代实现了由初级产品为主向工业制成品为主的转变,1985年,工业制成品出口比重超过初级产品;2018年,工业制成品出口占全省出口总额的比重为90%左右,工业制成品出口占据了绝对主导地位。技术含量和附加值高的机电、高新技术产品出口比重持续提高,1986年以前,福建几乎没有高新技术产品出口。2008年,福建高新技术产品出口达126.78亿美元,占全省出口总额的22.2%,高新技术产品出口增量占全省外贸出口增量的40.8%。2018年,全省机电产品出口2 786.9亿元,高新技术产品出口1 028.6亿元,机电和高新技术产品出口占同期全省出口总值的50%。

在贸易方式和结构方面,20世纪五六十年代,对外贸易的主要方式是通过签订政府间协定、进行记账结算的易货贸易。改革开放初期,福建充分利用劳动力等资源的比较优势,积极承接国际产业转移,大力发展来料加工、进料加工,加工贸易是福建主要贸易方式,占进出口总额的比重一度超过50%,有力促进了这一阶段货物贸易的发展。加入世贸组织后,一般贸易比重不断上升。一般贸易作为直接进出口的贸易方式,能更真实地体现我国外贸主体的实际获利、更直接地反映福建制造业发展水平。特别是党的十八大以来,福建加快产业结构转型升级,不断提高在全球产业链中的地位,一般贸易占比迅速提升,一般贸易出口和进口所占比重分别由2001年的48.5%和34.7%提高到2018年的72.4%和72.2%。

(三)服务贸易创新发展

服务贸易是对外贸易的重要组成部分,优先发展服务贸易是促进经济转型升级和高质量发展的重要举措。党的十八大以来,随着服务业改革开放的深入推进,服务贸易实现规模快速增长、新兴服务蓬勃发展、质量效益不断提升,服务贸易正日益成为对外贸易发展和对外开放深化的新引擎。而且,服务贸易特别是生产性服务贸易的发展,有利于促进传统产业向专业化和产业链高端延伸。当前,国际贸易外部形势严峻复杂,在全球贸易摩擦加大、贸易保护主义抬头的情况下,外贸新旧动能转换有待加快,服务贸易正成为"稳外贸"的重要力量,发展服务贸易就更具现实重要性和紧迫性。

近年来,福建先后制定出台了《福建省人民政府关于促进服务外包加快发展的若干意见》《福建省人民政府办公厅关于促进服务贸易和服务外包加快发展十二条措施》等促进服务贸易发展的政策措施,明确了服务贸易重点发展领域等工作任务,也提出了加大财税支持力度保障措施,相关厅局配套出台了《关于加快促进服务贸易发展行动计划(2016—2018)》等措施,着力构建全省服务贸易发展良好市场环境,促进服务贸易规模发展、结构优化、质量提升。

首先是服务贸易规模快速攀升、增长迅速,在全省对外贸易中的重要性不断增强。改革开放前,福建仅有少量的对外援建和入境旅游等服务贸易。改革开放后,服务贸易进入快车道。党的十八大以来,福建积极推动服务贸易自由化和便利化,服务贸易在对外贸易中的重要性不断增强。2018年,福建省服务贸易进出口总额204.01亿美元,进出口、出口、进口额均排在全国第七;厦门、福州进入"中国服务外包示范城市"先进行列;打造了一批信息技术服务、研发设计、物流供应链、飞机维修等重点领域示范园区,42家企业和4个项目分别被认定为国家文化出口重点企业和重点项目。特别是具有附加值高、价值链带动面广、资源消耗少等特点的游戏出口,已成为厦门市文化贸易的重要组成部分,也成为福建文化出口领军力量和离岸服务外包的新亮点。厦门的游戏产业已拥有重点企业支持、人才扶持等一系列比较完善的配套政策,这是福建服务贸易蓬勃发展的一个缩影。

其次是新兴服务业亮点纷呈,结构也不断优化。随着我国服务业转型升级和服务领域开放的持续深入,福建服务贸易中的电信、计算机和信息服务、知识产权使用费等知识密集型的新兴服务贸易加速发展,成为服务贸易快速发展的新增长点。2018年,全省服务贸易进出口总额中,维修服务、电信和计算机信息服务、管理咨询服务、知识产权服务、研发服务等新兴服务进出口同比增长23.56%;旅行、运输、建筑等传统服务进出口同比下降12.60%。可以说,福建对外贸易结构持续优化,从以货物贸易为主向货物贸易和服务贸易协调发展,从规模速度型向规模质量并重转变,从成本、价格优势向以技术、标准、品牌、服务为核心的综合竞争优势转变。

(四)民营外贸企业蓬勃发展

民营经济是福建省经济的最大特色和优势所在,2000年以前,福建对外贸易主体主要是外资企业和国有企业,加入世贸组织后,对外贸易经营权逐步放开,民营企业发展外贸的潜力被释放,民营外贸企业从无到有,迎来了蓬勃发展的大好机遇期。2002年,习近平同志首次提出"晋江经验",泉州地区逐步成为中国的"民办特区""品牌之都",形成"泉州模式"。2011年,福建私营企业出口已达434.9亿美元,占全省比重为46.8%,首次超过外资企业,成为福建第一大出口主体。据海关统计,2018年,福建省民营企业(包括集体企业、私营企业和个体工商户)累计进出口5 720亿元人民币,比上年(下同)增长6.1%;其中出口4 319.7亿元,增长7.6%,进口1 400.3亿元,增长1.9%。民营企业出口额占同期全省出口额的56.7%。

(五)市场多元化网络不断完善

遍布全球的多元化贸易格局逐步形成。新中国成立后,与福建省有贸易往来的国家不断增多,但改革开放以前,规模都很小。改革开放初期,福建对外贸易伙伴相对集中,欧盟、美国、日本和我国香港等市场货物进出口占总额的比重较高。加入世界贸易组织后,福建深化对国际市场的研究,不断开拓新市场,精心组织经贸推介活动,大力扶持各种展会,鼓励企业"走出去"建立营销机构,在巩固发展美国、欧盟、日本和我国香港等传统市场的同时,积极开拓新兴市场。与发展中国家贸易持续较快增长,份额显著提升。在我国"一带一路"倡议的推动下,福建与东盟及"一带一路"沿线国家外贸合作不断加强。2018年,福建对东盟出口1 296.7亿美元,占全省比重为17.0%。2017年,金砖厦门会晤后,福建与金砖国家贸易合作掀起热潮,当年对金砖国家进出口增长34.6%,占全省比重为7.8%,其中,出口增长55.9%,进口增长19.9%。2017年,全省出口的市场国别(地区)共226个,其中,出口5 000万美元以上的国家与地区共98个,出口1亿美元以上的国家与地区共76个,出口10亿美元以上的国家和地区28个。

二、利用外资水平不断提高,投资环境持续改善

(一)外资规模不断扩大

改革开放初期,外商对福建省的投资多属"投石问路"性质,项目数量不多,投资金额很小。1979—1983年,全省实际利用外资仅2 155万美元,且大多是海外侨胞投资的"三来一补"简单加工项目。40年来,福建充分发挥资源、劳动力等要素优势和海外侨胞众多的优势,成为国际直接投资的热土,利用外资规模不断扩大,外商直接投资成为福建推动经济发展和技术进步的重要力量。实际利用外资大幅增长。特别是加入世贸组织后,在我国市场准入承诺逐步兑现以及省内投资环境明显改善的效应下,福建利用外资大幅增长。历史可比口径,2001年全省实际利用外资为39亿美元,2010年上升为103亿美元,同比增长164%。验资口径,2010年全省新批外商投资项目1 139项,实际利用外资58亿美元,比2005年增长120%,2006—2010年年均增幅达17.3%;实际利用外资占全国的比重由2005年的4.33%上升到2010年的6.08%。2018年新设外商直接投资企业2 419家,

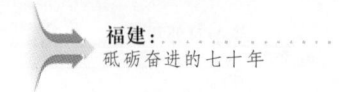

比上年增长 18.5%；实际利用外商直接投资 305.3 亿元（折 44.5 亿美元），增长 3.0%。同时，项目规模也在不断提升。1979—2017 年，外资项目平均合同额由 21 万美元增至 420 万美元，一批跨国公司在福建建立了生产基地和研发中心。

（二）利用外资结构优化

随着改革开放的不断深入和投资环境的不断改善，福建利用外资的规模和领域持续扩大，特别是 2001 年加入世贸组织以来，随着我国逐步放宽市场准入，福建积极优化投资环境，利用外资进入高速发展期，结构也不断优化。从投资领域来看，利用外资领域从"三来一补"简单加工逐步扩大到高新技术等产业，从最初的制造业扩展到信息、金融、批发零售、住宿餐饮等第三产业，质量逐步提升，第三产业已占据主导地位。1979—2017 年，三大产业吸收合同外资比例由 1979 年的 74.3%、9.5%、16.2% 调整为 2005 年的 5.5%、74.6%、19.9%，再到 2017 年的 1.4%、33.4%、65.2%。电子信息、石油化工、机械装备三大主导产业吸引外资能力提高，服务业利用外资比重提高。

（三）利用外资效应扩大

改革开放之初，福建外商投资主要来源于港澳地区，90 年代扩展到亚洲国家，随着对外开放的逐步深入和经济全球化的不断发展，外资来源地已遍及全球 200 多个国家和地区。至 2017 年底，世界 500 强在闽投资 204 个项目，投资总额 214.6 亿美元，合同外资 69.2 亿美元。吸引了包括美国的埃克森美孚、柯达、可口可乐、沃尔玛、戴尔、波音，德国的西门子、戴姆勒，英国的 BP（世界最大私营石油公司之一）、乐购、太古和日本的日立、丰田、三菱、富士通、住友、伊藤忠、丸红等一批重点外资骨干企业，带动形成了一批竞争力较强的产业集聚区。

（四）营商环境持续改善

营商环境是影响区域市场主体行为的一系列发展环境的综合，包括政治环境、经济环境、社会文化环境等因素，是市场与政府、社会相互作用的结果。良好的营商环境不仅是一个国家和地区经济软实力的重要体现,也是提高综合竞争力的重要内容。根据世界银行发布的《营商环境报告》,我国营商环境在全球190个经济体中的排名由2013年的第96位跃升至2018年的第46位,其中2018年位列营商环境改善幅度全球前十,首次进入排名前五十的经济体之列。

营商环境是福建改革开放以来大力改善的重要领域,是吸引外资的重要抓手。随着近年来我国经济发展面临的不确定性因素增多,稳投资、稳预期至关重要。对企业来说,就是要有稳定、公平、透明、可预期的营商环境,这样才能更大激发活力和创造力。党的十八大以来,福建不断优化营商环境,在服务功能上做加法、在流程环节上做减法,随着政务服务水平不断提升,简政放权持续深化,外资市场准入大幅放宽,着力打造法治化、国际化、便利化的一流营商环境,市场活力明显增强。普华永道中国联合数联铭品、财新智库和新经济发展研究院发布的《2018中国城市营商环境质量报告》中,福建厦门和福州两个城市的营商环境质量指数进入前30名。此报告运用大数据技术和人工智能算法构建"营商环境质量指数",对全国主要城市营商环境质量进行量化分析和排名,直接评估城市营商环境建设成效,从排名情况来看,深圳、北京、上海指数排名居前3位,其中厦门排第18位、福州排第20位。在指数的变化上看,2017—2018年指数排名提升最为迅速的十个城市中,厦门市、镇江市和济宁市等八个城市指数均得到大幅提升,其中厦门排名上升了12位,福州上升了1位。

三、开放力度不断加大,改革创新持续推进

福建自贸区彰显改革开放试验田引领作用,对外开放举措不断有新突破。中国(福建)自由贸易试验区于2014年12月经国家批准设立,2015年4月挂牌运行。实施范围118.04平方公里,涵盖福州、厦门、平潭三个片区,其中福州片区31.26平方公里,厦门片区43.78平方公里,平潭片区43平方公里。建设目标为打造开放和创新融为一体的综合改革试验区、深化两岸经济合作示范区和面向21世纪海上丝绸之路沿线国家和地区开放合作新高地。

截至2018年底,总体方案确定的186项重点试验任务,179项已实施并取得初步成效。深化方案确定的136项重点试验任务,已实施或部分实施115项,实施率达84.6%。累计新增企业7.5万户、注册资本1.7万亿元人民币,分别是挂牌前的4.9倍和7.7倍,集聚效应明显。其中累计新增外资企业3 761家,合同外资270.7亿美元,分别占全省同期的46.2%、46.8%。2018年,福建自贸试验区进出口额1 773亿元人民币,同比增长8.2%,以不到全省千分之一的面积,贡献了全省七分之一的进出口额。培育发展了物联网、融资租赁、跨境电商等一批新业态新平台,自贸试验区溢出效应逐步显现。

(一)放管服改革深入推进

一是审批权限能放尽量放。三个片区通过设立综合服务大厅,优化整合,有效承接下放的审批事项,基本实现企业办事不出区。二是政务服务一网通办。推进"一趟不用跑"和"最多跑一趟",推行网上审批、智能审批,实现"一号申请、一窗受理、一网通办",让企业享受到更加便捷高效的政务服务,让企业办事像网购一样方便。三是营造优良营商环境。从企业开办、施工许可等方面提出具体的改革目标、任务和措施,形成改革任务清单,着力打造法治化、国际化、便利化的一流营商环境。2018年8月,国家发展改革委对全国22个城市营商环境的试评估结果显示,厦门市营商环境仅次于北京,排名全国第二,参照世界银行最新的营商环境评估指标体系和评估方法,福建省2018年度营商环境模拟排名全球第61位(2017年模拟排名全球第70位)。

(二)改革创新系统集成不断完善

一是深入推进商事集成化改革。2018年已实现"三证合一",为全国"多证合一"改革提供了经验。在重点环节推行"一表申报、一口受理、一照一码、一章审批、印章即刻"等服务模式,实施全程电子化登记,进一步方便了企业。二是深化投资项目审批全流程改革。深入推进平潭投资体制改革"四个一"和福州、厦门"多规合一"投资项目审批改革,建立"五个一"(一张蓝图统筹项目实施、一个系统实施统一管理、一个窗口提供综合服务、一张表单整合申报材料、一套机制规范审批运行)工作机制,实现工程项目审批标准化、集成化。三是完善国际贸易"单一窗口"功能。2018年,"单一窗口"累计注册用户6万余家,货物、船舶实现100%在单一窗口申报,超额完成国家口岸管理办公室要求覆盖面达到70%的目标。四是促进跨境贸易提效降费。截至2018年12月,福建省进出口整体通关时间分别压缩至40.4小时和5.1小时,压缩比为63.30%和75.09%。

(三)创新成果复制推广迅速

福建自贸试验区自挂牌以来,到2018年底累计推出实施创新举措339项,其中全国首创118项,对台先行先试74项,基本形成具有福建特色、对台先行的制度创新体系。在创新成果复制推广方面,坚持边试点、边总结、边评估、边推广,不断提升改革实效。坚持开展第三方评估和企业实施效果测评相结合,委托毕马威公司开展创新举措原创性、实施成效和可复制推广性评估,委托国研中心外经部、商务部研究院、福建师大自贸区研究院开展年度总体效果评估,委托专业市场调查公司,通过发放无记名问卷和召开企业座谈会的方式,先后五次调查了4000多家企业。针对评估和测评中发现的问题,及时组织研究整改。截至2018年底,已有6批136项创新成果由省政府发文在全省复制推广,商事登记"一照一码"、国际贸易"单一窗口"等32项创新成果在全国复制推广或学习借鉴。

(四)两岸融合发展持续推进

一是实施同等待遇。医疗、旅游、文化、电子商务等50多个领域率先对台开放,台资企业在科研项目和科研平台申报及评定、财政资金申请等方面享受与福建企业同等待遇。截至2018年底,区内新增台资企业2252家、合同台资62.05亿美元,占全省同期49.8%和47.7%。已吸引近2000位台胞创业就业,聘请28位台湾专业人士担任片区管委会中高层管理职务,聘请43位台湾村里长担任村委会或社区居委会执行主任,厦航已有164名台湾空乘,同时,聘请50多位台湾地区仲裁员,为两岸经贸合作争端友好解决发挥作用。二是建立最便利的台湾商品通关模式。实现两岸检验检疫监管信息互换,简化了《海峡两岸经济合作框架协议》(简称ECFA)、《内地与香

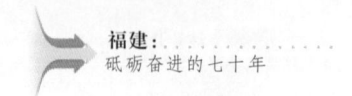

港关于建立更紧密经贸关系的安排》(简称 CEPA)中对货物进口原产地证书提交的要求,对原产于台湾的小家电、白酒等消费品采信台湾检测机构出具的检测结果,不断扩大对进口台湾商品实施"源头管理、快速验放"的种类,实现货物快速通关。50%的台湾食品、80%的台湾水果通过厦门口岸进入大陆。三是稳步推进对台金融开放。福州、平潭片区获批实施台资企业资本结汇便利化试点,首家两岸合资公募基金管理公司圆信永丰基金顺利运营,海峡股权交易中心、厦门两岸股权交易中心获批设立"台资板"。已有23家台湾地区的银行机构在厦门开立 39 个人民币代理清算账户,清算金额 1 107 亿元。全国首创的台企台胞征信查询业务,已办理逾 200 笔台企台胞信用记录查询,发放贷款近亿元人民币,为跨境征信查询提供了样本。

(五)风险防控继续加强

一是制定全国首张风险防控清单。明确了 55 个风险点、88 条防控措施,提高风险防范精准度。二是实行告知承诺制。公布权利清单、审批清单、负面清单、事中事后监管措施"三清单一措施",建立跨部门、跨领域、跨区域综合执法协作联动机制。三是率先建成国家企业信用信息公示系统(福建),政府部门涉企信息、企业公示信息、近 3 年行政处罚信息和失信信息归集率都达到 100%,成为部门间安全共享和联动监管的主平台。四是试行信用良好企业不举不查等信用分类监管制度。对信用良好企业除涉及举报投诉、案件线索、大数据监测发现问题外,两年内不对其实施"双随机"抽查等检查。

四、对外投资合作更趋成熟,双向开放迈向更高水平

(一)"引进来""走出去"相结合

新中国成立后到改革开放之前,福建无论是吸引外商投资还是对外直接投资都处于非常低的水平。20 世纪五六十年代,我国对外投资主要是带有国际援助性质的经济交流,没有资本的双向流动。改革开放后,我国明确了"出国办企业"的经济改革措施,但对外投资规模较小,主要是少数企业在

国外设立代表处或开办企业。改革开放之后,从1980年福建省向香港有关船务公司提供首批普通海员,开始了对外劳务合作,到2002年党的十六大明确提出"走出去"战略,福建对外开放进入"引进来"和"走出去"并重阶段,再到2015年被确定为21世纪海上丝绸之路核心区,到2017年厦门成功承办金砖国家领导人厦门会晤,福建双向开放逐步迈向更高的水平。

2001年,福建省新批境外投资企业20家,协议金额1 042万美元。加入世贸组织后,随着对外贸易的增长以及国外投资限制的相对放宽,福建对外经济合作也出现快速增长的势头。2010年,全省新批境外投资企业207家(含17家境外机构),协议投资总额14.20亿美元,中方协议投资额8.14亿美元,分别比2005年增长213%、1 250%、1 412%,2006—2010年年均增长率分别达到126%、168%、172%。2018年,全省全年备案对外投资项目246个,同比增长66.2%,中方协议投资额55.20亿美元,同比增长57.0%。实际对外投资28.40亿美元,同比增长70.5%,增速仍是非常可观,在全国排名由上年的第13位提升为第8位。

福建实施"走出去"战略的过程中,经历了从无到有、从小到大、从发展壮大到遭遇困难、再从走出困境到稳步发展的创业历程。尤其是进入21世纪以来,随着经济全球化进程的加快,福建对外投资呈加快发展势头,有力地推动了福建有实力的企业在全球范围优化组合配置资源,提高生产要素的利用率,提升了福建省开放型经济水平,推动福建外经贸发展模式实现从"引进来"到与"走出去"相结合的方向转变。

(二)对外投资质量明显提升

当前,福建对外投资更趋成熟和理性,质量明显提升,结构进一步优化、领域日益扩大,涉及贸易、生产加工、资源开发、服务业等诸多领域。2018年,福建实际对外投资28.40亿美元,同比增长70.5%。对外投资结构方面,大项目和并购类项目带动作用明显,备案投资额1亿美元以上项目10个,投资额40.55亿美元,占全省投资额的73.5%;备案并购类项目47个,投资额39.10亿美元,涉及电力、建筑、软件、批发、轻纺等14个行业。

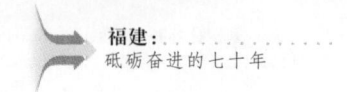

(三)积极融入"一带一路"建设

福建是古代海上丝绸之路的重要起点和发祥地。作为联合国教科文组织认定的"海丝"起点,泉州既是宋元时期"海丝"的主港,又是当时人们公认的"东方第一大港"。2013年,国家主席习近平提出建设"新丝绸之路经济带"和"21世纪海上丝绸之路"的合作倡议。2015年,国务院授权国家发展改革委、外交部、商务部发布《推动共建丝绸之路经济带和21世纪海上丝绸之路的愿景与行动》,明确提出支持福建建设21世纪海上丝绸之路核心区。福建抢抓机遇,围绕"一带一路"和"海丝"核心区建设,推进互联互通、促进产能合作、加强人文交流,以国际产能合作为重点,推动对外投资实现高质量增长。2018年对"一带一路"沿线投资项目70个,项目数较上年增长125.8%,投资额12.1亿美元。其中,投资"海丝"沿线项目65个,投资额7.3亿美元。同时,境外经贸合作区建设加快。截至2018年底,全省共有9家境外经贸合作区纳入商务部统计,分布越南、印尼、毛里塔尼亚等8个国家,这9家合作区面积达20.3平方公里,累计投资7.3亿美元,入区企业共26家,产值8.4亿美元,上缴东道国税费累计2 348万美元,吸纳就业3 893人。

福建自贸区在加强与"海丝"沿线国家及地区的交流合作上也发挥了重要作用。截至2018年底,福建已开通"海丝"航线65条,成立国内首个以航运为主题的"一带一路"国际综合物流服务品牌和平台——"丝路海运",率先开行"丝路海运"航线,首批16条航线覆盖东南亚、中东、印巴、非洲等地区及俄罗斯,将被努力打造成为与海丝沿线国家及地区共商共建共享的国际经贸文化交流新平台、新标杆。台闽欧班列已形成6条常态化线路,累计发运404列、货值70.5亿元人民币,吸引了台湾地区、东南亚国家和地区货物通过班列中转运往欧洲或中亚12个国家30多个城市,形成跨越海峡、横贯欧亚的国际物流新通道,实现了"海丝"与"陆丝"的有效对接。

本章小结

中华人民共和国成立以来,福建对外开放走过了波澜壮阔的70年。作为中国最早实施对外开放政策的省份之一,福建坐拥台、侨、特、海等多重优势,对外贸易迅猛发展,利用外资水平不断提高,开放举措持续突破、对外投资合作更趋成熟。回顾这70年,福建从封闭半封闭迈向全方位对外开放,发生了巨大的可喜变化。

一是由"外资企业＋加工贸易"向"民营企业＋一般贸易"转变。

中华人民共和国成立后到改革开放之初,福建出口商品以初级产品为主。1979年获批实行"特殊政策、灵活措施"以来,福建积极扩大对外开放,凭借独特的台、侨、特、海等多重优势以及廉价劳动力等低生产成本吸引了大量外资企业和港澳台资本投资福建,外资企业成为全省经济建设的主力军,为福建对外贸易升级做出了重要贡献。1985年,工业制成品出口比重首次超过初级产品,福建出口实现了由初级产品为主向工业制成品为主的转变,此后逐年迅速上升,至2018年,工业制成品出口占全省出口总额的比重为90％左右,占据了绝对主导地位。就贸易方式来说,20世纪八九十年代,大部分外资企业采取"境外接单,大陆生产,香港转口,境外销售"的"两头在外"的经营模式。加工贸易作为当时福建主要贸易方式,占进出口总额的比重一度超过50％,有力促进了这一阶段货物贸易的发展。

以2001年我国加入世界贸易组织为分水岭,对外贸易进入新阶段,民营外贸企业开始蓬勃发展,一般贸易比重也不断上升。2000年以前,福建对外贸易主体主要是外资企业和国有企业,加入WTO后,对外贸易经营权逐步放开,民营企业发展外贸的潜力被释放,民营外贸企业从无到有,迎来了蓬勃发展的大好机遇期。2002年,习近平同志首次提出"晋江经验",泉州地区逐步成为中国的"民办特区""品牌之都",形成"泉州模式"。2011年,福建民营企业出口已达434.90亿美元,占全省比重为46.8％,首次超过外资企业,成为福建第一大出口主体。2018年,福建省民营企业进出口已占同期福建省外贸总值的50％以上。加入世贸组织后主要贸易大国对我国歧视性贸易限制的逐步取消,使福建省有比较优势的产品出口快速增长,利用外资领域也从"三来一补"简单加工逐步扩大到高新技术等产业,带动福建加快产业结构转型升级。民营企业在与外企的合作与竞争中快速成长起来,特别是党的十八大以来,福建不断提高在全球产业链中的地位,一般贸易占比迅速提升,一般贸易出口和进口所占比重分别由2001年的48.5％和34.7％提高到2018年的72.4％和72.2％,由以出口为导向转变

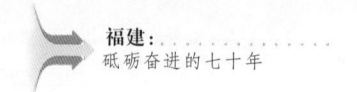

为出口和进口渐渐趋向均衡并重。

二是从货物贸易为主向货物和服务贸易共同发展转变。

服务贸易是新经济新业态的重要载体,优先发展服务贸易是促进经济转型升级和高质量发展的重要举措。改革开放前,福建仅有少量的入境旅游等服务贸易。改革开放后,服务贸易进入快车道。党的十八大以来,福建积极推动服务贸易自由化和便利化,服务贸易在对外贸易中的重要性不断增强。为了构建全省服务贸易发展良好市场环境,福建出台了《关于加快促进服务贸易发展行动计划(2016—2018)》等措施,大力促进服务贸易规模发展、结构优化、质量提升。2018年,福建省服务贸易进出口总额204.01亿美元,进出口、出口、进口额均排在全国第七;厦门、福州进入"中国服务外包示范城市"先进行列;打造了一批信息技术服务、研发设计、物流供应链、飞机维修等重点领域示范园区,42家企业和4个项目分别被认定为国家文化出口重点企业和重点项目。

同时,新兴服务业亮点纷呈,结构也不断优化。随着我国服务业转型升级和服务领域开放的持续深入,福建服务贸易中的电信、计算机和信息服务、知识产权使用费等知识密集型的新兴服务贸易加速发展,成为服务贸易快速发展的新增长点。2018年全省服务贸易进出口总额中,维修服务、电信和计算机信息服务、管理咨询服务、知识产权服务、研发服务等新兴服务进出口同比增长23.56%;旅行、运输、建筑等传统服务进出口同比下降12.60%。可以说,福建对外贸易结构持续优化,从以货物贸易为主向货物贸易和服务贸易协调发展,从以规模速度型向规模质量并重转变,从成本、价格优势向以技术、标准、品牌、服务为核心的综合竞争优势转变。

三是从"引进来"为主向"'引进来'与'走出去'"并重转变。

新中国成立后到改革开放之前,福建无论是吸引外商投资还是对外直接投资都处于非常低的水平。改革开放之后,随着我国对外开放政策的实施,福建引进和利用外资迈出了坚实的步伐。从1980年起,福建省向香港有关船务公司提供首批普通海员,开始了对外劳务合作,到2002年党的十六大明确提出"走出去"战略,福建对外开放进入"引进来"和"走出去"并重阶段,再到2015年被确定为21世纪海上丝绸之路核心区,到2017年厦门成功承办金砖国家领导人厦门会晤,福建双向开放逐步迈向更高的水平。

2001年,福建省新批境外投资企业20家,协议金额1 042万美元。加入世贸组织后,随着对外贸易的增长以及国外投资限制的相对放宽,福建鼓励有实力的企业"走出去",通过兼并收购或直接设厂的方式进行对外直接投资,嵌入全球价值链的高端环节,对外经济合作出现稳步增长的势头。2010年,全省新批境外投资企业207家(含17家境外机构),协议投资总额14.20亿美元,中方协议投资额8.14亿美元,分别比2005年增长213%、1 250%、1 412%,2006—2010年年均增长率分别达到126%、168%、172%。2018年,全省全年备案对外投资项目246个,中方协议投资额55.20亿美元,实际对外投资28.40亿美元,在全国排名由上年的第13位提升为第8位。对外投资结构方面,大项目和并购类项目带动作用明显,备案投资额1亿美元以上项目10个,投资额40.55亿美元,占全省投资额的73.5%;备案并购类项目47个,投资额39.10亿美元,涉及电力、建筑、软件、批发、轻纺等14个行业。

随着"一带一路"倡议的提出,2015年国务院授权国家发展改革委、外交部、商务部发布《推动共建丝绸之路经济带和21世纪海上丝绸之路的愿景与行动》,明确提出支持福建建设21世纪海上丝绸之路核心区。福建抢抓机遇,围绕"一带一路"和"海丝"核心区建设,推进互联互通,促进产能合作,加强人文交流,以国际产能合作为重点,推动对外投资实现高质量增长。2018年对"一带一路"沿线投资项目70个,项目数较上年增长125.8%,投资额12.1亿美元。其中,投资"海丝"沿线项目65个,投资额7.3亿美元。同时,境外经贸合作区建设加快。截至2018年底,全省共有9家境外经贸合作区纳入商务部统计,分布越南、印尼、毛里塔尼亚等8个国家,这9家合作区面积达20.3平方公里,累计投资7.3亿美元,入区企业共26家、产值8.4亿美元,上缴东道国税费累计2 348万美元,吸纳就业3 893人。

福建实施"走出去"战略的过程中,经历了从无到有、从小到大,再到稳步发展的创业历程。当前中国人均国民生产总值超过8 000美元,福建人均国民生产总值超过10 000美元,对外开放已经进入"走出去"大于"引进来"的阶段。福建对外投资呈加快发展势头,有力地推动了福建有实力的企业在全球范围优化组合配置资源,提高生产要素的利用率,提升了福建省开放型经济水平,推动福建外经贸发展模式实现从"引进来"到与"走出去"相

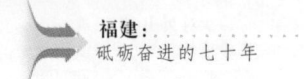

结合的转变。

改革开放以来,特别是党的十八大以来,我国之所以能够创造经济奇迹,关键在于通过不断深化改革、扩大开放,从而释放出经济增长的新动能,促进了经济的持续快速健康发展。当前,随着中国特色社会主义进入了新时代,经济发展也进入了新时代,我们将坚定不移推进新一轮高水平对外开放。2018年3月美国挑起中美贸易战以来,国际形势波诡云谲,挑战与机遇并存,福建必须继续抓住重要战略机遇期,积极探索创新,力争在建设开放型经济新体制上走在前头,努力在全方位开放新格局中实现更高水平、更高质量的发展。福建简称"闽",外面是一个"门"字,这个"门"是开放之门、机遇之门、合作之门、希望之门,期待这个门打得更开、开得更好,在高水平对外开放中不断开辟发展新天地。

第五章

对台交流：
从两岸分隔迈向经济社会融合

福建：砥砺奋进的70年

第五章 对台交流：从两岸分隔迈向经济社会融合

对台交流是指大陆同台湾地区之间的政治经济文化交往与合作。台湾自古以来就是中国的领土，台湾问题是中国内战遗留下来的一个历史问题。中华人民共和国成立以来，海峡两岸一直处于分离的状态，改革开放之后，海峡两岸交流与合作的大门正式打开，经济与文化的交往日益密切。福建已成为两岸融合发展的先行先试和贯彻实施"和平统一、一国两制"的前沿地区。

福建与台湾"一衣带水"，地缘相近、血缘相亲、文缘相承、商缘相连、法缘相循，具有对台交往的独特优势。一是地缘相近。福建是大陆距离台湾最近的省份，相距宽度不到200千米，狭处只有130千米。"福州鸡鸣，基隆可听"这句谚语，说明了台湾和福建有"不可分离，难舍同枕"的地缘。二是血缘相亲。台湾80％的民众祖籍福建，闽籍移民到台湾后，通过修族谱、建宗祠、以祖籍地名作为在台定居的名称等方式激励子孙勿忘故土。三是文缘相承。闽南文化、客家文化、妈祖文化等在台湾有着广泛影响，每年有大批台湾同胞来闽朝拜祈福、寻根谒祖。四是商缘相连。闽台商贸往来历来密切，即便在20世纪六七十年代，也是"人不通船通，商不通货通"。现在，台湾是福建最重要的经贸伙伴之一。五是法缘相循。从宋朝在台湾设立行政机构到1885年台湾单独建省之前，台湾一直归福建管辖，1885年台湾建省，仍称"福建台湾省"，依然同福建保持着教育、行政、财政等方面的关系。

1949年，国民党退踞台湾，海峡两岸政治对峙，闽台交往基本中断。1978年，党的十一届三中全会拉开改革开放的序幕，也打开了海峡两岸交流与合作的大门。40多年来，福建省先行先试，创下了多项"率先"：率先引进首家台资企业；率先开通"小三通"；率先设立国家级台商投资区、台湾农民创业园、海峡两岸农业合作试验区、台湾青年创业就业基地；率先开创两岸合办企业家峰会模式；率先为台胞开展金融授信试点；等等。对台合作取得了令人瞩目的成就。

第一节　中华人民共和国成立后闽台交流合作历史进程

从中华人民共和国成立到改革开放之前，海峡两岸政治对峙，闽台之间

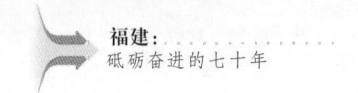

的往来基本中断。1979年元旦,全国人大常委会发表《告台湾同胞书》,正式开启了海峡两岸交流与合作的大门。改革开放以来闽台交流的发展历程,大致可分为复苏起步、全面展开、拓展延伸、全面提升四个阶段。

一、复苏起步阶段(1979—1987年)

改革开放初期,闽台经贸交流主要方式是经香港转口贸易、民间小额直接贸易和台商试探性投资。1981年,全国人大常委会委员长叶剑英发表谈话,呼吁两岸实行"三通"(通航、通邮、通商),并提出"欢迎台湾工商界人士回祖国大陆投资,兴办各种经济事业,保证其合法权益和利润"。福建率先对台湾提供多种优惠,并自1981年起开放霞浦的三沙、平潭的东澳、惠安的崇武、东山的铜陵等4个口岸为台船停泊点,供台商上岸交易;还陆续设立"台湾渔民接待站",方便台胞往来。由于台湾当局坚持"三不"政策,改革开放初期两岸主要是通过香港等中转地进行间接贸易,至1985年两岸经香港转口贸易额突破10亿美元大关,达11.03亿美元,其中闽台贸易额达2.63亿美元,占两岸贸易额的23.8%。

与此同时,民间小额直接贸易在闽台渔民间自发进行。一种是两岸沿海渔民、私商利用特有的人缘、地缘关系,沿袭历史上形成的以物易物、互通有无的方式,逐步发展起来的单一、小额的商品交换,被人们称为"民间小额贸易";另一种是台湾渔民和商人到大陆沿海指定口岸与地方性对台贸易专业公司直接进行的商品交换,带有半官方贸易的性质。据估计,从1979年至1981年的三年间,仅福建东山县台湾渔民接待站就先后接待了来自澎湖、金门、台南、基隆、高雄等8县市的渔船、商船212艘,台胞1400多人次,两岸民间小额交易共计3 000多万美元。1982年,福建省政府制定了《福建省对台贸易管理试行办法》,并在沿海口岸北至福鼎,南至诏安,先后开放19个台船停泊点,设立17个对台贸易公司,对闽台民间交易加以因势利导,把海上民间交易逐步引导到岸上,发展为半公开化的闽台直接交易。1984年9月至1986年9月两年间,闽台小额直接贸易额达2.51亿美元,其中闽货输台5 364万美元,台货输闽1.97亿美元。通过小额直接贸易,台湾工商业了解到福建社会经济状况和投资环境;特别是1979年福建实行"特殊政策、灵活措施",1980年开设厦门经济特区之后,又陆续开放福州等沿海部分县市及开辟闽南厦漳泉三角地区为对外开放区,对台湾工商界人士产生了强烈的吸引力。由于该时期两岸政治关系紧张,台湾当局对两岸经贸合作严格限制,更未开放台商投资大陆,因此一部分台湾中小企业家采取以第三地区隐蔽的方式和迂回的途径,开始涉足福建沿海"投石问路",从而出现了以贸易为主和试探性投资的闽台经济合作新局面。到1987年底,全省累计批准台资企业42家,合同金额2 717万美元。

这一起步阶段的主要特点,一是采取单个、间接隐蔽的形式,带有明显的试探性质。台商一般通过在新加坡、泰国及香港地区等第三地设立子公司,以港资或侨资的形式到福建进行间接投资。二是投资行业单一且低层次。台商利用福建的优惠政策及劳动力低廉的资源,将在台湾部分加工层次较低的产业转移到大陆,基本集中于劳动密集型产业,如纺织成衣、小五金、雨伞、鞋、玩具、运动器材、水产养殖、饲料加工等投资期短、见效快的产业。三是产品以出口为主且投资表现出短期行为。大部分台商采取"台湾接单,大陆生产,香港转口,海外销售"的"两头在外"的经营模式,平均外销比达85%,投资一般只有几年,最多不超过10年。尽管这种初始投资规模小,分别仅占同期全省吸收境外来资合作项目和金额的5.67%和4.76%,而且较为分散,技术水平低,但对于吸引台商源源不断前来大陆投资起着"探路"的积极作用。

在文化交流方面,改革开放初期,台胞辗转来闽参加传统文化活动,但当时这种交流活动单向且规模小。1979年元旦,《告台湾同胞书》在海峡两岸产生了强烈的反响,当年便有52位台湾同胞通过各种途径,冲破台湾当局"三不"政策的阻挠,辗转到福建探亲旅游,揭开了新时期闽台人员交往的序幕。这期间,有关闽台文化交流的活动处于秘密进行的起步阶段,影响较大的是1982年泉州市组织富有闽南传统地方特色的南音演唱、花灯盛会和戏剧以及特色浓厚的"踩街"(化装游行)等群众性的文艺活动。一些台湾同胞闻讯后,辗转经港澳或绕道东南亚来闽赴会参加演唱,开启了新时期闽台文化交流的先河。1987年9月,台湾《自立晚报》记者李永得、徐璐到厦门、东山等地采访,标志着闽台新闻交流的开始。

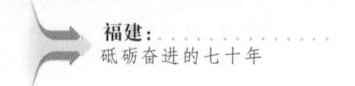

二、全面展开阶段(1987—2000年)

1987年7月,台湾当局允许台商对外投资,为台商间接投资福建创造了条件;1987年11月,台湾当局在岛内外的强大压力下,宣布解除长达38年之久的"戒严令"和开放部分民众赴大陆探亲,并逐步开放部分间接进口的大陆农工产品。1990年全省对台贸易额较上年增长46.1%,比同期全省外贸进出口总额增长约高10个百分点。来福建探亲观光的台胞,1986年仅约8700人次,而开放探亲后至1989年6月猛增到20万人次左右。台胞通过探亲观光,增加了两岸之间的相互了解。许多台湾工商界人士借探亲、旅游之名,开始涌进福建各地考察投资环境,选择投资地点。为更有效地吸引台资,1988年7月国务院颁布《关于鼓励台湾同胞投资的规定》(简称"22条"),要求保障台商在大陆投资的合法权益,简化投资审批手续,并在税收等方面给予较大的优惠。同时,福建省政府陆续制定了《福建省台胞投资企业登记管理办法》《福建省台湾同胞投资企业劳动管理规定》《台湾同胞来往福建管理办法》等一系列鼓励和保护台商投资的政策、法规。1989年,厦门杏林、海沧和福州马尾等地设立了台商投资区,以进一步发挥福建对台优势,加快吸收台资步伐。在两岸政策互动下,台商对闽投资活动由秘密趋向公开化、合法化,于是,福建逐渐成为台胞在大陆投资的热点和中心。1990年全省批准台商投资项目380项,合同金额4.6亿美元,分别比1987年增长5.55倍和10.56倍,约占台商在大陆投资总额的1/3,分别占全省吸引境外投资项目和合同金额的36.4%和39.6%,台资成为福建吸引境外投资中仅次于港资的第二大来源。

1992年邓小平发表南方谈话后,全国掀起了新一波的改革与发展浪潮,我国投资环境逐步与国际接轨,吸引外商投资的政策法规也逐渐成套和规范。这一时期也是两岸关系较为平稳的时期,台湾当局采取了一些较为积极的开放与规范政策,于是台商在福建的投资规模日益扩大,带动了闽台贸易全方位的交流与合作。1994年3月,《中华人民共和国台胞投资保护法》颁布后,福建省相应制定了《保护法实施办法》及其他一系列地方性涉台法规。这个阶段,台商在福建投资出现了新的突破性的进展,进一步带动了贸易、农业开发、劳务合作等领域的全面交流和合作,且各具特色。其中,台商在福建投资额1994年为9.95亿美元,到1995年已达18.10亿美元,增加了近一倍,1996年更是达到了22.20亿美元。然而1995年以后两岸关系再度紧张,台湾当局严格限制大企业、高科技产业对福建投资,1997年又重启经济"南向政策",意图将台资引向东南亚,降低台商对大陆的投资力度,降低经济上对大陆的依赖。受岛内投资环境恶化和亚洲金融危机的影响,加上长三角和珠三角的虹吸效应,福建区域竞争力相对不强等原因,台商对闽的投资力度出现了波动下滑的趋势,将近十年的时间里,合同金额和单项投资规模双双下降。福建在台商以资本与技术密集型产业为主导的新一轮投资大陆区域布局中被冷落。据统计,20世纪90年代中期以来,台商对福建的投资占全部大陆投资的份额锐减,由1991年的32.13%下降到2000年的3.82%,9年间下降了28个百分点。

1997年,福州、厦门港被指定为两岸直航试点港口并正式启动试点直航,结束了两岸48年来没有商船直接往来的历史。截至2000年初,闽台共直航4 000多航次,运送的集装箱货物达80万标准箱。福建输台渔工数达131 677人次,合同金额9 000多万美元。2000年12月,闽台"小三通"开始启动,每年有百余万民众经"小三通"往返探亲、旅游、经商,便捷性日趋凸显,经贸交流热度逐渐回升。到2000年底,全省累计批准台商投资企业增至6 296家,占大陆累计批准台资企业项目数的13.38%;合同金额116.87亿美元,占大陆合同台资金额的24%;实际到资84.14亿美元,占大陆实际利用台资的31.93%。

在两岸贸易方面,由于闽台之间具有不可取代的区位优势,加上有关部门为闽台贸易的发展创造各种便利条件和优惠政策,福建对台贸易取得了前所未有的发展,1992—1997年闽台贸易累计额是1979—1991年累计额的4.4倍多,截至2000年底,累计对台贸易金额达219.36亿美元。台湾持续10多年成为福建仅次于香港的第二大贸易伙伴。贸易的形式也更加灵活多变,有间接转口贸易、海上直接小额贸易、易货贸易等。

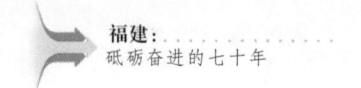

三、拓展延伸阶段(2000—2008年)

2000年闽台实现"小三通",福建沿海地区与金门、马祖、澎湖地区直接往来开始实施。"小三通"航线以其省时、省钱、便捷的优势,吸引越来越多的两岸同胞循此往来,客流量逐年倍增。"小三通"将闽台从咫尺天涯变成天涯咫尺,每年有百余万民众经"小三通"往返探亲、旅游、经商,交往交流方便又快捷,闽台文化交流进一步拓展延伸。在这一阶段,相关研究机构不断涌现,艺术科研交流全面扩展;福建与金门、马祖两地的演出交流也日益频繁,基本达到每个月都有艺术表演团组在金门、马祖演出;闽台间双向互动的民间文化交流活动日渐增多,闽台文化遗产资源和民俗宗亲优势不断深入挖掘,闽台文化交流内涵不断深化,闽南文化、客家文化、妈祖文化、船政文化、朱子文化等闽台地域特色文化资源不断创新展示,特别是妈祖文化、客家文化、关帝文化和陈靖姑文化的交流更是热络,在台湾掀起了一次又一次大陆寻根文化热潮,形成文化交流新热点;闽台双向合作交流团组的数量与规模与年俱增,拓宽了闽台文化交流合作的良好格局。据统计,每年都有30万～40万台胞来闽探亲访祖、寻根旅游、朝拜进香。而福建省各宫庙,每年接待台湾晋香朝圣团约1 000团组20多万人次。自2007年起,福建省先后组织了21批"福建文化宝岛行"赴岛交流项目,共涉及33个院团(组)逾2 000人入岛交流,屡创大陆赴台交流组团规模新高和开交流区域先河。

加入WTO后,闽台两地的贸易开始迅猛增速。根据世贸组织的协议,大陆、台湾必须互相开放市场,降低关税,台湾对大陆不能再完全封闭。2002年,台湾当局制定了"WTO两岸经济与贸易政策调整执行计划",开始建立以"积极开放,有效管理"为核心的主动、积极的两岸经贸关系,如采取两岸适度扩大开放大陆物品进口,取消两岸贸易买或卖方必须为第三地业者的限制,开放台湾的金融机构赴大陆设立办事处等便利措施。于是台商对福建投资再次出现热潮,据统计,2000—2002年福建累计批准台资投资项目合计2 131个,协议台资金额17.3亿美元,实际投资9.9亿美元,分别占历年台商投资总数的四成左右;据台湾方面统计,这三年台商对福建投资达9.5亿美元,占台商对福建累计投资总额38.6亿美元的38.8%。在经历了1997—2004年的低谷期后,从2005年开始,台商对闽投资又有了较快发展,台商在闽的投资领域越来越广,规模日益增大,科技含量不断提高,台商投资的产业链已经初步形成,整体形势越来越好,台商投资福建进入延伸拓展的重要阶段。

2002年7月,经国务院批准,福建省增开泉州港为对台通航港口,启动泉州港与金门、澎湖之间的直接往来;同年10月,经交通部批准,启动马尾—马祖之间的货物贸易海上直航,同时祖国大陆银行与台湾岛内商业银行之间贸易结算方式也取得了突破,两岸贸易真正实现了"船、货、钱三直达"。作为福建特色的对台小额贸易是闽台贸易的重要组成内容,据福州海关统计,2006年福建省对台小额贸易额达4 155万美元,比上年同期增长18.7%。其中,福建省自台湾小额贸易进口商品主要为农产品和机电产品,两者合计占同期福建省对台小额贸易进口总额的40%以上。福建出口台湾的主要是水海产品,占同期福建省对台小额贸易出口总额的90%以上。2006年10月,海关总署与福建省政府签订了《关于加快海峡西岸经济区建设合作备忘录》,提出"服务对台大局、允许先行先试、坚持务求实效"三项原则,推动闽台经贸的发展。随着两岸贸易环境日益优化,闽台经贸合作逐步向纵深发展,产业对接逐步呈现新局面。自2001年闽台实施"小三通"以来,两岸进出口贸易往来不断密切,除2008年因金融危机爆发,闽台贸易额有所减少外,整体保持上升趋势。

四、全面提升阶段(2008年至今)

2008年以来,两岸关系朝着和平发展的方向迈进。福建率先开通两岸空中直航、海上货运直航、客滚运输,突进两岸直接双向"三通"。首条横跨台湾海峡、大陆直达台湾本岛的"海峡光缆1号"开通,两岸开启通信直航新时代,福建成为两岸直接双向"三通"的主要通道。2011年11月30日,由台湾华冈船务代理股份有限公司和福建国航远洋运输(集团)平潭综合实验区管委会共同出资经营管理的平潭海峡高速客滚直航公司所属"海峡号"从平潭起航,历时2.5个小时顺利抵达台中,共同建立起两岸成本最低效率最高的海上快捷通道。平潭向成为两岸"共同家园"和"台湾民众的第二生活

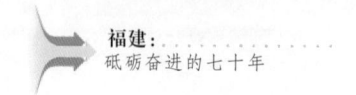

圈"又迈进了一步。2008年以来,福建先后开通了对台集装箱定期班轮航线12条、散杂货不定期航线31条,实现闽台所有港口海上直接通航的全覆盖,对台直航港口货物吞吐量突破亿吨,闽台海上航线在两岸海上直航集装箱运输量中占比达到30%以上。2012年闽台海上直航集装箱运输量、客运量分别占大陆对台运量的1/3和98%,闽台空中航线客运量占两岸的10%,空中直航运送旅客226.8万人次,"小三通"运送旅客956.2万人次,客滚直航运送旅客21.8万人次。两岸便捷通道效应彰显,从绕道到直航,从分散到组团,两岸交流越来越多,开始朝着多领域、多形式、多渠道、多层次的方向发展。

两岸全面、直接"三通"使得闽台进入大交流阶段,向全方位、多层次、宽领域发展,呈现出往来高端化、活动品牌化、交流持续化、形式多样化、内容多元化、机制常态化的特点。福建紧紧抓住这一难得的契机,充分发挥祖地文化和地缘优势,加大了入岛交流力度,以"福建文化宝岛行"项目为龙头,以台湾新生代青年为重点,以交流平台建设、大型文化活动、品牌交流项目、重点文化阵地为载体,展开了全方位、多层次、宽领域的闽台文化交流合作。海峡论坛、海峡两岸民间艺术节、海峡两岸文化产业博览交易会、莆田湄洲妈祖文化旅游节、闽台对渡文化节暨蚶江海上泼水节、海峡两岸关帝文化节等列入文化部、国台办年度重点涉台文化交流平台建设。2011年,厦门、福州等5个城市相继成为赴台个人游试点城市,数量在各省市居首位,福建省全省试点赴金门、马祖、澎湖个人游,率先实施台胞往来大陆免签注政策;大陆首张电子台胞证在福州签发,两岸直接往来更加便捷。截至2012年底,大陆居民经福建口岸赴台旅游累计超过89万人次,其中外省居民约占40%,来闽台胞1 558万人次。2012年全年闽台人员往来近240万人次,占两岸同期总量的30%。

2009年,平潭综合实验区建立之后,福建规划重点探索建设"共同规划、共同开发、共同经营、共同管理、共同受益"的两岸合作新模式。而后在国务院正式批准的《平潭综合实验区总体发展规划》中,赋予平潭在对台交流合作中更加重要的地位和作用,享有比经济特区更加特殊更加优惠的政策。比如采取"一线放宽、二线管住、人货分离分类管理"的通关模式,并赋予分线管理对应的税收政策等比一般的海关特殊监管区模式更加开放、更加便捷的模式;对平潭符合条件的企业按15%的税率征收企业所得税;在平潭工作的台湾居民的个人所得税税负差额由福建省给予补贴等政策,台资企业掀起入驻平潭新热潮。

2010年,两岸签署了《海峡两岸经济合作框架协议》(简称ECFA),闽台经贸关系逐步正常化、制度化和自由化,闽台经贸合作日趋频繁。闽台贸易往来日益紧密,台湾成为福建第一出口市场、第四贸易伙伴。截至2012年底,全省累计实现闽台贸易总额超过1 000亿美元,占两岸总额的7.1%,位列广东、江苏、上海、浙江之后居第5位。全省设立了29个对台小额贸易点,32家对台小额贸易经营公司,累计完成对台小额贸易成交额15亿美元。到2012年底,全省累计吸引台资210亿美元,注册资本57.44亿美元,居大陆第2位,占大陆总量的1/8,台资企业3 900多家,其中投资额千万美元以上的700多家。然而受制于两岸关系,后续协议的谈判进程缓慢,2014年、2015年、2016年闽台贸易总额出现较大幅度下滑。截至2017年7月底,福建省累计批准17 048个台资项目(含第三地),利用台资419.15亿美元,实际到资279.35亿美元。闽台贸易额累计9 427.4亿元,居大陆第5位。

2015年4月,中国(福建)自由贸易试验区正式挂牌,对台特色突出,率先实施了一批对台交流合作的创新举措和开放措施,两岸货物、服务、资金、人员等要素流动更加便利。一是实施台企与陆企同等待遇,台胞与大陆同胞同等待遇,拓展了合作新领域,医疗、旅游、文化、电商等领域率先对台开放,聘请台湾同胞担任片区管委会中高层管理职务,聘请台湾村里长担任村委会或居委会执行主任等,吸引一批台湾专业人士到自贸试验区创业。二是搭建合作新平台,两岸联合设立台企快车服务中心、两岸产业搭桥中心、两岸知识产权智库,建立了两岸青年三创基地,一批台湾金融机构落户自贸试验区。三是建立最便利的台湾商品通关模式。实现两岸检验检疫监管信息互换,简化了ECFA、CEPA货物进口原产地证书提交要求,不断扩大对进口台湾商品实施"源头管理、快速验放"的种类,实现货物快速通关。四是稳步推进对台金融开放。福州、平潭片区获批实施台资企业资本结汇便利化试点,首家两岸合资公募基金管理公司圆信永丰基金顺利运营,海峡股权交易中心、厦门两岸股权交易中心获批设立"台资板"。截至2018年底已有

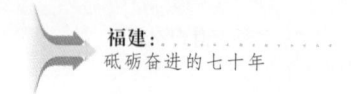

23家台湾地区的银行机构在厦门开立39个人民币代理清算账户,清算金额1 107亿元。全国首创的台企台胞征信查询业务,已办理逾200笔台企台胞信用记录查询,发放贷款近亿元人民币,为跨境征信查询提供了样本。

2016年,民进党上台后,两岸关系面临挑战,即使如此,2018年,为贯彻落实国台办出台的31条惠台措施,福建省发布"66条实施意见",并推动各地出台配套措施,先后有"厦门60条""莆田35条""福州68条""漳州58条"等,一系列政策在深化闽台经济社会融合发展、推动闽台同胞心灵契合等方面取得了积极成效。

2019年1月2日,中共中央总书记、国家主席、中央军委主席习近平在《告台湾同胞书》发表40周年纪念会上发表了题为《为实现民族伟大复兴 推进祖国和平统一而共同奋斗》的重要讲话,指出要探索"一国两制"台湾方案,丰富和平统一实践,并提出"要积极推进两岸经济合作制度化,打造两岸共同市场,为发展增动力,为合作添活力,壮大中华民族经济。两岸要应通尽通,提升经贸合作畅通、基础设施连通、能源资源互通、行业标准共通,可以率先实现金门、马祖同福建沿海地区通水、通电、通气、通桥"。2019年3月,习近平总书记参加十三届全国人大二次会议福建代表团的审议,提出要探索海峡两岸融合发展新路,对台工作既要着眼大局大势,又要注重落实落细;两岸要应通尽通,努力把福建建成台胞台企登陆的"第一家园";要加强两岸交流合作,加大文化交流力度,把工作做到广大台湾同胞的心里,增进台湾同胞对民族、对祖国的认知和感情;要在对台工作中贯彻好以人民为中心的发展思想,对台湾同胞一视同仁,像为大陆百姓服务那样造福台湾同胞。

第二节 对台合作的前沿阵地

一、闽台双向投资持续增长,先行先试窗口作用明显

(一)福建成为台商投资热点

改革开放初期,台商主要是以港资或侨资的名义到福建进行间接隐蔽

的试探性投资。1988年,福建省制定了《福建省台胞投资企业登记管理办法》等一系列鼓励和保护台商投资的政策法规,加上自1987年起台湾当局允许台商对外投资,福建迅速成为台商投资的热点和中心。除了独有的"五缘"优势外,福建多举措吸引台商投资福建:一是优化营商环境方面,20世纪90年代初时任福州市委书记习近平创造性地提出了"以侨引侨、以侨引台"等招商引资思路,大力提倡"马上就办"优化投资环境。二是平台建设方面,从1989年到2012年间,国务院批准的6个台商投资区全部在福建,2015年挂牌的福建自贸区,以建立两岸经济合作示范区为目标,对台先行先试特色突出;在开拓引资渠道方面,有厦门"9·8"投资贸易洽谈会,福州从国际招商月到"6·18"海交会,泉州招商季等。三是在台商服务方面,2018年2月,国台办出台31条惠台措施后,福建省出台"66条实施意见",厦门、莆田、福州、漳州、龙岩、泉州等地市也相继推出一系列政策措施,从更大范围、更多领域、更深层次为台胞在福建工作生活提供便利,为台企在福建更好发展创造条件。2018年起开展"台商台胞服务年"。2018年,福建新批台资项目比增22.5%,实际使用台资约占全国的19%,新批台资项目和实际使用台资分别居各省市的第1位和第2位,农业利用台资规模持续保持大陆各省(自治区、直辖市)第一。近年来,福建对台经贸合作量质齐升,台湾百大企业中已有60多家在闽投资设厂,投资的领域从传统劳动密集型产业转向消费性电子产品、汽车、电子信息、精密机械等资本和技术密集型产业。

(二)福建对台投资居大陆前列

2009年8月,台湾新大陆资讯科技股份有限公司在台北挂牌成立,是福建新大陆科技集团旗下之福建新大陆电脑股份有限公司投资成立的。福建新大陆科技集团成为第一家赴台投资的大陆企业。此后包括厦门航空、兴业银行、九牧王、安溪铁观音集团等多家福建企业积极申请赴台投资设点,将台湾作为企业"走出去"、实现全球化经营的起点。截至2018年10月底,福建省赴台投资企业共达90家(设立了59家企业、31家分支机构),协议投资4.6亿美元,两项指标均位居大陆前列,有效推动了两地生产要素资源双向流动、互补共赢。台湾经济的优势是有较强的国际行销能力、丰富的

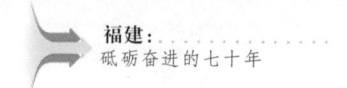

跨境经营人才,以及企业在供应链、知识产权上丰富的管理经验,与福建企业形成优势互补,此外,闽台之间语言文化相近,相对降低了投资风险,因此越来越多的福建企业选择台湾作为企业"走出去"的起点,为未来的国际化发展积累经验。除了"领跑"陆资入岛外,福建还率先实现赴台湾本岛办展,率先成立第一个两岸经济合作促进机构——闽台经济合作促进会,率先在福州举办"陆资赴台上市政策说明会",积极推动闽台经贸合作先行先试。

二、闽台贸易往来不断升温,依存度日益提高

(一)闽台贸易规模不断提升

改革开放初期,闽台经贸交流主要方式是经香港转口贸易、民间小额直接贸易。从1982年福建省制定《福建省对台贸易管理试行办法》开始,到率先设立对台小额商品交易市场,打造"海峡两岸经贸交易会""台湾商品交易会""海峡两岸商品博览会"等重大经贸交流平台,闽台贸易往来日益紧密,相互依存度持续加深。2010年《海峡两岸经济合作框架协议》(简称ECFA)签署以来,闽台贸易规模总体大势向好。然而受制于两岸关系,后续协议的谈判进程缓慢,2014年、2015年、2016年闽台贸易总额出现大幅度下滑。2017年有所回升,闽台两地实现双边贸易额774.6亿元人民币,同比增长18.3%。两岸经济合作空间进一步拓展,经济社会交流更加便利。至2018年底,全省累计实现闽台贸易总额超万亿元。其中2018年闽台贸易总额786.0亿元,同比增长1.5%;其中,出口318.5亿元,增长7.9%。

(二)对台农产品贸易彰显特色

福建率先建立台湾农产品物流中心,启动零关税进口台湾农产品,福建自贸区开创最便利的台湾商品通关模式,实现两岸检验检疫监管信息互换,不断扩大实施"源头管理、快速验放"的种类,使台湾水果实现"台湾上午采摘,大陆下午上架"。50%的台湾食品、80%的台湾水果通过厦门片区口岸进入大陆,福建省已成为对台农产品贸易最大的出口省份和第二大进口省

份。2018年,闽台农产品贸易总额超过21.20亿美元,同比增长12.8%,其中福建对台出口超过16.61亿美元,进口逾4.59亿美元,分别比增9.0%、28.7%,呈现出稳定增长态势。

(三)闽台金融合作稳步推进

改革开放之后,特别是福建自贸区成立之后,闽台金融合作取得了明显突破。搭建高效的投融资对接平台,截至2018年底,海峡股权交易中心、厦门两岸股权交易中心等区域性股权交易市场已累计挂牌企业3 828家,为企业融资65亿元。首家两岸合资消费金融公司厦门金美信消费金融有限公司获批,10多家银行设立总行级两岸人民币清算中心、离岸银行业务分中心或两岸金融服务中心。同时,对台金融开放稳步推进。率先放宽股比限制、经营范围、准入门槛,积极吸引台资金融机构落户自贸试验区,如大陆首家闽台合资全牌照证券公司金圆统一证券,首家两岸合资公募基金管理公司圆信永丰基金。打通两岸货币合作通道,到2018年底为60家台湾地区银行铺底人民币资金近50亿元。建立对台人民币清算渠道,到2018年底已有23家台湾地区的银行机构在厦门开立人民币代理清算账户,清算金额近1 000亿元,已有19家台资金融机构落户福建,居大陆第2位。台湾地区银行向自贸试验区内企业发放跨境人民币贷款4.88亿元,占大陆试点业务总量90%。开展台企台胞征信查询业务,到2018年底已办理120笔台企信用记录查询,发放贷款5 277.5万元,为跨境征信查询提供了样本。

三、闽台产业合作不断深化,示范作用日益凸显

(一)闽台农业合作领跑两岸

闽台产业合作方面,呈现"农业领先、制造业示范、现代服务业先行"的全领域格局。闽台农业合作的领先位置体现在福建率先设立海峡两岸农业合作试验区和台湾农民创业园、最早出台促进两岸农业合作的地方性法规,是引进台湾品种技术最多和农业利用台资规模最大的省份。同时,连续多年举办海峡两岸农博会、林博会、茶博会、渔博会等重大农业经贸展会活动。

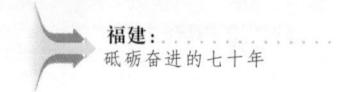

2018年，全省新批台资农业项目45个，合同利用台资1.2亿美元。截至2018年底，全省累计批办台资农业项目2 681个，合同利用台资39.5亿美元，农业利用台资的数量和规模继续稳居大陆各省(自治区、直辖市)首位。

近年来，台湾农民创业园建设水平不断提升，福建重在引导其发展"一园一特色"，积极对接项目，促进产业提升。截至2018年底，6个台创园累计有598家台资农业企业入园创业，引进台资11.1亿美元。在农业农村部和国台办联合开展的29个台创园综合评价中，福建省揽前六名，福建台创园成为两岸农业合作的典型样板。

(二)闽台产业合作不断深化

改革开放初期，福建的"五缘"优势和廉价劳动力等低生产成本是吸引台资的主要因素，在很长一段时间内台商对福建的投资也主要集中在劳动密集型产业。近20年来，闽台产业合作逐渐多元化，层次不断提高。闽台制造业合作初期以传统产业与劳动密集型产业为主，发展成以电子信息、石化产业和机械装备三大产业为主导，以食品、纺织等传统制造业为基石，以太阳光电、生物科技等战略性新兴产业为亮点的全产业合作体系。产业合作规模不断扩大。福建与台湾30多个行业公会全面对接，台湾百大企业有一半以上在闽投资设厂，创立闽台产业对接磋商机制。同时，福建省充分发挥对台现代服务业合作示范作用，率先开放台资进入旅游、医疗和建筑等领域，进一步加强与台湾工商团体联系，深入对接百大企业、行业龙头企业和科技型中小企业，促进先进制造业和现代服务业项目落地。闽台金融业合作也创下大陆多个"第一"：两岸第一家合资寿险公司、第一只两岸合资的证券期货基金、第一家两岸合资的消费金融公司在福建省设立等。近年来，台商投资重心向服务业转移的趋势明显。

四、闽台双向交流持续拓展，综合效益日益提升

(一)两岸往来最便捷通道作用凸显

2000年12月，闽台"小三通"即福建沿海地区与金门、马祖、澎湖地区

直接往来开始启动。"小三通"航线以其省时、省钱、便捷的优势,吸引越来越多两岸同胞循此往来,客流量逐年倍增。每年有百余万民众经"小三通"往返探亲、旅游、经商,便捷性日趋凸显,闽台经贸文化交流进一步拓展延伸。2002年7月,经国务院批准,福建省增开泉州港为对台通航港口,允许泉州港与金门、澎湖直接往来;同年10月,经交通部批准,启动马尾—马祖之间的货物贸易海上直航,同时祖国大陆银行与台湾岛内商业银行之间贸易结算方式也取得了突破,两岸贸易真正实现了"船、货、钱三直达"。2008年以来,两岸关系朝着和平发展的方向迈进。福建率先开通两岸空中直航、海上货运直航、客滚运输,突进两岸直接双向"三通"。首条横跨台湾海峡、大陆直达台湾本岛的"海峡光缆1号"开通,两岸开启通信直航新时代,福建成为两岸直接双向"三通"的主要通道。2011年11月30日,"海峡号"从平潭起航,历时2.5个小时顺利抵达台中,共同建立起两岸成本最低、效率最高的海上快捷通道。从绕道到直航,从分散到组团,两岸交流越来越多,开始朝着多领域、多形式、多渠道、多层次的方向发展。

(二)闽台双向交流成效显著

1979年,《告台湾同胞书》在海峡两岸产生了强烈的反响,台胞辗转来闽参加文化交流活动。90年代,主要是台湾文化艺术产品及娱乐方式大规模进入大陆。2008年直接"三通"后,福建抓住和平发展契机,发挥"五缘"优势,以"福建文化宝岛行"项目为龙头入岛交流,以台湾新生代青年为重点,以交流平台建设、大型文化活动、品牌交流项目为载体,展开了全方位、多层次、宽领域的双向闽台文化交流合作。已先后组织了20多批"福建文化宝岛行"赴岛交流项目,共涉及30多个院团(组)入岛交流,屡创大陆赴台交流组团规模新高和开交流区域先河。厦门、福州等5个城市相继成为赴台个人游试点城市,率先实施台胞往来大陆免签注政策,大陆首张电子台胞证在福州签发,两岸直接往来更加便捷。同时,着力打造海峡论坛、海峡两岸民间艺术节、海峡两岸文化产业博览交易会、莆田湄洲妈祖文化旅游节等涉台文化交流平台,建立了12个海峡两岸交流基地,数量居大陆首位,影响力和综合效应日益提升。2017年,出台了《福建省促进闽台文化产业合作发展实施方案》,提出推动闽台数字文化、文化创意、文化旅游、工艺美术、动

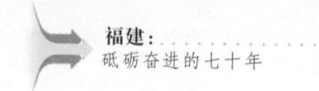

漫产业等合作,策划实施文艺演出、文化展览、人才培训、文创赛事等一批两岸文化产业活动和具体项目,进一步拓展闽台文化交流合作渠道,实现两岸文化产业合作共赢、协同发展。

(三)两岸青年交流不断拓展

福建高度重视推动两岸青年交往融合。2015年,省政府出台大陆首个支持政策文件《关于鼓励和支持台湾青年来闽创业就业的意见》,先后推动组团入岛举办10多场政策推介会;与台湾青创总会、青工总会等创业青年社团建立合作机制,推动其在闽设立办事处,组织举办各类台湾青年创业考察培训活动,吸引台湾青年2 000多人次参与;建立了8个"海峡两岸青年创业基地",数量依然居大陆首位,并已经连续举办了15届海峡青年论坛。

由于闽台农业合作在两岸处于领先位置,福建全力支持台湾青年在闽发展农业,推动台湾青年农业创业平台不断拓展。2018年,国台办在漳平台创园设立"海峡两岸青年就业创业基地",漳浦台创园成立"漳州市台湾青年创业辅导服务站"。漳浦、仙游、清流、福清和惠安等台创园继续加强与台湾高校对接合作,积极与台湾高校学生开展农业教学实践共建活动,并设立"台湾高校学生农业教学实践基地",实现全省6个台创园全覆盖。已有数百名台湾青年在花卉、茶叶、水果、蔬菜、休闲农业等农业领域创业,成为台湾青年入闽创业和两岸农业交流合作的新亮点。

五、合作平台前沿作用突出,闽台合作空间日益拓展

(一)台商投资区作用明显

1989年,国务院正式批准厦门杏林地区、海沧地区及福州马尾经济技术开发区未开发部分为台商投资区,1992年获批设立集美台商投资区,2012年泉州、漳州的台商投资区获国务院批准为国家级台商投资区,至此,国务院批准6个台商投资区,全部在福建。六大台商投资区充分发挥福建对台交往优势,通过建设两岸经贸合作紧密区域,吸引了华映光电、翔鹭化纤、大同集团、台塑、灿坤等台湾一批知名大公司、大财团,以及台湾优秀人

才来闽创新创业,成为构筑两岸交流合作的重要平台。2011年、2012年,国务院又连续出台《平潭综合实验区总体发展规划》《厦门市深化两岸交流合作综合配套改革试验总体方案》,赋予福建一系列先行先试政策,支持平潭建设两岸共同家园、厦门建设两岸区域性金融服务中心,为新时期闽台合作提供了更有力的载体平台。

(二)平潭综合实验区先行先试

平潭综合实验区位于台湾海峡中北部,是祖国大陆距台湾本岛最近的地区,具有对台交流合作的独特优势。2009年7月,正式建立"福州(平潭)综合实验区",2011年11月,国务院正式批复《平潭综合实验区总体发展规划》。2012年更名为"福建省平潭综合实验区"。重点探索建设"共同规划、共同开发、共同经营、共同管理、共同受益"两岸合作新模式,建设"两岸共同家园"。

平潭综合实验区开发开放是新时期深化两岸交流合作的重大举措,全面推动两岸对接、融合发展。成立以来,中央加大支持力度,赋予的特殊政策有:一是创新通关制度和措施。实施"一线"放宽、"二线"管住、人货分离、分类管理的管理模式。"一线"放宽是将平潭与境外的口岸设定为"一线"管理,承担出入境人员和交通运输工具的出入境边防检查、检疫功能,承担对进出境人员携带的行李物品和交通运输工具载运的货物的重点检查功能,承担对进出平潭货物的备案管理功能,以及承担对国家禁止、限制的进出境物品的管理功能。"二线"管住是指平潭与内地之间设定为"二线"管理,主要承担货物的报关等查验监管功能,并承担对人员携带的行李物品和交通运输工具载运的货物的检查功能。人货分离是指对从境外进入平潭与生产有关的货物实行备案管理,区内货物自由流转。平潭与台湾地区之间的人员通关按现有模式管理。分类管理是指允许平潭居住人员,允许平潭建设商业性生活消费设施和开展商业零售等业务,发展符合平潭功能定位的产业。并设置环岛巡查及监控设施,确保有效监管。二是优惠的税收政策。对从境外进入平潭与生产有关的货物给予免税或保税,生活消费类、商业性房地产开发项目等进口的货物以及法律、行政法规和相关规定明确不予保税或免税的货物除外。内地与生产有关的货物销往平潭视同出口,按规定实行退税,生活消费类、商业性房地产开发项目等采购的内地货物以及法律、行政法规和相关规定明确不予退税的货物除外。在制定产业准入及优惠目录的基础上,对平潭符合条件的企业减按15%的税率征收企业所得税。在平潭工作的台湾居民涉及的个人所得税问题,按大陆与台湾个人所得税负差额对台湾居民给予补贴。设立一个口岸离境免税店——台湾小商品交易市场。三是特殊的金融政策。支持台湾金融机构在平潭设立经营机构,支持银行业金融机构在平潭设立分支机构。允许福建省内符合条件的银行机构、外币代兑机构、外汇特许经营机构在平潭综合实验区办理新台币现钞兑换业务。支持符合条件的台资金融机构根据相关规定在平潭设立合资证券公司、合资基金管理公司,支持平潭综合实验区在大陆证券业逐步扩大对台资开放的过程中先行先试。允许在平潭综合实验区的银行机构与台湾地区银行之间开立人民币同业往来账户和新台币同业往来账户,允许平潭综合实验区符合条件的银行机构为境内外企业、个人开立人民币账户和新台币账户。四是方便两岸直接往来政策。支持设立平潭水运口岸,并在东澳和金井湾设立两岸快捷客货滚装码头,列为对台海上客货直航点,构建两岸直接往来快捷通道。允许符合条件的平潭居民及在平潭投资、就业的其他大陆居民经批准办理往来台湾地区一年有效多次签注。允许台湾地区机动车在临时牌照有效期内多次自由进出平潭。五是方便台胞就业生活政策。允许台湾地区的建设、医疗等服务机构及执业人员,持台湾地区权威机构颁发的证书,在其证书许可范围内在平潭综合实验区开展相应业务。可按国家有关政策规定参加当地养老、医疗等社会保险。台湾同胞来闽就业创业的,按规定同等享受福建居民就业创业优惠政策。

(三)自贸区对台特色鲜明

2014年,中国(福建)自由贸易试验区设立。在诸多自贸试验区中,福建自贸试验区是唯一将"深化两岸经济合作"当作自身定位和发展目标的自贸试验区。《中国(福建)自由贸易试验区总体方案》《进一步深化中国(福建)自由贸易试验区改革开放方案》均明确,提出要进一步发挥沿海近台优势,深化两岸经济合作。因此,深化两岸经济合作、对台工作先行先试是福建自贸区的最大特色和主要使命,特别是在投资、贸易、资金、人员往来等方面更加便利,初步建立了两岸融合发展的新模式,形成对台资企业独特的吸引力。挂牌成立4年来,福建自贸试验区以不到全省1‰的面积,吸引了全省新增台资企业数的近一半,新增台资企业2 323家。福建自贸试验区已推出实施创新举措14批378项。其中,对台创新举措81项。在金融、旅游、影视、建筑等20个领域引进了一批首创性台资项目,建立了两岸集成电路合作试验区等一批产业合作平台;率先实施台资企业资本项目管理便利化试点,为台企台胞办理试点业务3.42亿美元;率先开展台企台胞征信查询业务,台胞可以办理信用卡等系列业务,为建立两岸征信产品互认机制提供经验;2019年,23家台湾地区银行机构在厦门开立39个人民币代理清算账户,清算金额1 146亿元。

依托福建自贸区、厦门深化两岸交流合作综合配套改革试验区和平潭综合实验区三大改革创新"试验田",福建省以对台经贸合作体制机制创新为核心,在投资准入政策、货物贸易便利化措施与扩大服务业开放等方面积极探索,台资企业在自贸区股比、经营范围和投资领域等方面的限制大幅度减少,台商投资医疗、融资租赁、旅行社、电子商务等服务行业的资质和门槛已比照大陆企业办理,率先采认台湾地区专业领域从业资格,平潭探索"一岛两标"对台开放开发新模式等,有效促进了两地资金、技术、人员等各类要素的自由流动,推动闽台经贸合作朝向宽领域、深层次、高端化的方向发展。

福建自贸区还引领台湾货物牵手"一带一路"。台闽欧班列自2015年8月开通以来,已实现常态化运营,已形成6条常态化线路,累计发运404列、货值70.5亿元人民币,被列入中欧安全智能贸易首条铁路线试点,吸引了台湾地区及东南亚国家和地区的货物通过班列中转运往欧洲或中亚12个国家30多个城市,形成跨越海峡、横贯欧亚的国际物流新通道,实现了"海上丝绸之路"与"陆上丝绸之路"的有效对接。

本章小结

中华人民共和国成立70年来,两岸政治互动经历了对抗、缓和、开放,乃至达成"九二共识",开启两岸协商谈判,推进两岸政党党际交流,开辟两岸关系和平发展道路,实现两岸领导人历史性会晤,不断达到新高度。闽台交流也经历了从"咫尺天涯"到"天涯咫尺",从两岸分隔迈向经济社会融合

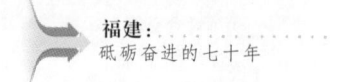

的巨大变革。

一是从积极吸引台资向鼓励闽台双向投资转变。

改革开放初期,台商主要是以港资或侨资的名义到福建进行间接隐蔽的试探性投资。为鼓励和保护台商投资,1988年福建省制定了《福建省台胞投资企业登记管理办法》等一系列政策法规,并在优化营商环境上做文章。20世纪90年代初时任福州市委书记习近平创造性地提出了"以侨引侨、以侨引台"等招商引资思路,大力提倡"马上就办",福建迅速成为台商投资的热点和中心。1990年全省批准台商投资项目380项,合同金额4.6亿美元,分别比1987年增长5.55倍和10.56倍,约占台商在大陆投资总额的1/3,分别占全省吸引境外投资项目和合同金额的36.4%和39.6%,台资成为福建吸引境外投资中仅次于港资的第二大来源。2008年全面"三通"之后,2010年,两岸签署了《海峡两岸经济合作框架协议》,闽台经贸关系逐步正常化、制度化和自由化,闽台经贸合作日趋频繁。到2012年底,全省累计吸引台资210亿美元,注册资本57.44亿美元,居大陆第2位,占大陆总量的1/8,台资企业3 900多家,其中投资额千万美元以上的700多家。2015年4月,中国(福建)自由贸易试验区正式挂牌,对台特色突出,率先实施了一批对台交流合作的创新举措和开放措施,两岸货物、服务、资金、人员等要素流动更加便利,一些创新举措在全省复制推广。2018年,福建新批台资项目比增22.5%,实际使用台资约占大陆19%,新批台资项目和实际使用台资分别居各省市的第1位和第2位。

在积极吸引台资的同时,2008年全面"三通"之后,福建率先迈开了对台投资的步伐。2009年8月,台湾新大陆资讯科技股份有限公司在台北挂牌成立,福建新大陆科技集团成为第一家赴台投资的大陆企业。此后包括厦门航空、兴业银行、九牧王、安溪铁观音集团等多家福建企业积极申请赴台投资设点,将台湾作为企业"走出去"的起点,为实现全球化经营积累经验。截至2018年10月底,全省入岛投资企业共达90家(设立了59家企业、31家分支机构),协议投资4.6亿美元,两项指标均位居大陆前列,有效推动了两地生产要素资源双向流动、互补共赢。除了"领跑"陆资入岛外,福建还率先实现赴台湾本岛办展,率先成立第一个两岸经济合作促进机构——闽台经济合作促进会,率先在福州举办"陆资赴台上市政策说明会",

积极推动闽台经贸合作先行先试。

二是从台湾文化产品单方输入向闽台双向全方位交流转变。

20世纪八九十年代,主要是台湾文化艺术产品及娱乐方式大规模进入大陆。2008年直接"三通"后,福建抓住和平发展契机,发挥"五缘"优势,以"福建文化宝岛行"项目为龙头入岛交流,以台湾新生代青年为重点,以交流平台建设、大型文化活动、品牌交流项目为载体,展开了全方位、多层次、宽领域的双向闽台文化交流合作。已先后组织了20多批"福建文化宝岛行"赴岛交流项目,共涉及30多个院团(组)入岛交流,屡创大陆赴台交流组团规模新高和开交流区域先河。近年来,厦门、福州等5个城市相继成为赴台个人游试点城市,率先实施台胞往来大陆免签注政策,大陆首张电子台胞证在福州签发,两岸直接往来更加便捷。同时,着力打造海峡论坛、海峡两岸民间艺术节、海峡两岸文化产业博览交易会、莆田湄洲妈祖文化旅游节等涉台文化交流平台,建立了12个海峡两岸交流基地,数量居大陆首位,影响力和综合效应日益提升。2017年,出台了《福建省促进闽台文化产业合作发展实施方案》,提出推动闽台数字文化、文化创意、文化旅游、工艺美术、动漫产业等合作,策划实施文艺演出、文化展览、人才培训、文创赛事等一批两岸文化产业活动和具体项目,进一步拓展闽台文化交流合作渠道,实现两岸文化产业合作共赢、协同发展。同时,高度重视推动两岸青年交往融合,建立了8个"海峡两岸青年创业基地",数量居大陆首位,连续举办了15届海峡青年论坛,一个个两岸青年夏令营、一项项两岸青年交流活动不断涌现,两岸青年交流热情越来越高涨。2015年,福建省政府出台大陆首个支持政策文件《关于鼓励和支持台湾青年来闽创业就业的意见》,先后推动组团入岛举办10多场政策推介会,与台湾青创总会、青工总会等创业青年社团建立合作机制,推动其在闽设立办事处,组织举办各类台湾青年创业考察培训活动,吸引台湾青年2000多人次参与。

三是从对台"前线"向两岸融合发展的"前沿"转变。

中华人民共和国成立到改革开放之前,海峡两岸政治对峙,闽台之间的往来基本中断,与台湾隔海相望的福建,曾是硝烟弥漫的对台"前线",而如今是两岸融合发展的"前沿",是两岸最便捷的交流通道。

改革开放初期,台胞一般是绕道港澳或东南亚来闽。2000年12月,闽台"小三通"开始启动,每年有百余万民众经"小三通"往返探亲、旅游、经商,便捷性日趋凸显,闽台艺术团和民俗活动在金门、马祖、澎湖的交流展演日趋频繁,基本达到每个月都有艺术演出,拓宽了闽台交流合作的良好格局。2006年厦门首航两岸春节包机,2008年两岸空中直航、海运直航和直接通邮正式启动,福建成为两岸直接双向"三通"的主要通道。2008年以来,全省先后开通了对台集装箱定期班轮航线12条、散杂货不定期航线31条,实现闽台所有港口海上直接通航的全覆盖,对台直航港口货物吞吐量突破亿吨,闽台海上航线在两岸海上直航集装箱运输量中占比达到30%以上。2012年,闽台海上直航集装箱运输量、客运量分别占大陆对台运量的1/3和98%,闽台空中航线客运量占两岸的10%。两岸便捷通道效应彰显,从绕道到直航,两岸交流合作日益广泛,相互往来日益密切,彼此心灵日益契合。

四是从交流合作向两岸和平统一转变。

1979年元旦,全国人大常委会发表《告台湾同胞书》,正式开启了海峡两岸交流与合作的大门。2019年1月2日,中共中央总书记、国家主席、中央军委主席习近平在《告台湾同胞书》发表40周年纪念会上发表了题为《为实现民族伟大复兴 推进祖国和平统一而共同奋斗》的重要讲话,郑重宣示了新时代坚持"一国两制"和推进祖国和平统一的五项重大主张:携手推动民族复兴,实现和平统一目标;探索"两制"台湾方案,丰富和平统一实践;坚持一个中国原则,维护和平统一前景;深化两岸融合发展,夯实和平统一基础;实现同胞心灵契合,增进和平统一认同。40年来,两岸从打破隔绝状态,到实现全面直接双向"三通",再到提出两岸要应通尽通,提升经贸合作畅通、基础设施连通、能源资源互通、行业标准共通的"新四通",两岸同胞大交流大交往大合作持续推进。在中华人民共和国成立70周年这一重要时间节点,习总书记的这一重要讲话科学回答了新时代推动两岸关系和平发展、团结台湾同胞共同致力于实现民族伟大复兴和祖国和平统一的时代命题。

2019年3月,习近平总书记参加十三届全国人大二次会议福建代表团的审议,对福建对台工作提出了新的要求和期盼。当前,在民进党不断对两岸关系造成挑战的背景下,福建将继续发挥独特优势,进一步深化两岸融合发展,在通水、通电、通气、通桥上加快步伐,在"同等待遇"上下更大功夫,让台湾同胞享受到更多均等化、普惠化、便捷化的基本公共服务,有更多获得感。在经贸合作畅通、基础设施连通、能源资源互通、行业标准共通以及基本公共服务均等化、普惠化、便捷化上先行先试,尽快实现习近平总书记提出的"探索海峡融合发展新路""努力成为台胞台企登陆第一家园"新目标,为实现两岸和平统一做出福建贡献。

第六章

生态文明：从环境恶化迈向生态文明高颜值

福建：砥砺奋进的70年

第六章 生态文明：
从环境恶化迈向生态文明高颜值

生态文明是以人与自然、人与人、人与社会和谐共生、良性循环、全面发展、持续繁荣为基本宗旨的社会形态。生态文明是人类为保护和建设美好生态环境而取得的物质成果、精神成果和制度成果的总和，反映了一个社会的文明进步状态。党的十八大报告指出，面对资源约束趋紧、环境污染严重、生态系统退化的严峻形势，要把生态文明建设放在突出地位，融入经济建设、政治建设、文化建设、社会建设各方面和全过程，努力建设美丽中国，实现中华民族永续发展。

福建省人多地少，历史形成的土地资源吃紧，有限的土地不能养活这块土地上的人们。为此，一是土地开发力度较大，环境压力一直很大；二是漂洋过海人口数较多，成为华侨大省。

环境长期处于弱平衡状态，改善难度较大。从沿海看，福建省海岸线长而曲折，全长约3 051公里，其中沙质海岸约占18.5%，长度有565.28公里。新中国成立前福建海岸沿线除生长少量耐旱的沙生灌木和草本植物外，几乎是一片白茫茫的沙地，生态环境恶化，风、沙、水、旱、潮等自然灾害常年发生。从山区看，福建省拥有丰富的森林资源。明清以来，福建木材经济逐渐兴起。鸦片战争后，木材贸易带来的厚利吸引了大批的木材从业者，其规模进一步扩大。当时的福建社会、政府、民众并没有采取十分及时有效的方式来维持林木数量的稳定。到20世纪二三十年代，民众为了利益随意砍伐树木，不分树龄，一概出售，且不注重树木伐育比例的平衡，砍伐之后，听其自然，不复以增植，闽江流域、九龙江流域、武夷山脉等地域水土流失严重。树木砍伐和山林开发使得福建许多野生物种失去其赖以生存的环境，打破了生物食物链的连续，导致野生动物数量锐减，存在严重的生存危机。

据《福建省志》统计，历史上福建省全省性洪涝灾害达27次，由于旧社会政府管理水平极端低下，灾荒下的贫民居无定所，灾民大量死亡和逃亡，社会生产力遭到极大破坏。1948年6月的水灾也造成极大的危害，全省52个县市受影响，福州、闽侯、闽清最为严重。多发的洪水不仅迅猛摧毁了百姓的房屋、农田，直接导致粮食短缺、粮价上涨，且极易诱发疫疠、虫灾等，由此造成人口大量死亡流离。

新中国成立的70年，是对生态环境从改造到保护、由恶化状态转向逐

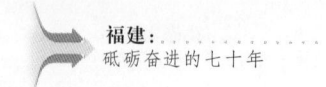

步改善的70年。70年来,在中国共产党的坚强领导下,福建人民充分发挥敢拼实干精神,披荆斩棘,生态环境治理迎来了绿水青山的高颜值。

第一节 福建生态文明建设历史进程

十九大报告指出,建设生态文明是中华民族永续发展的千年大计。福建省的生态文明建设起步早、力度大、成效好,生态文明建设走在全国前列。

一、初步探索阶段(1949—1999年)

在这一阶段,福建广大干部群众从生产和生活实践出发,在各个领域践行生态文明理念,探索人与自然和谐相处的客观规律,为推进生态省建设积累了大量的实践经验。

一是山区水土流失治理,这以长汀水土流失治理为代表。新中国成立后,福建历届省委省政府高度重视长汀水土流失治理工作,1949年12月就成立了"福建省长汀县河田水土保持试验区"。1983年4月,时任福建省委书记项南考察长汀,写下了《水土保持三字经》。同年,省委省政府把长汀列为治理水土流失的试点。此后,历任省委省政府主要领导都亲临长汀,对水土保持工作做出具体指导。从1985年至1999年,长汀县治理水土流失面积45万亩,减少水土流失面积35.55万亩,有效减轻了洪涝灾害。1998年元旦,时任省委副书记习近平为长汀水土流失治理题词"治理水土流失,建设生态农业"。1999年11月,时任省委副书记、代省长习近平到长汀调研水土流失治理工作,语重心长地说:"长汀水土流失治理工作在项南老书记的关怀下,取得了很大成绩。但革命尚未成功,同志仍需努力,要锲而不舍、统筹规划,用8到10年时间,争取国家、省、市支持,完成国土整治,造福百姓。"

二是沿海沿江生态廊道建设,这以沿海防护林带和千里海堤、千里江堤建设为代表。沿海防护林是沿海地区第一道生态屏障,早在20世纪五六十年代,福建就在东南沿海构建了一道较为完整的防护林带,在防风固沙、抵御风暴潮中发挥了重大作用,也涌现出了东山县"四有"县委书记谷文昌等典型。但随着经济建设热潮的到来,一些地方随意征占沿海防护林特别是基干林带,导致沿海基干林带不断萎缩,生态安全受到威胁。1988年,福建做出了全面实施沿海防护林体系工程建设的决定,1995年福建省政府颁布《福建省沿海防护林条例》,沿海防护林体系建设力度逐步加大。1988年至1997年的10年间,全省沿海29个县(市、区)共完成造林更新面积723.52万亩,森林覆盖率从1988年的31.1%提高到43.0%,3 324公里沿海基干林带基本合拢。

为彻底解决山洪水患问题,自20世纪90年代起,福建在全国率先实施了"千里海堤""千里江堤"等一系列重大水利工程。自1992年始的"千里海堤"工程,5年内累计投入资金7.25亿元,完成了1 070公里的海堤加固达标建设任务。2002年,历时4年,总投资达37亿,总长1 014公里,按可抵御30~100年洪水标准以及沿闽江、晋江、九龙江中下游涵盖全省57个县(市、区)而建设的千里江堤全面竣工,福建省成为全国第一个县级以上城区基本达到国家设防标准的省份。

三是内陆与沿海之间互动即山海协作联动发展。福建生态脆弱区多是经济欠发达的山区,从20世纪80年代开始,福建就十分重视山海的协调发展,相继提出"抓好山海两条线、念好山海经""沿海、山区一盘棋"等战略构想,确定了地市之间、县市区之间、省直单位与山区县之间三个层次的对口协作,形成了"人往沿海走,钱往山区拨,沿海发展产业,山区保护生态,发展飞地经济,促进山海互动"的发展态势。1984—1997年,全省共形成山海协作项目1万多项,总投资200多亿元,完成产值300多亿元,创利税40亿元左右,逐步缓解了生态脆弱区环境保护与经济发展之间的矛盾。

二、主动作为阶段(1999—2002年)

这一阶段以提出生态省战略为标志,开启了将生态文明建设提升到战略认识的高度。2000年,在新中国成立50年以来福建广大干部群众经济建设、环境保护和生态治理实践的基础上,时任福建省省长习近平同志提出建设生态省的战略构想,强调"任何形式的开发利用都要在保护生态的前提下进行,使八闽大地更加山清水秀,使经济社会在资源的永续利用中良性发

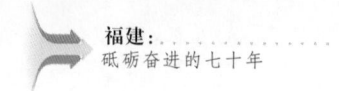

展"。2002年3月,习近平同志在政府工作报告中,正式提出建设生态省的战略目标;7月,省政府成立以习近平同志为组长的生态省建设领导小组;8月,经国家环保总局批准,福建成为全国第四个生态省建设试点省份。

治理餐桌污染是这一阶段的重头戏。2001年2月,新华社接连刊发两条反映省外餐桌污染的报道。时任福建省省长习近平阅后,立即做出批示:"'餐桌污染'是一个事关人民群众身体健康和生活安全,关系福建农产品能否扩大国内外市场和不断增加农民收入的大问题,应引起我们的高度重视。"一场声势浩大的食品放心工程建设战役随之打响,福建省成为全国第一个在全省全面治理餐桌污染的省份。当年4月,餐桌污染治理被列入全省整顿和规范市场经济秩序专项内容;5月,省政府开专题会议进行研究;7月,省长办公会议听取汇报;8月,出台年度治理方案,并召开全省餐桌污染治理暨建设食品放心工程工作会议,提出"用三年时间在全省23个城市基本消除主要食品的餐桌污染,用五年时间在全省基本消除主要食品的餐桌污染";9月,治理餐桌污染、建设食品放心工程增列为省委省政府为民办实事项目。同2004年起每年开展的全国食品安全专项整治行动相比,福建整整提前了三年时间,且由省政府统一组织,体现了决策者的高瞻远瞩。

三、稳步推进阶段(2002—2011年)

这一时期开始了生态文明建设融入经济社会发展实践的阶段。"十五"期间,福建省人均生产总值达到2 300美元,工业结构中重化工业的比重达到了55%,超过了轻纺工业,这两个数字意味着福建经济结构发展已进入了工业化中期阶段。"十一五"期间,福建省重化工业得到了快速发展,而重化工业大部分以原料工业为主,所带来的能耗、污染不容忽视,也对自然环境的承载力提出了严峻的考验。因应这个变化,福建省生态文明建设没有退缩,而是知难而进,稳步推进。于2004年11月由省委省政府印发《福建生态省建设总体规划纲要》,对2020年前生态省建设做出全面规划。2006年4月,经省政府同意,省政府办公厅印发《关于生态省建设总体规划纲要的实施意见》,提出"十一五"期间推进生态省建设的任务措施以及各级各部门工作职责,在工业快速发展的同时,保持生态建设同步跟进的格局。

四、迅速发展阶段（2011—2014 年）

这一阶段以习近平同志 2011 年底 2012 年初对长汀水土流失治理的两次批示为契机，福建生态文明建设走在全国前列，进入了迅速发展阶段。

2011 年 12 月 10 日，习近平同志对《人民日报》有关长汀水土流失治理的报道做出重要批示，要求中央政策研究室牵头组成联合调研组深入长汀实地调研。时隔一个月之后，他就在中央调研组报送的《关于支持福建长汀推进水土流失治理工作的意见和建议》上做出重要批示，指出"长汀县水土流失治理正处在一个十分重要的节点上，进则全胜，不进则退，应进一步加大支持力度。要总结长汀经验，推动全国水土流失治理工作"。2012 年 3 月，在京看望参加全国"两会"的福建代表团时，习近平再次殷切嘱咐：要认真总结推广长汀治理水土流失的成功经验，加大治理力度、完善治理规划、掌握治理规律、创新治理举措，全面开展重点区域水土流失治理和中小河流治理，一任接着一任，锲而不舍地抓下去，真正使八闽大地更加山清水秀，使经济社会在资源的永续利用中良性发展。习近平同志的重要批示和讲话精神，为福建推进生态省建设迈向新阶段吹响了新的冲锋号角。与此同时，福建积极发挥党委、政府在生态文明建设中的主导作用、关键作用，加强战略部署，完善总体规划。

一是进一步将生态文明建设上升为党的意志，成为党的一项核心工作。2011 年 11 月，省第九次党代会提出了建设更加优美、更加和谐、更加幸福的福建的宏伟目标，对加强生态建设、促进可持续发展提出了一系列新部署新要求。2012 年 12 月，省委九届六次全会提出，要扎实推进生态省建设，打造绿水青山、碧海蓝天的美丽福建。2013 年 8 月，省委九届九次全会提出，要加快生态省建设，争取创建全国生态文明先行示范区，努力实现"百姓富、生态美"有机统一。2013 年 11 月，省委九届十次全会审议通过的《中共福建省委关于贯彻党的十八届三中全会精神全面深化改革的决定》，对推动生态文明先行示范区发展、建设美丽福建做出新的部署。

二是实现了规划的统一性、连续性和系统性。2010 年 1 月，《福建生态功能区划》由省政府印发实施，确定了福建省各区域在保障全省生态安全中

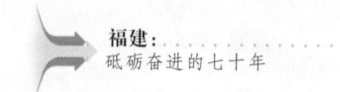

所处的地位和作用,明确了各区域资源开发、产业发展的优势条件和限制因素。2010年5月,省人大常委会颁布《关于促进生态文明建设的决定》,推动生态文明建设成为福建全省人民的共同意志。2011年9月,省政府印发《福建生态省建设"十二五"规划》,明确了"十二五"期间生态省建设的指导思想、基本要求、建设目标、主要任务和保障措施。2012年12月,省政府印发《福建省主体功能区规划》,提出到2020年,将福建省建设成科学发展之区、改革开放之区、文明祥和之区、生态优美之区。

三是推进生态文明建设在空间上的全面落地。这一阶段,福建生态县市、乡镇建设取得了重大的进展。截至2014年7月,福建全省9个设区市及79个县(市、区)均已完成生态建设规划编制并组织实施,41个县(市、区)通过省级、国家级生态县验收,全省已建成国家级生态乡镇(街道)338个、省级生态乡镇(街道)897个、市级以上生态村12 106个,东山县等10个县(市、区)通过国家生态县技术评估,39个县(市、区)获得省级生态县命名。在环保部2014年公示的全国781个"2012—2013年国家级生态乡镇"名单中,福建省有181个乡镇(街道)荣获"国家级生态乡镇"称号,至此,福建省已有519个乡镇获得"国家级生态乡镇"称号,约占全省乡镇总数的52.1%,"国家级生态乡镇"数量位列全国第四。

五、制度创新阶段(2014年至今)

这一阶段以生态文明先行示范区和国家生态文明试验区为标志,地方实践上升为国家战略,福建进入了生态文明建设的制度创新阶段。2014年3月,国务院印发《关于支持福建省深入实施生态省战略加快生态文明先行示范区建设的若干意见》使福建成为党的十八大以来,国务院确定的全国第一个生态文明先行示范区。该意见提出了25条支持福建省加快生态文明先行示范区建设的政策措施,充分体现了国家对福建生态文明建设的倾斜和支持。2016年8月,中共中央办公厅、国务院办公厅印发《国家生态文明试验区(福建)实施方案》,明确了六大方面26项重点任务,包括建立健全国土空间规划和用途管制制度、建立健全自然资源资产产权制度、开展绿色发展绩效评价考核等。先后确立的示范区和试验区表明,福建被赋予了新的历史重任,为完善生态文明制度体系探索路径、积累经验。

2018年6月27日,福建省生态环境保护大会和国家生态文明试验区建设推进会在福州举行。会议深入学习贯彻习近平新时代中国特色社会主义思想和党的十九大精神,全面贯彻落实习近平生态文明思想,按照全国生态环境保护大会的部署要求,对全省加强生态环境保护、打好污染防治攻坚战、推进国家生态文明试验区建设做出部署。

会议认为,习近平生态文明思想,是我们推动生态文明和美丽中国建设的根本遵循。福建是习近平生态文明思想的重要孕育地,是践行这一重要思想的先行省份。全省广大党员干部要紧密结合学习贯彻习总书记关于生态省建设的重要理念、对福建生态文明建设和生态环境保护工作的重要指示,深入学习贯彻习近平生态文明思想,充分认识生态环境保护问题既很细很小又很重很大,既很近很前又很久很远,生态环境是我们的共同家园,要像建设、保护好我们的小家一样建设好、保护好大家的家园,持之以恒抓好生态文明建设,把我们的家园建设得更清新、更美丽,把福建省建设成践行习近平生态文明思想的示范区。到2020年,主要污染物排放总量大幅减少,生态环境质量持续改善并继续位居全国前列;到2035年,绿色发展方式和生活方式基本形成,生态环境治理体系和治理能力现代化基本实现,美丽新福建建成。

会议强调,污染防治是决胜全面建成小康社会的三大攻坚战之一。要进一步强化措施、铁腕治理、精准发力,着力推动绿色发展,着力解决与老百姓密切相关的突出生态环境问题,着力加强生态保护与修复,切实抓好中央环保督察整改,坚决打好污染防治攻坚战。要求全省各级各部门要增强"四个意识",切实把"环境质量只能更好、不能变坏"作为政治责任底线,把污染防治攻坚纳入党政领导责任考核和环保督察,党政同责,严格考核、严督严察;建设一支规范化、专业化的环境保护队伍,确保各项攻坚任务完成,确保中央决策部署不折不扣地落实,让群众享有更好生态更美家园。

生态文明试验区建设是中央交给我们的一项重要政治任务。两年来,福建认真落实中央要求,扎实推进各项重点改革试验任务,推出了一批全国领先的改革经验和制度成果,发挥了试验区的示范引领作用。要进一步深化认识、凝聚力量,把各项改革任务抓得更深、落得更实。严格对表中央要

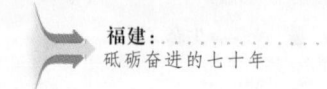

求,紧紧围绕"四区"战略定位持续深化、持续突破;坚持"两手"发力,充分用好政府和市场两种手段、两种力量;不断释放改革红利,促进生态环境"高颜值"和经济发展"高素质",不断开创试验区建设新局面,向中央交出一份合格的答卷。

为此,要深入贯彻习近平生态文明思想,坚持绿水青山就是金山银山,全面加强生态环境保护,坚决打好污染防治攻坚战,持续提升生态文明建设水平,努力建设天更蓝、山更绿、水更清、环境更优的美丽福建。一要聚焦重点任务,认真做好中央环保督察反馈问题整改,切实打好蓝天、碧水、净土保卫战和农村环境治理攻坚战,精心呵护好福建的绿水青山。二要突出节能减排,加快调整经济结构和能源结构,进一步优化产业布局,大力发展绿色新动能,全面节约能源资源,加快形成绿色发展模式,坚定走生产发展、生活富裕、生态良好的文明发展道路。三要强化保护修复,落实主体功能区战略,严守生态保护红线,加强水土流失综合治理和山水林田湖草生态保护修复,持续发挥绿水青山生态效益和经济社会效益。四要深化改革创新,扎实推进国家生态文明试验区改革落地见效,改革完善生态环境治理体系,推动生态文明建设上新台阶。

第二节　福建生态文明发展成就

中共中央办公厅、国务院办公厅 2016 年印发《国家生态文明试验区(福建)实施方案》(以下简称《福建方案》),明确六大方面 26 项重点改革任务。福建省委省政府随后出台任务分工方案,将《福建方案》细化为 38 项改革成果要求,分解到 2016 年、2017 年、2018 年,落实到具体责任单位,形成试验区建设的时间表、路线图和任务书,并对各项任务实行台账式管理,做到"按期交账、据实销账"。

一、生态文明体制改革成果丰硕,各项改革走在全国前列

经过全省上下共同努力,截至 2019 年,已有 38 项形成了改革成果。福建先后两次制订出台试验区改革成果复制推广实施方案,已有 18 项改革成

果在全省复制推广。总体来看,2016年以来生态文明体制改革主要突出体现在以下六个方面:

(一)建立健全国土空间规划和用途管制制度

一是推进空间规划试点。以主体功能区规划为基础,统筹各类空间性规划,完成霞浦等县级空间编制试点。推进省级空间规划编制工作,制定出台《福建省空间规划编制办法(试行)》,明确了省、市、县不同层级空间规划的重点内容、编制方法和管制手段,初步摸索出空间规划编制的技术规范,编制形成《福建省空间规划(2016—2030年)(初稿)》,研究提出空间规划管理体制机制改革创新和相关法律法规立改废释的若干建议。

二是开展生态保护红线划定工作。根据中共中央办公厅、国务院办公厅《关于划定并严守生态保护红线的若干意见》要求,研究制订全省生态保护红线划定成果调整工作方案,在资源环境承载能力和国土空间开发适宜性评价的基础上,按生态系统服务功能重要性和生态环境敏感性,识别生态保护红线范围并落实到国土空间。2016年,海洋生态红线划定成果已完成并公布,陆域生态红线划定成果调整方案已基本完成,正按程序上报国家审批。

三是完成永久基本农田划定工作。按照城镇由大到小、空间由近及远、耕地质量等别和地力等级由高到低的顺序,完成全省永久基本农田划定工作,共划定1 609万亩,并落地到户、上图入库,严格实施永久保护。

四是推进武夷山国家公园体制试点。成立省政府垂直管理的武夷山国家公园管理局,理顺自然保护区、风景名胜区等多头管理体制和财政体制,有序推进区内自然资源资产统一确权登记、保护和管理工作。

(二)健全环境治理和生态保护市场体系

一是强化绿色金融制度设计。出台《福建省绿色金融体系建设实施方案》,强化金融市场对绿色资源配置的引导优化作用;率先对政策性银行、国有大中型银行开展绿色信贷业绩评价。截至2017年底,全省绿色信贷和绿色非信贷融资余额达2 426亿元,同比增长21.5%,从高污染、高耗能和高环境风险行业累计退出贷款110多亿元。在全省环境高风险领域推行环境

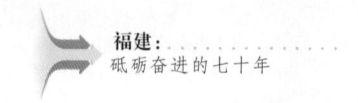

污染责任保险制度,累计为442家企业提供风险保障金约6.3亿元。林业金融创新走在全国前列,在全国率先推出中长期林权抵押按揭贷款、"福林贷"、林业收储贷款等创新产品。截至2018年一季度,全省已有15家金融机构开办林权抵押贷款业务,涉林贷款余额251亿元。

二是推进环境权益交易。率先按照国家核算标准启动福建碳排放权交易市场,并将具有福建特色的林业碳汇纳入市场交易,市场覆盖碳排放总量在全国8个区域碳市场中位居前列;在全省所有工业排污企业全面推行排污权交易,推进基于能源消费总量控制下的用能权交易试点,自2016年12月开市以来,福建碳市场累计成交近854万吨,总成交金额逾1.9亿元,而排污权、碳排放权、用能权等环境权益交易总额则突破11亿元。2017年度福建碳排放权交易市场履约率达100%,二级市场活跃度位居全国前列。

三是培育发展环境治理和生态保护市场主体。出台《福建省培育发展环境治理和生态保护市场主体的实施意见》,推行第三方污染治理、城乡环保基础设施一体化投资运营等市场化环境治理和生态保护模式,在龙海市试点探索基于环境绩效的整体解决方案、区域一体化服务等新模式,涌现出龙净环保、龙马环卫、新大陆等一批具有重要影响力、带动力的环保龙头企业,2017年全省节能环保产业总产值超1 200亿元。

四是实施生态环保投资工程包政策。围绕补齐生态环境短板,在小流域水环境综合整治、农村污水垃圾处理、畜禽养殖废弃物处理及资源化等领域,把点多面广、较为分散的项目科学捆绑、"肥瘦"搭配、整体推进,吸引各类专业投资主体参与项目建设运营,解决分散项目投资小、回报低、无人干、干不好的问题。

(三)建立多元化的生态保护补偿机制

一是完善森林生态补偿机制。实行省级公益林和国家级公益林补偿联动、分类补偿和分档补助相结合的森林生态效益补偿机制,并根据国家政策调整及省级财力情况逐步提高补偿标准,2017年安排补偿资金9.5亿元,对全省4 292万亩省级以上生态公益林进行补助。在全国率先开展重点生态区位商品林赎买等改革试点,将重点生态区位内禁止采伐的商品林,探索通过赎买、租赁、置换、改造提升、入股、合作经营等多种改革方式调整为生态公益林,有效破解生态保护与林农利益间的矛盾,实现"社会得绿、林农得利"的双赢。2017年已完成赎买23.6万亩。

二是完善流域生态补偿机制。建立主要流域资金筹措与地方财力、保护责任、受益程度挂钩机制,统一规范流域生态补偿办法,资金分配以水环境质量为主要依据,统一规范流域生态补偿机制。2015—2017年三年累计投入补偿资金约35亿元,主要补偿到流域上游欠发达地区和生态保护地区。与广东省共同推进汀江—韩江跨省流域生态保护补偿试点,探索构建上下游成本共担、效益共享、合作共治的跨省流域保护长效机制。

三是完善重点生态功能区财力支持机制。实施《福建省生态保护财力转移支付办法》,实行奖补结合,突出生态环境质量指标,加大对限制开发区域和禁止开发区域的市县财政转移支付,近三年安排财政资金51.8亿元,有力促进限制开发区域和禁止开发区域经济、社会与生态协调发展,其中2017年安排资金19亿元,引导重点生态功能区县市加强生态环境保护。2018年3月率先出台《福建省综合性生态保护补偿试行方案》,以县为单位开展综合性生态保护补偿,加大对23个重点生态保护区域县的倾斜力度。

(四)健全环境治理体系

一是完善生态法治保障。出台《福建省人民代表大会常务委员会关于全面加强生态环境保护、依法推动打好污染防治攻坚战、持续推进国家生态文明试验区建设的决议》,修改部分涉及生态文明建设和环境保护地方性法规,如《福建省海域使用管理条例》《福建省城市园林绿化管理条例》《福建省农业生态环境保护条例》《福建省森林条例》等,进一步筑牢生态保护法治屏障。

二是全面推行河长制。出台《福建省全面推行河长制实施方案》,建立省市县乡四级河长体系和村级河道专管员制度,配套出台河道专管员队伍管理、河长巡查等9项制度措施。2017年,省市县乡4 973名河长、1 182个河长办和13 231名河道专管员全部到位履职,覆盖9 268个村(居委会)。

三是完善环保管理体制改革。开展省以下环保机构监测监察执法垂直管理制度改革,在九龙江流域开展按流域设置环境监管和执法机构试点。推行环境监管网格化管理,建成市县乡村四级网格体系,落实网格员3.6万

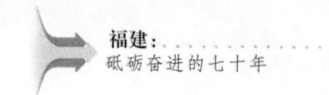

人,将环保监管执法延伸到最基层。建成横向到边、纵向到底的生态环保大数据平台(生态云),有效整合全省各级各部门以及14 525家企业超过5亿条生态数据,实现生态环境数据汇聚整合共享和实时监测。

四是完善生态司法保护机制。推进生态司法专业化建设,出台全省生态环境资源审判机构、检察机构设置方案,在全国率先实现省市县三级生态司法机构全覆盖,建立涉生态环境刑事、民事、行政和非诉执行审查"四审合一"的审判模式。出台《福建省建立生态环境资源保护行政执法与刑事司法无缝衔接机制的意见》,建立法院、检察、公安、环保、林业、水利、国土、海洋渔业等部门组成的"两法"衔接工作机制,及时高效惩处破坏生态环境资源的违法行为。推进修复性生态司法,对部分破坏林木、矿产、水等生态环境资源的刑事案件,以"补植令""监管令""保护令"等方式,责令被告人在案发地或指定区域恢复植被、增殖放流,取得惩治违法犯罪、修复生态环境、赔偿受害人经济损失"一判三赢"的良好效果。

(五)建立健全自然资源资产产权制度

一是推进自然资源资产统一确权登记试点。在全国率先启动自然资源统一确权登记工作,出台《福建省自然资源统一确权登记办法(试行)》,这是全国首个自然资源统一确权登记办法。在厦门市、晋江市、武夷山国家公园开展试点,以不动产登记为基础建立自然资源资产登记平台,对水流、森林、山岭、荒地、滩涂以及探明储量的矿产资源等自然资源的所有权统一进行确权登记,全面摸清家底。

二是开展自然资源资产管理体制改革试点。研究制定《福建省健全国家自然资源资产管理体制试点实施方案》,组建全国首个省级国有自然资源资产管理局,探索整合分散的全民所有自然资源资产所有者职责,由一个部门统一行使所有权。

三是开展自然资源资产负债表编制试点。在长乐市等市县开展试点,积极探索水、土地、森林、海洋等主要自然资源实物量核算账户统计核算规范和编制制度,初步编制形成全省自然资源资产负债表。

(六)开展绿色发展绩效评价考核

一是建立党政领导生态环保目标责任制。落实生态环境保护"党政同责、一岗双责",制定出台地方党政领导生态环保责任制考核办法,每年初由省委书记、省长与所有设区市级党政"一把手"签订生态环境保护目标责任书,并向省直有关部门下达年度环保目标任务书,每年进行考核;省委出台生态环境保护工作职责规定,明确52个党政部门130项生态环境保护工作职责,理清相关部门履职范围、职责边界,解决责任多头、责任真空、责任盲区等问题。

二是建立生态文明目标评价考核制度。出台《福建省生态文明建设目标评价考核办法》及配套的《福建省绿色发展指标体系》《福建省生态文明建设考核目标体系》,成为全国首批出台目标评价考核办法和指标考核体系的省份。对约占全省县(市、区)总数40%的34个县(市)取消地区生产总值指标考核,把考核重点放在生态保护和农民增收上,突出资源消耗、环境损害、生态效益等指标,对设区市党委政府开展绿色发展年度评价和生态文明建设目标五年考核,同时优化干部绩效考核指标,把环保工作比重提高到10%。

三是推进领导干部自然资源资产离任审计。在莆田市、光泽县开展试点,在南平市开展乡镇审计试点。出台《福建省党政领导干部自然资源资产离任审计实施方案》,明确领导干部自然资源资产离任审计的目标、内容、方法和评价指标体系,初步形成对领导干部履行自然资源资产管理和生态环境保护责任情况的审计评价体系和规范,建立起经常性审计制度。

二、福建生态文明建设特点突出,"五转""三新""五统一"内涵丰富

党的十八大以来,特别是2016年6月党中央决定在福建设立全国首个国家生态文明试验区以来,福建省牢固树立"绿水青山就是金山银山"的强烈意识,扎实推进生态文明体制改革,实现"五个转变"、突出"三新"、促进"五个统一"的积极成效和经验,极大丰富了生态文明建设的内涵。

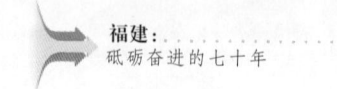

（一）实现"五个转变"

1. 从模糊认知到自觉行动

很长一段时期，不少人对于生态问题认识模糊，生态权利意识和法律意识淡薄，普遍存在环境保护"说起来重要，做起来不重要"的现象。如何增强全民的生态忧患意识、参与意识和责任意识，切实把生态文明理念落实为推进生态文明、建设"美丽福建"的自觉行动？福建在长期探索生态省发展的实践中意识到，只有让人民群众在保护环境的过程中获得实实在在的效益，只有让人民群众在建设生态省的过程中有更多获得感，才能真正使生态文明建设成为人民群众的自发行为和自觉行动。

以福建林改为例，2002年，福建在全国率先开展了以"明晰产权、放活经营权、落实处置权、确保受益权"为主要内容的集体林权制度改革。15年来，福建植树造林面积累计达3530.5万亩，年均造林面积超过200万亩，活立木蓄积量净增1.7亿立方米，森林覆盖率从2002年的62.96%提高到2018年的66.80%，连续多年领跑全国。绿水青山成了福建可持续发展的"摇钱树"和"聚宝盆"，各地依托绿水青山培育生态经济增长点，扶持林农转型发展油茶、花卉、苗木、竹业和林下经济，总面积达4800多万亩，林农的涉林收入占其总收入比重超过25%以上，以林农为主体的福建农民2016年人均可支配收入13850元，同比增长9.5%，增幅同比高于全省城镇居民近1个百分点。这表明，通过把生态资源转化为生态富民优势，变绿水青山为金山银山，才能广泛调动人民群众保护生态环境的积极性，走出一条"不砍树"也能致富的新路。

2. 从被动应对到主动作为

历史上，不少地区出现了先污染后治理现象，对生态环保抓一阵、松一阵，缺乏长效保障，陷入"损害—治理—再损害—再治理"的恶性循环。随着生活水平总体上迈向全面小康，人民群众对环境问题越来越敏感，容忍度越来越低，许多环境问题甚至成为生态安全问题。在生态省建设过程中，福建坚持以人民为中心的发展思想，主动作为，着力解决与群众利益密切相关的生态环境问题，努力打造具有福建特色的生态环境品牌。

一是着力解决民生环境问题。持续打好水、大气、土壤污染防治三大攻坚战,深入实施"清新水域"工程、"洁净蓝天"工程、"清洁土壤"工程,突出抓好小流域整治、污水垃圾处理、黑臭水体清理、危险废物污染防治等群众反映强烈的薄弱环节。实施比国家更严格的大气主要污染物排放标准,在全国率先实现所有设区城市建成省级以上园林城市。推动生态文明建设向农村延伸,开展农村生活污水、垃圾治理提升专项行动,并积极探索农村环境整治投入管理的有效模式。

二是着力构建良好生态系统。持续开展造林绿化,大力实施"绿色城市、绿色村镇、绿色通道、绿色屏障"工程;在全国率先实施河道岸线和河岸生态保护、饮用水水源地保护、地下水警戒保护"三条蓝线"管理制度,实施沿海岸线整治和近岸海域生态环境保护,严格控制围填海工程,建立海洋生态保护区。全面推进节约集约用地,连续17年保持耕地占补平衡。

三是着力发挥地方首创精神。鼓励各地探索可复制、可推广的生态文明制度建设经验,并以点带面、复制推广。比如,三明市、泉州市率先开展环境污染责任保险试点,有效提升了企业环境风险管理水平;莆田市等4个市县开展领导干部自然资源资产离任审计试点,初步探索了一套对领导干部履行自然资源资产管理和生态环境保护责任情况的审计评价指标体系和规范。

3. 从分散探索到顶层设计

无论是20世纪50年代谷文昌在东山县治理风沙,还是长汀县长达30余年的水土流失治理工作,抑或是山海协作实现的经济发展和环境保护的双赢,这些实践都表明福建生态文明建设早已从各个领域出发,各自探索出一套卓有成效的经验和路子。随着21世纪初生态省建设战略构想的提出,在生态环境质量高位运行的基础上,福建把生态治理上升为党和政府的核心职能,实现了从分散探索到顶层设计的转变。

一是发挥规划引领作用。随着2004年《福建生态省建设总体规划纲要》的出台,福建陆续推出一系列系统性的顶层设计安排,如《关于生态省建设总体规划纲要的实施意见》《福建生态功能区划》《关于促进生态文明建设的决定》《福建省"十二五"环境保护与生态建设专项规划》《福建生态省建设"十二五"规划》《福建省主体功能区规划》《福建省"十三五"生态省专项规划》《福建省生态文明体制改革实施方案》等,实现了生态文明建设一张蓝图

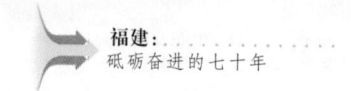

绘到底,始终在"顶层设计"上创新理念方略,谋划发展新模式。

二是突出各地市、各部门之间生态建设的整体性和全局性。以"河长制"为例,2014年,福建开始实行"河长制",建立了省、市、县、乡四级"河长制"及其办公室。纵向上,各级河长形成治水"首长责任链";横向上,发展改革、财税、水利、国土、农业、交通、环保、经贸、住建、工商、公安乃至监察组织人事部门各有分工、各具使命,形成"河长牵头、部门协作、分级管理、齐抓共管"机制。近年来,"河长制"推动行政资源的调配整合,使治水的保障力度空前加大。

4. 从政策推动到制度创新

政策先导,先行先试。十多年来,福建出台了一系列政策措施,为建设"美丽福建"打下了坚实基础。然而,在实践中,这些政策措施还面临着不少体制机制障碍,如生态管理体制权威性和有效性还不够,部门职能分散交叉较为突出等,影响了行政效能,削弱了政策合力。为此,在打好生态政策组合拳的前提下,福建又从制度着手,把制度创新作为进一步推进生态省建设的基础和保障,前瞻性地提出了一系列生态文明建设的新体制新机制,用制度红线守住绿色底线。

一是创新生态环保目标责任制。2010年率先在国内推行环保"一岗双责",对各级政府和40多个省直部门环保监督职责做出明确规定,并纳入领导干部年度政绩考核;2014年率先取消34个限制开发县(市)的地区生产总值考核,实行农业优先和生态保护优先的绩效考评方式;2016年率先将市长环保目标责任书升级为书记、市长环保目标责任书,并在2016年全省两会期间,由九市一区党政"一把手"向省委省政府签订"环保军令状",在全国率先扛起环保"党政同责"大旗。

二是创新环境监管机制。2015年率先建立季度环保督查制度,把各设区市突出环境问题纳入省政府季度经济分析会主要内容,每季度选择一项突出环境问题进行全省通报;2016年3月率先以省委省政府名义出台《环境保护督察实施方案(试行)》,明确每两年对全省九市一区完成一遍督察,督察结果作为党政领导干部任免重要依据,从"督查"到"督察",实现了监管对象从督企到督政。2016年率先全面推进网格化环保监管,打通环境监管"最后一公里",构建从设区市到乡村四级环保网格监管体系,实现污染源

"一网打尽"。2016年率先开展领导干部自然资源资产离任审计试点,实行领导干部生态环境损害责任终身追究制度。

三是创新环保市场化机制。率先实施森林生态效益及江河流域生态补偿,从2001年起每年对划定的4290万亩省级以上生态公益林实行应保尽保;率先建立主要江河流域生态补偿机制,2003年起先后在闽江、九龙江、敖江、晋江流域实施流域生态补偿。2016年,探索环境污染第三方治理机制,在环境公用设施、工业园区及开发区、重点行业污染治理和政府购买环境治理服务等领域开展试点,相关经验做法为中央深化改革领导小组转发。

四是创新法规保障机制。坚持运用法治思维和法治方式推进生态文明建设和环境保护,及时将实践中形成的有效措施上升为法律,仅"十二五"期间,全省就先后制定了《福建省流域水环境保护条例》《福建省核电厂辐射环境保护条例》《福建省海洋生态损害赔偿办法》等10多部地方性法规。同时完善环境资源司法保护机制,2014年福建高院在全国高院中率先成立生态环境审判庭,实行涉生态环境刑事、民事、行政和非诉执行审查"四审合一"的审判模式,从单一林业审判向综合生态环境资源审判转变。

5. 从末端治理到过程治理

长期以来,"高能耗、高污染、高排放"的经济增长方式形成了巨大的污染存量和现实增量,无论是征收排污费,还是开展排污权交易,均属于末端治理方法,并未能有效地控制环境污染。根本解决环境污染问题,需要探索以低能耗、减排放、高效率为特征的内涵式增长模式,从源头上做优增量、减少污染源,推动环境治理从末端治理向源头控制、过程治理转变。

近年来,福建坚决淘汰落后产能,积极倡导清洁生产,力争在生产环节中降能耗、减排放,对新上的产业和项目提高环境准入门槛,宁可少一点,也要好一点,实现水与大气环境的源头保护。全省一方面加大对传统产业、重化工业的绿色改造,积极发展循环经济、绿色工业,以此带动传统优势产业的改造提升;另一方面通过创新驱动、技术改造、工艺提升,发展以新能源和低碳经济为主的生态型产业,最大限度地促进生产过程中的减量化、再循环、再利用,努力从源头上减少污染物排放,形成"源头严控""过程严管"的治污模式。福建全省万元GDP能耗、二氧化碳排放均居全国先进水平,化学需氧量、氨氮、二氧化硫、氮氧化物主要污染物排放强度连续多年保持在

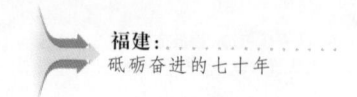

全国平均水平的一半以下,全面超额完成国家下达的节能减排各项任务,非石化能源占一次能源消费比重高出全国7个百分点以上;节能环保产业增加值占全省工业增加值的10%,成为全国重要的高效节能、LED(发光二极管)、再生能源回收利用基地。

(二)突出"三新"

一是探索生态文明建设新模式。建设国家生态文明试验区,既要凝聚共识,把生态理念落实到施政布局全过程,更要因地制宜,提升绿色发展、特色发展能力。为此,福建省立足于找准改革与发展的结合点和突破口,确保顶层设计和地方探索相辅相成。一方面,通过对国土空间开发保护制度、环境治理和生态保护市场体系、生态保护补偿机制、自然资源资产产权制度和绿色发展绩效评价考核体系等重点领域和关键环节的系统谋划,推进生态文明体制机制改革。另一方面,各地市大力探索"一地一品、一品一策、一策一业、一业一龙头"的生态文明建设和绿色发展模式,把生态优势、资源优势转化为产业优势、发展优势。例如,制造业重镇泉州扭住转型不放松,推动传统产业向绿色低碳循环方向发展,打造"中国制造2025"地方样板;花果之乡漳州通过"五湖四海"等综合生态项目建设,从天生丽质的"生态佳"迈向融合发展的"生态+";绿色腹地南平致力发展七大绿色产业,增创绿色发展新优势;闽西龙岩立足现有环保产业基础,打造以环保装备为代表的千亿机械产业集群等。

二是加快培育绿色发展新动能。福建省坚持把建设生态文明试验区与推进供给侧结构性改革融会贯通,加快引导产业发展建立在创新驱动、环境友好、集约高效的基础上。首先提升传统产业绿色化水平。对服装、食品、制鞋、机械等传统优势产业,通过智能化改造和加大环保技改力度,降低土地、能源、水消耗强度;对电力、钢铁、水泥、造纸等高耗能高污染行业,实行严格的能效、物耗监管,为新旧动能转换留出容量空间。其次培育绿色发展新引擎。引导新一代信息技术、新能源、节能环保、石墨烯、稀土等新兴产业和旅游、物流、金融等现代服务业发展。再次强化绿色发展科技支撑。把绿色发展的基点放到创新上来,加快绿色科研成果转移转化、产业化步伐和示范推广,加大研发经费投入,增强区域创新能力。最后强化绿色金融制度设计。制定出台《福建省绿色金融体系建设实施方案》，强化金融市场对绿色资源配置的引导优化作用，率先对政策性银行、国有大中型银行开展绿色信贷业绩评价。

三是开辟绿色惠民新路径。福建省坚持把有利于增强基层和群众获得感的改革摆在优先位置，努力以实实在在的生态红利造福群众。首先是深化集体林权制度改革，为实现"社会得绿、林农得利"的双赢，福建省在全国率先试点把现有重点生态区位内禁止采伐的商品林通过赎买等方式保护起来，2017年已完成试点面积23.6万亩。其次是因地制宜深化农村环境整治。制定实施农村污水垃圾整治提升三年工作方案等政策措施，全力打好农村生活污水垃圾治理攻坚战。再次是健全生态补偿机制。建立覆盖全省12条河流主要流域的生态补偿机制，完善与地方财力、保护责任、受益程度挂钩的长效补偿资金投入制度，2017年投入补偿资金11亿元，用于补偿流域上游欠发达地区和生态保护地区。

（三）促进"五个统一"

一是促进赶超战略与高质量发展的有机统一。党的十八大以来，福建经济社会发展速度一直位居东部沿海前列，正在形成追赶之势，全省GDP从接近2万亿元到突破3万亿元，2016年首次跻身全国十强；人均GDP从5.3万元增加到8.2万元，2016年上升到全国第6位；2018年，福建GDP达3.58万亿元，增长8.3%。五年多来，福建全力以赴抓好"五个一批"项目，全省工业投资从4548亿元扩大到8600亿元，年均增长13.5%，千亿产业集群由5个增加到11个，产业结构由"轻"向"重"转变产业链条由"短"变"长"，产业规模由"小"变"大"。与此同时，福建的生态环境质量保持全优。全省12条主要河流优良水质比例达95.8%，近岸海域一、二类海水水质面积占比88.9%，全部9个设区城市空气质量优良天数比例达96.2%，高于全国平均水平18.2个百分点，森林覆盖率65.95%，保持全国首位，生态文明建设评价结果居全国第二。福建走出了一条生态环境"高颜值"、经济发展"高素质"的新路。

二是促进产业升级与绿色发展的有机统一。牢固树立绿色发展理念，着力加快转方式、调结构，打造产业升级版，重点做好"减法"和"加法"两篇文章,实现产业升级和绿色发展的有机统一。做好"减法",就是大力改造提升传统产业。十八大以来,全省技改投资年均增长17.5%,累计完成22 075亿元,创新驱动引领超过60%的工业企业转型升级,2017年全省取缔"地条钢"产能535万吨,完成煤炭去产能244万吨,水电、核电、风电等清洁能源装机比重提高至54.5%。2016年,全省单位GDP能耗下降至0.439吨标准煤/万元,比全国平均水平低近1/4,四项主要污染物排放强度为全国的一半左右,为新旧动能转换腾出生态容量空间。做好"加法",就是大力发展绿色经济、循环经济和低碳经济,把环境容量作为项目引进的重要依据,严把资源消耗和环境保护关,实现产业项目好中选优。全省战略性新兴产业增加值占福建省GDP的比重,从2012年的7.45%逐步提高到2017年的12.50%。同时大力发展现代服务业,金融保险、现代物流、文化旅游、健康养老等服务业占福建省GDP的比重由2012年的39.30%提高到2017年的43.60%,对经济增长贡献率超过第二产业,绿色发展引擎更加强劲。

三是促进百姓富与生态美的有机统一。福建持续探索"百姓富"与"生态美"的有机统一,走出了一条生产发展、生活富裕、生态良好的文明发展路子。十八大以来,福建省确保新型城镇化与乡村振兴齐步走,常住人口城镇化率从59.6%提高到64.8%,529万农业转移人口成为城镇居民;着力提升乡村公共服务水平,在1/3村庄开展美丽乡村建设;加大山区财力扶持,建立专项奖励制度,促进山区专业技术人才收入水平总体上不低于沿海;投入近50亿元加大全流域生态补偿力度,大部分补偿到流域上游欠发达地区和生态保护地区;财政资金作为担保金,林农利用林权证直接获得贷款,重点生态区位商品林赎买林农直接受益超过3.5亿元。2018年,福建城镇居民人均可支配收入42 121元,比2012年增长50%;农村居民人均可支配收入17 821元,比2012年增长60%。城乡居民收入差距逐渐缩小,城乡收入比从2012年的2.52∶1缩小到2018年的2.36∶1。

四是促进政府作用与市场机制的有机统一。推进生态文明建设,同样要处理好政府和市场的关系。福建发挥政府作用"铁腕治污",利用市场机制"妙手算账",用真金白银算出了绿水青山的价值,又将生态价值应用于实际发展之中。以南平市为例,南平市下辖的武夷山市开展了生态系统服务价值核算试点工作,公布的阶段性成果显示,2015年武夷山市生态系统服务总价值为 2 324.4 亿元,是同年全市 GDP 的 16.7 倍,人均为 101.1 万元。这为武夷山市开展领导干部自然资源资产离任审计、自然资源资产负债表编制、环境承载力动态评估、生态补偿定量分析、生态保护标准的制定以及绿色发展绩效考核提供了数据支撑,真正将生态价值融入政府的职能和责任之中。与此同时,南平市强力治污,打造水美城市,全市累计拆除养殖场 11 445 家,消减生猪 400 余万头,辖区内劣 V 类水质小流域从原来的 20 条减少到现有的 1 条。南平市已经确定了现代绿色农业、旅游、健康养生、生物制品、数字信息、先进制造、文化创意等七大产业,围绕"绿色发展创新"主体,初步梳理出 285 个总投资 2 128 亿元的支撑项目,切实推进"绿水青山就是金山银山"的绿色发展之路。

五是促进生态文化与低碳生活的有机统一。在着力打造绿色产业,将"生态+"融入产业发展全过程的同时,福建持续放大"生态+"效益,推进生态与城建、民生、文化等融合发展,让生态文化深入人心,让低碳生活成为自觉。以漳州市为例,通过"生态+规划",优化"绿色布局",实施"中心东移、跨江南扩、面海拓展"战略,实现城市"拥江达海";通过"生态+民生",增进"绿色福利",因地制宜开发建设"五湖四海"生态园和九龙江畔"百花齐放、百树成荫"绿化工程,扎实推进"三铁治污、提升三质"专项行动,实现城乡环境全面改善;通过"生态+文化与旅游",彰显"绿色传统",加快建设九十九湾闽南水乡、西溪生态文化园、闽南文化生态博览城和闽南文化生态产业走廊,将历史文化遗存保护与景观建设紧密结合起来,促进生态文化旅游提档升级,实现生态效益、经济效益和社会效益的有机统一,真正做到城市让生活更美好、农村让城市更向往。

本章小结

  福建生态文明建设起步早、力度大。习近平总书记在福建工作时就极具前瞻性地提出建设生态省,亲自担任福建省生态建设领导小组组长,亲自指导编制、推动实施《福建生态省建设总体规划纲要》,开启了福建生态省建设历程。到中央工作后,习近平总书记多次对福建生态环境保护工作做出重要指示,强调"生态资源是福建最宝贵的资源,生态优势是福建最具竞争力的优势,生态文明建设应当是福建最花力气的建设"。2014 年 3 月,国务院印发《关于支持福建省深入实施生态省战略加快生态文明先行示范区建设的若干意见》,福建成为党的十八大以来,国务院确定的全国第一个生态文明先行示范区。2014年11月习近平总书记来闽考察,殷切希望福建努力建设"机制活、产业优、百姓富、生态美"的新福建。2016年6月,中央深改组第25次会议审议通过《国家生态文明试验区(福建)实施方案》,批准福建建设全国首个国家生态文明试验区。

从2000年提出建设生态省的战略构想,到2014年3月建设全国首个生态文明先行示范区,再到2016年6月成为首个国家生态文明试验区,福建一路实践,一路探索。2018年,福建在全省GDP跃居全国第10位、人均跃居全国第6位的同时,大气、水、土壤质量全优,保持了优良的生态环境。福建的森林覆盖率2018年提高到66.80%,连续40年保持全国第一。2018年,全省主要河流Ⅰ～Ⅲ类水质比例超过95%,比全国平均水平高24.8个百分点。九市一区空气优良天数比例超过97%,高于全国平均水平16个百分点。福州、厦门空气质量分别位列全国169个重点城市的第8位和第7位。全面完成了城市内河黑臭水体治理任务。化学需氧量、氨氮、二氧化硫、氮氧化物4项主要污染物排放强度,连续多年保持在全国平均水平的一半以下。至2019年,中央部署福建开展的38项重点改革任务中,22项已形成制度成果,实现常态化运行;6项已形成阶段性成果,正在探索形成经验;10项全国统一部署的改革任务已如期完成。2019年,中国工程院发布的生态文明发展水平评估报告显示,福建生态文明指数居全国第一。近年来,福建省牢记习近平总书记嘱托,坚持一脉相承的绿色发展理念,坚定不移举生态旗、打生态牌、走生态路,把环境保护和生态建设贯穿到经济社会发展各领域、全过程,持续提升生态优势,让"清新福建"的品牌更加亮丽。

一是着力保护绿色生态。打造秀美青山,让山绿起来,率先开展集体林权制度改革,率先建立森林资源补偿机制;打造清新水域,让水清起来,率先开展流域上下游生态补偿工作,率先实施河岸生态保护、饮用水水源地保护、地下水警戒保护"三条蓝线"管理制度,全面推行"河长制";打造洁净蓝天,让天蓝起来,制定实施严格的减排制度规定,完善大气重污染天气应急联席会议制度,推进区域联防联控和预警预报制度。

二是着力推进绿色生产。健全源头管控机制,严格落实主体功能区规划,引导沿海加快产业优化集聚、山区重点保护生态,严把新上项目环保准入关;健全节能、减排、降碳约束机制,实施比国家更严的大气污染物排放标准和落后产能淘汰标准,实施差别化排污费征收政策,推进排污权有偿使用和交易;健全循环经济促进机制,探索建立发展循环经济的政策法规体系、技术创新体系、评价指标体系和激励约束机制。

三是着力倡导绿色生活。率先在全国治理"餐桌污染",建设"食品放心工程",确保"舌尖上的安全";率先出台水污染、大气污染、土壤污染防治行动工作方案、实施细则和政府规章;率先实行污水垃圾处理产业化,确保人民群众喝上干净的水,呼吸新鲜空气,吃上放心食品。

四是着力深化绿色创新。福建作为全国首个国家生态文明试验区,肩负着为建立生态文明制度"四梁八柱"探索路径的重要使命。福建突出体制机制创新,逐项抓好工作落实,探索生态文明建设新模式,培育绿色发展新动能,开辟绿色惠民新路径,国家确定的38项重点改革任务全部形成改革成果。

五是着力夯实绿色责任。在全国率先实施环保"党政同责",任内生态出问题,终身追责。按照"谁主管谁负责、管行业必须管环保"的要求,建立职能部门环保"一岗双责"工作推进机制;试行领导干部自然资源资产离任审计;完善党政领导绩效考评体系,取消扶贫开发工作重点县、重点生态功能区在内的34个县地区生产总值考核指标。

长期以来,福建坚持把一脉相承的生态文明理念作为根本遵循,持之以恒实施生态省战略,坚持将生态文明建设放在突出地位,融入经济建设、政治建设、文化建设、社会建设各方面和全过程,生态文明建设和绿色发展取得了积极成效,"清新福建"成为一张亮丽的名片;福建坚持以"机制活"为牵引,推进生态文明试验区建设和环境保护工作,以改革树牢绿色理念,用行动推动绿色发展,让产业结构升级、污染能耗降级;着力打好水、大气、土壤污染防治三大战役,持续放大"生态美"福建发展优势;立足抓早抓紧抓实,全面推进国家生态文明试验区建设,高度注重落实以人民为中心的改革导向,通过改革试验不断增强人民群众获得感;注重发挥市场机制作用,通过改革试验为经济发展增添新动能,充分挖掘和体现资源环境要素的市场价值,达到促进产业转型升级和培育绿色发展新动能的双重效果;注重提升环

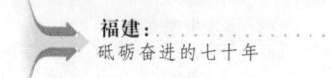

境治理能力，通过改革试验构建大生态环保管控格局。现在的福建，清水绿岸、鱼翔浅底的景象已然成为常态，日益成为人们向往的绿色福地。福建将持续发挥生态美优势，不断推进建设天更蓝、地更绿、水更净的美丽家园，让人民群众切实感受到环境改善带来的实实在在的生态红利。

第七章

人民生活：从贫穷落后迈向全面小康

福建：砥砺奋进的70年

第七章 人民生活：从贫穷落后迈向全面小康

人民生活水平是反映一个国家和地区人民生活状况的综合指标。联合国人类发展指数以人均预期寿命、成人文盲率和人均受教育年限、生活标准（人均GDP）等作为测量各国生活水平的指标体系。我国一些研究者把测量生活水平的指标体系延伸到收入的购买力、家庭主要支出、居住与生活条件、健康状况、社会保障和福利水平等方面。

新中国成立前的福建，人民生活水平处于绝对贫困状态。军阀混战，加之日寇入侵和各类灾害的频发等原因，以至于民生凋敝，福建社会涌现大量灾民、难民，百姓终年辛劳不得温饱。农业占主导地位，就业人员主要集中在农业，广大农村仍处在封建土地制度之下，农民人身关系仍依附于地主，土地问题日益严重。农业生产靠天收成，极易受旱灾、水灾、风灾、海潮影响，良田退化、荒芜情况严重，属于封闭、半封闭的自然经济状态。工业落后、门类残缺，工厂大面积停业倒闭，生产停顿，生产力相当低下。交通闭塞，信息不灵，市民大多数居住在简陋、低矮的棚屋木房，农民流离失所，无田耕种，人民生产、生活资料严重短缺，营养不良成为普遍现象，百姓都生活在"饿死的边缘"，疟疾和肺结核随处可见。1949年全省人均GDP不足100元，文盲率高达80%以上，人均住房建筑面积不到5平方米（2018年达到43平方米），城镇居民人均可支配收入和农村居民人均纯收入分别不到100元和50元（2018年分别达到42 121元和17 821元），恩格尔系数高达65%以上，全国人均预期寿命只有35岁（2018年福建常住人口人均预期寿命达77.84岁），全省医疗机构床位仅有0.066万张，是2018年的1/290，卫生技术人员0.085万人，是2018年的1/291，全省千人均医疗机构床位数仅有0.59张（2018年为4.88张），全省医疗卫生机构只有82所，是2018年的1/114。

面对旧社会这样一个满目疮痍、民不聊生的社会现实，新中国成立70年来，中国共产党人把人民对美好生活的向往作为自己的奋斗目标，坚持执政为民，在加快经济发展的同时，持续加大民生投入，有力推动社会事业加快发展，不断提高人民生活质量和水平。

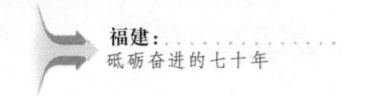

第一节　福建社会事业发展的历史进程

新中国成立70年来,福建经济社会发展取得了丰硕成果,城乡居民收入水平年年提高,生活质量不断改善。如今,福建省正在向决胜全面建成小康社会、实现人民对美好生活向往的目标扎实迈进。

一、艰难起步阶段(1949—1978年)

1949—1978年,以毛泽东同志为核心的党的第一代中央领导集体对民生发展道路进行了艰辛探索。

1949年2月,毛泽东同斯大林派来的代表米高扬进行会谈,在谈到关于胜利后恢复生产和经济建设问题时,毛泽东同志说:"中国连年战争,经济遭到破坏,人民生活痛苦。战争一旦结束,我们不但要恢复生产,而且要建设现代化的、强大的国民经济。当前摆在我们面前的迫切任务是解决人民的衣食住问题和安排生产建设问题。"

1949年9月,人民政协通过的具有临时宪法性质的《中国人民政治协商会议共同纲领》,规定了经济政策、文化教育等民生方面的内容。1952年,土地改革基本完成,国民经济恢复,经济、政治、社会发生的变化为向社会主义过渡奠定了基础。随着社会主义过渡时期总路线的提出和社会主义改造的基本完成,建立起社会主义基本制度,从根本上规定了民生发展的方向。"一五"计划完成,工业、农业、商业和科学教育文化事业都有很大发展,人民生活水平也得到一定的提高。

1955年7月,全国人大一届二次会议讨论通过《中华人民共和国发展国民经济第一个五年计划》。这个计划的编制从1951年春开始,历时4年多。在此期间,中央要求各省市制订相应的地方性经济建设计划,以保证国家经济建设计划得到圆满的实现。据此,福建省根据国家的总计划以及本省的具体情况,从1952年8月着手编制《福建省发展国民经济第一个五年计划(1953—1957)》。1955年4月,国家计委把提交全国党代会讨论的国家"一五"计划草案发到各省。福建根据这一草案对本省的计划再作修改后,于1955年6月提交中共福建省第三次代表会议讨论通过。

在财经贸易方面,福建省财政充分发挥积累资金、支援建设的作用。"一五"期间,全省财政收入累计12.94亿元,年平均增长7.9%。财政收入的增长是建立在经济发展基础上的,财政支出从过去的保证政府、军队供应为主,转向扶植生产,进行经济建设投资。5年预算支出中,经济建设费占40.3%,社会文教科学卫生事业费占30.9%,行政费占27.8%,其他费用占1.1%。

经过对农业、手工业和资本主义工商业的社会主义改造,福建省国营商业已发展到一定规模,全省城乡形成了以国营和集体的合作社商业为主,个体商业与集贸市场为辅的商业格局。"一五"计划的最后一年1957年,社会商品零售总额为11.92亿元,比1952年增长104%。市场繁荣活跃,供求基本平衡,物价比较稳定,是福建历史上市场状况较好的一个时期。

在文教卫生事业方面,1953年以后,对教育事业的投资逐年增加。至1957年,全省学校基建投资完成数比1952年增长59.4%,教育事业费实际支出数比1952年增长1倍多。全省教育规模迅速扩大,各类各级学校的办学条件和教育质量有了明显提高。同时,全省卫生事业也得到显著发展,各种卫生机构1957年达到2 068个,比1952年增长2.3倍;拥有床位数1.08万张,比1952年增加57.2%。

"二五"计划(1958—1962年)受到"大跃进"运动的冲击,在高指标、浮夸风等"左"的错误思想支配下,提出了后人看来根本无法实现的高指标:工业增速与农业增速分别为"一五"时期增速的3倍与7倍,主要工农业产品指标都是1952年的10倍左右。就全国来看,"二五"计划的实施十分失败,所有指标都没有完成。这一时期,工业增长前三年("大跃进"时期)大起,随后两年大落;农业增长倒退。由于年度计划指标多变,福建省没有(正式)形成五年计划,只编制年度计划。从各项指标看,不但计划指标没有实现,调整计划也没有实现。"三五"计划(1966—1970年)的首要任务是搞"三线"建设,建成一个初具规模的战略大后方。"三五"计划提出的目标相对稳妥,但在计划的中后期(特别是1967年、1968年)受到"文化大革命"冲击,政治动乱,计划部门瘫痪,计划管理制度被破坏,没有形成系统的中期计划,经济建设相对停滞。尽管在最后一年1970年,为了完成计划,经济建设又掀起

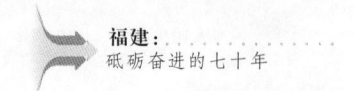

了一场"大跃进",但"三五"计划完成的总体情况并不理想。福建全省在"三五"期间经济增长较快,但同样经历了大起大落,大部分计划指标没有完成。"四五"计划(1971—1975年)是在"文化大革命"中制订的,同样是以战备为核心、目标不切实际的计划,其发展目标明显带有浮夸的时代特征。计划管理制度没有完全恢复,也没有形成系统的中期计划。"四五"计划由于指标过高,不切实际,工农业生产和基本建设的相当部分指标没有完成,但仍有不同程度增长。到1975年,全省农业总产值达到29.08亿元,粮食640.5万吨;工业总产值完成41.89亿元,交通运输货运量3746万吨;全省的财政收入95 850万元,财政支出98 582万元。

二、曲折前进阶段(1978—1992年)

我国"五五"计划(1976—1980年)的基本发展目标,是建成独立的比较完整的工业体系和国民经济体系。"五五"计划头两年,在脱离实际、高指标思想的指导下,对国民经济比例关系严重失调的状况,还没有足够的认识。1978年,党的十一届三中全会召开后,中央提出对国民经济实行"调整、改革、整顿、提高"的方针,经济工作开始发生根本性转变。"五五"计划执行的结果比较好,国民经济比例关系有所调整,开始实行对外开放、特殊政策,对外经济有较大发展。这一时期经济增长速度加快,但并未摆脱大起大落的增长模式。

1981—1985年,是第六个五年计划时期,也是经济体制改革逐步开展和深入的时期。在"六五"时期,福建省继续贯彻"调整、改革、整顿、提高"的方针和"对内搞活、对外开放"的政策。经过短短几年的努力,福建省国民经济已经开始出现持续、稳定、协调发展的新局面,展现出良性循环的前景。

"六五"期间,福建省城乡人民生活水平有了显著提高。城市人民人均收入逐年增长,消费结构发生新变化。福建省城市职工人均生活费收入平均每年递增12.4%。1984年平均生活费收入555.84元,1985年达702元,扣除职工生活费用价格指数上升因素,平均每年递增6.2%。在收入增加的基础上,居民家庭生活费支出也有较大幅度的增长,对商品的质量、花色、品种、等级的要求,也越来越高。在居民家庭人均生活费支出方面,1984年为511.56元,1985年增加到672元,比1980年增长71.5%,平均每年递增11.4%,若扣除物价上升因素,平均每年递增5.3%。

随着农业生产和农村商品经济的发展,"六五"期间,福建省农民收入迅速增加。1984年平均每个农民纯收入已达345元,比1980年增长一倍多,1985年农民人均纯收入达385元。福建省农民纯收入迅速增加的特点有:一是人均纯收入增加多,增长快。前四年农民人均纯收入增加173元,年平均增加43.3元,而从1950年至1980年的30年,人均纯收入只增加111元,每年平均增加3.7元;二是低收入农户比重下降,人均纯收入在200元以下的贫困户所占比重,已由1980年的72.4%下降到10.5%,而人均在300元以上的农户所占比重则由6.4%上升到60.7%;三是生产性纯收入增长迅速,1984年生产性纯收入为301元,比1980年增加143元,占增加收入的83%,年递增速度为17.6%。农民收入增加,缩小了城乡收入差距。"六五"期间,农民与职工的生活费收入差距缩小19.6%。1980年农民与职工生产费收入之比为1∶2.25,1984年则缩小为1∶1.81。

三、快速发展阶段(1992—2000年)

"八五"计划(1991—1995年)在发展目标上主要强调确保经济与社会稳定,制定的指标力求稳妥。"八五"期间,特别是1992年邓小平南方谈话和党的十四大以后,福建省改革开放和现代化建设进入蓬勃发展的新阶段,"八五"计划提出的各项主要目标和任务都顺利完成,经济建设、人民生活和综合省力都上了一个新台阶。这一时期国民经济增速达到历史最高,而且增长相当稳定。经济增速为12%,是前十个五年计划中增长最快的时期,经济增长比较平稳。

"八五"时期市场繁荣稳定,人民生活向小康迈进。这一时期,福建省加快商品流通体制改革步伐,大力培育商品市场体系,建立起适应国民经济发展,以国有经济为主导、多成分、多渠道、开放式、外向型的商品流通新体制,市场供应丰富,货源充裕,改变了长期以来商品供不应求卖方市场主导的状况,主要消费品供需基本平衡。1994年,在社会消费品零售额中,国有经济占22.5%,集体经济占15.7%,个体、私营经济占45.1%,其他经济占

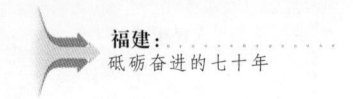

16.7%。1995年全省社会消费品零售额达695亿元,比1990年增长2.3倍,平均每年增长27.3%,比"七五"时期高10.6个百分点。"八五"时期累计实现社会消费品零售额2 128亿元,比"七五"时期增加1 309亿元,增长1.6倍,完成"八五"计划目标的151%。

"八五"时期省重点扶持建设的80个大中型零售市场、批发市场设施建设进展加快,1995年底建成31个。计划全省零售商业网点1995年发展到35.5万个,比1990年25万个增长42%。特别是城乡集贸市场计划发展到1 890个。商业设施的建设,方便了人民生活,促进了第三产业的发展。

"八五"时期,城乡居民收入增加,生活质量不断提高,开始向小康迈进。1995年全省城镇居民人均生活费收入4 550元,比1990年增长1.8倍,五年平均增长22.7%,比计划增加1 650元,扣除物价因素实际增长7.9%;农民人均纯收入达2 000元,比1990年增长1.6倍,五年平均增长21.1%,比计划增加600元,扣除物价因素实际增长8.2%。居民家庭耐用消费品拥有量不断增加,彩电、电冰箱、洗衣机在城镇居民家庭基本普及,摩托车、空调、中高档音响成为消费热点,农村居民家庭耐用消费品消费也进入快速增长时期。居民居住条件继续改善,1995年全省城镇居民和农民人均住房面积分别达13平方米和25平方米,分别比1990年增加3.75平方米和6.50平方米,均超过"八五"计划目标。

"九五"计划(1996—2000年)是全面完成现代化建设的第二步战略部署。"九五"计划制订的指标更注重宏观性、战略性与指导性。"九五"时期,全省生产总值年均增长11.8%,超过"九五"计划年均增长11%的目标;人均地区生产总值也提前于1999年实现比1980年翻三番的目标。2000年,福建省生产总值达到3 920亿元,财政总收入达到369亿元,财政收入连续16年实现收支平衡,年均增长14.9%,超过"九五"计划年均增长11%的目标,财政收入占福建省生产总值的比重也由1995年的8.5%上升到2000年的9.3%。

2000年,福建省城乡居民收支继续增长。全年城镇居民人均可支配收入7 432元,比上年增长8.3%,扣除物价因素,实际增长4.9%;人均消费支出5 639元,增长7.1%。农民人均纯收入3 230元,比上年增长4.5%,扣除物价因素,实际增长3.8%;人均生活消费支出2 410元,增长7.0%。城乡居民居住条件继续改善。年末,城镇和农村的人均住房面积分别达15.30平方米和32.14平方米。"九五"期间,城镇居民人均可支配收入和农民人均纯收入年均实际增长率均为6.5%。养老、失业保险逐步走上法制化、规范化轨道。全省有176.36万职工参加了失业保险,174.80万企业职工参加了社会养老保险。

时任福建省人民政府省长习近平在2001年福建省第九届人民代表大会第四次会议上所做的政府工作报告中指出,初步建立社会主义市场经济体制,是"九五"期间福建省经济和社会发生的一项具有长远历史意义的根本性变化。人民生活实现了由温饱向小康的历史性转变。农民人均纯收入年均实际增长6.5%,城镇居民人均可支配收入年均实际增长6.5%,均超过"九五"计划实际年均增长4%~5%的目标。就业渠道不断拓宽,城镇登记失业率连年低于全国平均水平,再就业率高出全国平均水平15个百分点。居民消费水平继续提高,居住条件明显改善,生活质量逐步提高。在1997年基本实现小康的基础上,全省人均地区生产总值2000年超过人均800美元的小康标准,全面实现了社会主义现代化建设的第二步战略目标,为福建省实施第三步战略部署奠定了坚实基础。

四、社会事业与经济建设协调阶段(2000—2010年)

据《中国经济时报》2000年2月1日报道,时任福建省省长习近平在接受记者采访时指出,增长不等于发展,富裕不等于幸福,社会事业发展已到非抓不可的时候了。他说,社会事业发展相对滞后已成为制约经济发展的重要因素之一。"衣食足而知荣辱",如果说改革开放初期,社会事业发展慢一点,尚有一些客观原因可谅解,因为社会事业的发展需要相应的基础,经济上不去,社会事业也不可能超前发展,那么经过20年的发展,有了一定的经济积累,面临21世纪知识经济的竞争,如仍不重视社会事业的发展,就是我们的失职和缺乏远见。他认为,重视社会事业的发展,既是保证可持续发展战略实施的迫切需要,也是扩大内需,培育新经济增长点的迫切需要。寻找和创造新的消费热点和投资热点是当前形势下举国关注的问题。长期以来,社会事业主要依靠财政投入,而不是将之当作一个产业纳入国民经济链

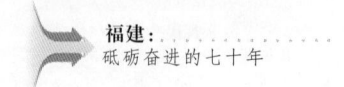

条,导致社会事业发展与经济建设脱节并明显滞后,如高等教育供需缺口大等。随着生活水平的提高,旅游、社区服务、体育、医疗保健、文化娱乐等方面的消费需求越来越大,这为扩大内需启动消费提供了机会和途径。

21世纪之初,福建人民的餐桌和全国人民的餐桌一样面临着新困扰:经过改革开放以来的持续改善,食品供给虽无数量之忧,但存安全之虞。一些水源和耕地受到污染;一些农副产品中有害残留物超标严重;畜禽养殖和食品加工过程中一些企业使用过多抗生素或违禁使用添加剂、激素等,食品中有害残留物增加;食品加工、运输、储存等环节的设备落后,缺乏有效的检测手段,食品后续污染问题日益突出……2001年,时任福建省省长习近平在全国率先提出并亲力亲为治理餐桌污染,建设食品放心工程,建立全程监管体系,守护广大人民群众"舌尖上的安全"。

2003年,福建社会事业取得了可喜进步,但社会发展的多数指标居全国第17~22位,与经济发展水平不相称。主要表现:一是社会事业投入不足,以社会事业为主要内容的公共服务总体供给能力不足和供给水平不高。这个问题是全国性的。据统计,2002年福建基建投资总额397.83亿元,其中社会事业基建投资34.47亿元,仅占8.7%;福建社会事业基建投资占全国2.26%,低于人口占全国2.7%的水平,也低于地区生产总值占全国4.5%的水平。二是福建社会发展滞后于经济发展,经济发展与社会发展"一条腿长,一条腿短"的问题突出。由省发展计划委员会会同省统计局完成的《福建省社会发展综合评价研究》课题显示,2001年福建经济发展指数为111.2,而社会进步指数只有101.1,低10个百分点。三是区域特别是沿海与山区、城市与农村社会发展不平衡,如全省县级文化馆、图书馆尚缺30个,大部分分布在山区县;再如2002年人均教育事业费支出,厦门市高达740.7元,而南平市仅133元,宁德市167元;再如每万人拥有卫技人员数,厦门市达63.1人,福州市37.3人,而莆田市仅17.9人,南平市23.8人;据前述课题研究成果显示,2001年省内社会进步得分超过50分的设区市仅有厦门市、福州市和泉州市,其中厦门市高达86.99分,其余6市均低于50分,最低的宁德市仅39.92分,与厦门市相差47.07分,差距明显。四是山区内部发展不平衡,广大农村基础教育、基本医疗、公共卫生设施的条件落后,农民就医难、就学难问题突出。例如,全省卫生资源80%分布在城市,只有20%分布在农村；全省中小学D级危房165万平方米,63%分布在山区和财政转移支付县。

"十五"计划(2001—2005年)是我国进入21世纪的第一个五年计划。福建省在原有"闽东南""闽南三角洲"等概念的基础上,在省九届人大四次会议审议通过的《福建省国民经济和社会发展"十五"计划纲要》中,提出建设"海峡西岸繁荣带"的战略构想。全省围绕这个战略构想进行"十五"计划,提出计划目标:厦门经济特区和少数有条件的地区率先基本实现现代化,到2010年全省人均地区生产总值比2000年翻一番,基本建成海峡西岸繁荣带等。

从"十一五"规划(2006—2010年)起,国家将"五年计划"改为"五年规划"。从整个"十一五"期间来看,全省的主要经济指标的增长速度均高于改革开放30年的年均增长速度。"十一五"时期是改革开放以来福建经济社会发展得最好、最快的时期之一。整个"十一五"期间,全省地区生产总值年均递增11%左右。其中,2007年地区生产总值实现了比2000年翻一番的目标;2008年地区生产总值首次超过万亿元,提前两年实现规划目标。

五、民生优先阶段(2010—2012年)

2010年7月,福建省委八届九次全会提出坚持"先行先试、加快转变、民生优先、党建科学",全力推动福建跨越发展。推动跨越发展,必须坚持民生优先,这是各项工作的出发点和落脚点。要把保障和改善民生摆在经济社会发展的优先位置,继续办好为民惠民实事,积极发展社会事业,抓好灾后重建和防灾减灾工作,全面加强社会建设,优先解决群众最关心最直接最现实的利益问题。2010年8月,五大战役打响之初,民生工程战役便被列为五大战役之一。2010年11月,民生工程再添便民商业网点、公厕建设等10项贴近群众生活需要的实事。2011年1月,福建省政府工作报告承诺,全年预期目标为生产总值、城镇居民和农民人均现金收入均增长12%。2011年9月,福建省第九次党代会再次把改善民生摆上突出位置,提出建设更加优美更加和谐更加幸福的福建。2010年,全省民生支出1 024亿元,占财政总支出的71%。2011年达1 573.89亿元,占全省财政总支出的

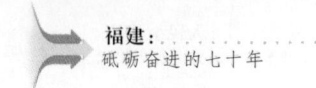

72％,同比增长53.7％;年底省级财政有部分超收,又将70％用于集中解决民生问题。2012年初,农林水利、城镇美化、造福工程、饮水安全、防灾减灾等领域事关民生的项目,被纳入五大战役实施范围;50个为民办实事项目,涉及城乡教育、文化、卫生、体育、助残、养老、社保、安居以及生态环境保护整治、惠农政策、平安建设等领域。

发展是最大的民生,没有发展的民生是无源之水。在稳中求进的总基调下,省委省政府向全省人民承诺:在全省生产总值、城镇居民人均可支配收入、农民人均纯收入预期同比增长11％的基础上,将力争增长12.3％作为奋斗目标。

民生工程硕果累累,成就了一个个"民心工程"。2011年3月13日,新型农村社会养老保险制度开始覆盖全省,原计划"十二五"末实现的民生承诺,在"十二五"开局之年提前兑现。截至2012年4月底,全省新农保参保人数1 259.56万人,参保率83.56％,累计发放养老金26.05亿元;全省完成投资5.6亿元用于提高农村居民最低生活保障标准,占年度计划的67.9％。

为确保不让一位学生因困难而失学,近年来,全省一般财政预算教育支出年均增长21.2％。重建校舍,增加学位,新建改扩建幼儿园……至2011年,福建省财政预算内教育经费支出比例已连续10年居全国首位。为继续解决进城务工人员随迁子女就学问题,2012年初以来,全省新建校舍项目累计开工面积18.4万平方米,到位资金3亿元,完成投资1.2亿元。

继在全国率先实现全省医院就诊一卡通后,2011年,福建省人均基本公共卫生服务经费从15元提高至25元,新农合和城镇居民医保政府补助水平从每人每年120元提高至200元。基层特岗医师计划,中心卫生院、社区卫生服务中心和村卫生所提升,公立医院改革……一项项具体举措层出不穷。2012年前4个月,扩充床位资源已竣工34个项目,新增床位1 334张。

强力推进保障性安居工程建设。2011年,福建省各类保障性住房建设开工26.92万套,超额完成国家下达责任目标。2012年,国家下达保障性住房建设目标任务16.17万套,基本建成13万套,加上往年结转在建项目,总在建规模达36万套,规模为历年之最。截至当年9月底,全省开工建设保障性安居工程超过17万套,开工率107.23%;其中已基本建成13.23万套,基本建成率109.47%,已超额提前完成国家年度目标任务。

"菜价保卫战"又有新招。2010年打响这一战役后,2011年9月,福建省出台稳定主要食品价格十项措施,建立控价长效机制。2012年1—4月,全省居民消费价格指数(CPI)较上年同期上涨3.2%,涨幅同比回落1.7个百分点,低于全国平均水平0.5个百分点。2012年5月,省政府下发《农副产品平价商店管理暂行办法》,明确规定在价格波动期,平价商店销售的平价蔬菜、水果价格应低于当地同类市场均价15%以上,粮、油、禽、蛋和其他生活必需品价格应低于当地同类市场均价5%以上。

继续加快推进重大文化惠民工程。实施多年的造福工程持续造福,治理"餐桌污染",提升公交服务优先便民工程……民生的改善,大大解除了百姓后顾之忧,提高消费预期,进而刺激消费、拉动内需,带动经济高质量迅速增长。

六、民生改善和保障阶段(2012—2017年)

2012年12月27日,福建省委九届六次全会提出,要扎实推进文化强省建设,以高度的文化自觉和文化自信,实施文化大发展大繁荣"八大工程",强化社会主义核心价值引领,大力弘扬和践行福建精神,完善公共文化服务体系,推进文化创新创造,增强文化产业整体实力和竞争力。要扎实推进民生改善和社会管理创新,解决人民群众最关心最直接最现实的利益问题,在学有所教、劳有所得、病有所医、老有所养、住有所居上持续取得新进展。会议提出,要弘扬"滴水穿石"精神,树立"功成不必在我任"的意识,多做打基础、利长远、惠民生的实事。始终把人民群众利益放在首位,深入到基层中去,深入到贫困落后、条件艰苦的地方去,深入到矛盾多、问题大的地方去,尽心竭力为群众排忧解难,始终与人民心心相印,与人民同甘共苦,与人民团结奋斗。

"十二五"期间,福建省确定了23个省级扶贫开发重点县,实行对口挂钩帮扶。2013年,省委专题研究部署扶贫开发工作,将23个扶贫开发工作重点县作为扶贫开发的主战场;建立23个扶贫重点县每个县至少一位省领

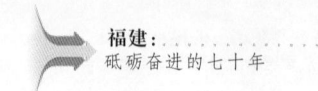

导挂钩,省直一个部门牵头、四个部门协作的帮扶制度。省领导每年至少两次深入到挂钩帮扶重点县检查工作。2015年,23个重点县的地方生产总值、地方财政收入、农民人均可支配收入分别比2010年增长89.01%、141.58%和86.75%。但按照当时福建省3310元的农村扶贫标准,全省尚有农村贫困人口122.7万人,其中有劳动能力的扶贫开发对象73.5万人,按国家2736元的扶贫标准,大约还有50万人。与一些中西部省份相比,福建省贫困人口数量不算太多,但分布比较散,而且多处于比较偏远、交通和经济发展条件比较差的山区老区,脱贫攻坚任务仍然十分艰巨。对此,福建省"十三五"规划纲要提出要全力推进精准扶贫、精准脱贫,加快形成政府主导、覆盖城乡、可持续的基本公共服务体系,实现发展成果更多更公平惠及广大人民群众,共同迈入全面小康社会。

"全面建成小康社会,不能丢了农村这一头""决不能让一个苏区老区掉队""祝愿大家生活更加幸福美好",2014年习近平总书记来闽考察时对八闽百姓牵挂在心,再三叮嘱。百姓富,是建设新福建的出发点,也是归宿。惠民生,奔富路。从沿海到山区,福建干部群众始终牢记总书记的嘱托,既坚持高质量发展落实赶超,又着力保障和改善民生,凝心聚力,奔向美好生活的明天。

七、补齐短板阶段(2017年至今)

(一)民生领域加快布局持续改革

2017年8月3日,福建省委十届三次全会通过《中共福建省委关于加快社会事业发展补齐民生短板确保如期全面建成小康社会的决定》(以下简称《决定》),提出到2020年,社会事业发展水平与经济发展水平基本相适应,公共服务体系更加完善,供给能力显著增强,"学有所教""病有所医""老有所养""宜居宜业"等基本公共服务保障能力和水平迈上新台阶。社会事业重点领域主要指标高于全国平均水平,力争达到东部地区平均水平。

《决定》强调,要全面贯彻党的十八大和十八届三中、四中、五中、六中全会精神,深入学习贯彻习近平总书记系列重要讲话精神和治国理政新理念新思想新战略以及对福建工作的重要指示,统筹推进"五位一体"总体布局,协调推进"四个全面"战略布局,增强"四个意识",牢固树立和贯彻落实五大发展理念,坚持以人民为中心的发展思想,围绕"再上新台阶、建设新福建"的新要求,紧盯薄弱、对接需求、突出重点、精准发力,加快补齐教育、卫生与健康、养老和城乡民生基础设施等社会事业短板,不断增强经济社会发展的全面性平衡性协调性,让人民群众有更多的获得感,确保如期全面建成小康社会。

《决定》对教育、医疗、养老服务和城乡民生基础设施等领域提出了具体要求。其中,教育方面,要实现公平可及。各类教育资源总量扩大,教育各项主要指标进入全国第一方阵,学前三年入园率超过98%,义务教育巩固率稳定在98%以上,高中阶段毛入学率超过96%,高等教育毛入学率达到53%,基本满足人民群众获得更好教育的愿望。人民健康水平方面要不断提升。医药卫生体制改革持续深化,建立覆盖城乡的基本医疗卫生制度,主要健康指标保持在全国前列,每千常住人口医疗机构床位6张,城乡居民国民体质达标率90%以上,人均预期寿命78.29岁,健康福建建设迈上更高层次。养老服务体系方面,要基本形成居家社区养老和机构养老协调发展,基本养老服务覆盖全体老年人,每千名老年人拥有养老床位数35张以上,打响"清新福建·颐养福地"养老品牌。城乡民生基础设施体系方面要更加完善。堵、涝、污等得到有效治理,城市建成区平均路网密度8公里每平方公里,人均公园绿地面积14.1平方米,市县生活污水、垃圾处理率分别达到94%和98%以上,基本实现乡镇村庄生活污水垃圾处理全覆盖,建成便捷舒适的宜居宜业环境,生态文明试验区建设取得新进展。

(二)新增财力持续向民生倾斜

十八大以后的五年来,福建财政民生支出占一般公共预算支出的比重始终保持在70%以上,年均增长14.58%,超过同期财政增速5.18个百分点,高于全国平均水平2.80个百分点。其中,教育投入占财政支出的比重一直位居全国前列,医疗卫生支出占比持续高于全国平均水平,城乡社区、节能环保支出年均增长分别超过三成和两成,城镇职工和城乡居民的基本养老保险待遇水平接近翻番,城乡低保标准和医疗救助水平成倍增长,脱贫

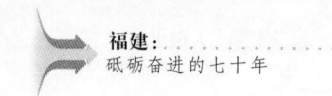

攻坚取得决定性进展。近年来,福建财政认真贯彻落实中央和省委省政府关于加强和改善民生的一系列重大决策部署,新增财力持续向民生倾斜,加快补齐民生社会事业短板,不断完善社会保障体系建设。

推进社会保险制度改革是财政社保工作的"重头戏"。2018年以来,福建省落实社会保险费征缴职能划转,健全征收管理制度;进一步深化医疗保障制度改革,实现各统筹区内覆盖范围、筹资政策、保障待遇、医保目录、定点管理、基金管理"六统一";探索实施职工基本医疗保险基金全省统筹调剂制度;推进医保支付方式改革,建立医保基金控费管理考核评价制度。社会保险待遇水平逐步提高。机关、企业和事业单位退休人员养老金标准按总体水平5%的幅度调整提高,城乡居民基本养老保险基础养老金省定标准和城乡居民基本医疗保险财政补助再提高。落实降费政策。为减轻企业社会保险费负担,2015年以来,福建省连续3次下调失业保险费率,失业保险总费率由3%降至1%,4年累计减收超过100亿元,降费效果显著,切实降低了企业成本。实施医疗保障扶贫。2017—2020年,福建实施精准扶贫医疗叠加保险制度,对建档立卡农村贫困人口在基本医疗保险、大病保险、医疗救助等政策报销后的医疗费用进行叠加报销,进一步减轻其医疗费用负担。

关注特殊群体民生权益也是福建财政采取的一项有力措施。福建省明确,从2018年起提高省级计划生育特殊家庭扶助金标准,进一步加大对计划生育特殊家庭的扶助关怀力度。为关心关爱革命"五老"人员,福建省调整部分优抚对象抚恤和生活补助标准,并同步提高革命"五老"人员生活补助标准。切实保障残疾人权益,将全省贫困残疾儿童康复服务补助标准提高至每人每年18 000元,并将年龄范围扩面至0~18周岁;扶持全省残疾人辅助性就业机构建设发展,推动智力、精神和重度肢体残疾等残疾人就业创业;将23个省级扶贫开发重点县残疾人大学生和低保户残疾人子女大学生的学费资助延长到2020年。

(三)把健康摆在优先发展的战略地位

在加快总体布局的同时,福建省也在各个领域加快推进民生补短板步伐。福建省委省政府高度重视卫生与健康事业。2017年5月,福建省委省政府出台《"健康福建2030"行动规划》(以下简称《规划》),《规划》强调要遵循健康优先、融入政策的原则,指出维护和促进全民健康是建设健康福建的根本目的。要从健康影响因素的广泛性、社会性、整体性出发,立足省情,把健康摆在优先发展的战略地位,将促进健康的理念融入公共政策制定实施的全过程,加快形成有利于健康的生活方式、生态环境和经济社会发展模式,实现健康与经济社会良性协调发展。

《规划》提出,到2020年,基本建立覆盖城乡居民的基本医疗卫生制度,健康素养水平持续提高,健康服务体系逐步完善,人人享有基本医疗卫生服务和基本体育健身服务,基本建立与全面建成小康社会相适应的健康保障制度体系,基本形成内涵丰富、结构合理的健康产业体系,健康水平、健康生活、健康环境等主要健康指标保持在全国前列。

《规划》提出到2030年,健康优先的制度设计和政策体系更加完善,健康领域整体协调发展。健康教育基础化、健康行为自觉化、健身运动常态化、健康生活方式更加普及。医疗服务和公共服务更加公平、可及和优质。医疗保障体系成熟定型,生态环境更加优美,健康产业更加壮大。主要健康指标达到高收入国家标准。

同年8月4日,福建召开全省卫生与健康大会。明确健康是全面发展的基础,是国家富强和民族振兴的重要标志,没有全民健康就没有全面小康。在充分肯定了近年来福建省卫生与健康事业取得突出成绩的基础上,要求全省各地把握形势,增强卫生与健康事业发展的责任感、紧迫感,加快卫生与健康事业发展,到2020年基本建立覆盖城乡居民的基本医疗卫生制度,医疗机构床位等主要健康指标保持在全国前列,确保如期建成全面小康社会。要求卫生和健康相关部门坚持预防为主,加强疾病预防控制,强化传染病监测预警和联防联控工作机制;全面贯彻落实两孩政策,倡导优生优育;发挥中医的"治未病"优势及其在健康养生方面的独特作用,保护好福建本土中医药资源;持续增强"清新福建"生态名片的影响力,努力减少公共生态安全事件对人民健康的威胁,推进健康城市、健康村镇、健康社区、健康单位、健康家庭建设;大力开展全民健身运动。针对当时东南亚多国进入登革热爆发高峰期的态势,要求出入境、卫计委等部门提高警惕,严防境外疫情传入。大力实施智慧工程,推进全省统一的医疗卫生平台建设,提高卫生应

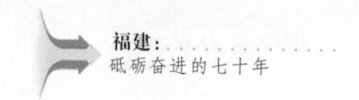

急处置能力,拓展"互联网+医疗"健康服务,在各级医院推广第三方支付、手机APP、互联网+等服务,改善群众就医体验,同时加强指导群众养成健康的生活方式,促使人民群众少得病,最好不得病。

(四)办好人民满意的教育

2017年,福建省出台《关于加快教育事业发展的实施意见》(闽委发〔2017〕20号),把"全面改薄"任务的完成作为加快补齐教育事业短板、办好人民满意教育的重要抓手,通过建机制、增投入、找差距、补短板、调规划、优结构、强管理、重督导,全面改善义务教育基本办学条件。

2019年2月22日,全省教育大会在福州召开。要深入学习贯彻习近平总书记关于教育的重要论述和全国教育大会精神,加快推进教育现代化和教育强省建设,办好人民满意的教育,交出新时代教育工作的满意答卷,为新时代新福建建设提供强大支撑。

会议认为,习近平总书记在全国教育大会上的重要讲话,站在新时代党和国家事业发展全局的高度,深刻总结了党的十八大以来我国教育事业发展取得的显著成就,对当前和今后一个时期教育工作做出了全面部署,是指导新形势下做好教育工作的纲领性文献,是办好人民满意的教育的行动指南和根本遵循。要把学习贯彻习近平总书记关于教育的重要论述,与秉承弘扬习近平总书记在福建工作时关于教育的创新理念和重要实践紧密结合起来,与贯彻落实习近平总书记"福建没有理由不把教育办好"等重要指示精神紧密结合起来,以高度的政治责任感和历史使命感,推动全省教育事业不断取得新进展新成效。

会议指出,把福建教育办得更好,要坚持问题导向,解决突出矛盾。这就是在"量"的问题基本解决后如何提高"质"的问题,在较好解决了"有学上"的问题基础上如何满足人民群众对"上好学"的期盼。为此,关键是要推进教育高质量发展。推进教育高质量发展,根本的任务是培养高质量的学生,检验的标准是有没有培养出高质量的学生。要全面贯彻党的教育方针,持续在坚定理想信念、厚植爱国主义情怀、加强品德修养、增长知识见识、培养奋斗精神、增强综合素质等方面下功夫,着力培养德智体美劳全面发展的社会主义建设者和接班人。推进教育高质量发展,关键要有高质量的教师,要着力建设高素质专业化的教师队伍,把师德师风作为评价教师队伍素质的第一标准,着力提高教师政治地位、社会地位、职业地位和收入水平,多措并举推动教师提高教育教学水平。推进教育高质量发展,基础教育是重点,要着力办好公平而有质量的基础教育,坚持抓重点、强弱项、补短板,推进学前教育优质普惠发展、义务教育优质均衡发展、高中教育优质多样发展,大力促进教育公平,确保"一个都不落下、每个都有发展"。推进教育高质量发展,根本上要靠改革创新,要着力推进教育领域综合改革,围绕人民群众关心的热点难点问题,深化教育评价改革,推进办学体制和教育管理改革,提升教育服务经济社会发展能力,以改革为教育事业激活力、增动力。

(五)就业是最大的民生

就业是最大的民生,也是经济发展最基本的支撑。2018年,福建省率先在全国出台《关于进一步做好促进就业工作十七条措施的通知》(以下简称《通知》),从实施高质量发展战略促进就业、实施更加积极的就业政策、实施全方位公共就业创业服务以及强化工作责任加强就业保障四个方面提出十七条措施。

(1)更长远,通过实施高质量发展战略促就业

就业是涉及千家万户的生计,是人民群众最关心最直接最现实的利益问题,是保障和改善民生的头等大事。近年来,福建省深入实施就业优先战略和积极就业政策,就业形势总体平稳、稳中向好。2018年1—7月,全省实现城镇新增就业38.2万人,完成55万人任务的69.45%;期末城镇登记失业率3.84%,控制在4.20%以内。但同时也应看到,受产业结构转型升级以及国际经贸形势变化等因素影响,就业领域仍然面临严峻挑战。解决就业问题根本要靠发展,必须通过坚持高质量发展拓宽就业渠道,形成新的就业增长点。

为从源头促就业,创造更多新就业岗位,《通知》从经济社会发展的六个方面提出系列举措,包括:大力发展实体经济,稳住就业基本盘;培育壮大新动能,创造新就业岗位;鼓励创新创业,拓宽就业载体;拓展对外经贸,培育外向型就业;完善城市公共服务功能,增强吸纳就业能力;支持乡村振兴,拓宽农村就业渠道。新政立足当前谋划长远,既突出应对当前经济形势变化,

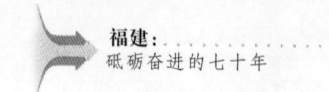

研究短期性、应急性的稳就业政策措施，分产业、分对象形成工作机制，做到未雨绸缪，也着眼高质量发展战略，着力与经济发展方式转变相适应，促进高质量就业。

和以往政策相比，新政有不少亮点，如：将创业孵化基地运营主体纳入小微企业创业担保贷款对象范围，符合条件的可给予最高不超过200万元的贴息贷款；对首次创办小微企业或从事个体经营的毕业5年内的大中专院校（含技校）毕业生、登记失业人员、就业困难人员，由创业地给予不超过1万元的一次性创业扶持补贴；将创业带动就业补贴对象放宽至个体工商户；等等。

（2）更精准，就业政策分类满足地方和企业需求

《通知》提出，实施更加积极的就业政策。包括完善政策体系，分类满足就业需求；实施"护航行动"，加大援企稳岗力度；推行用工调剂，稳妥分流安置职工；帮扶重点群体，强化政策举措支持。对积极采取措施不裁员、少裁员的企业，按该企业及其职工上年度实际缴纳失业保险费总额的50%从失业保险基金中给予稳岗补贴。

《通知》首次旗帜鲜明地提出分类满足就业需求，这就意味着将更多地"放权给地方"，必将大大激发地方活力。《通知》突出构建福建特色积极就业政策体系，明确提出鼓励地方加大公共政策产品供给，实施本地化举措，探索差别化试点，满足社会各类群体政策需求。比如，山区可以对返乡创业多补贴，而沿海地区可以对大学生创业多补贴，让补贴更精准更接地气，而不是"一刀切""撒胡椒面"。

"锦上添花"不如"雪中送炭"。对那些受当前国际市场因素影响遇到暂时性困难的企业，《通知》出台了不少"雪中送炭"的举措。如：明确提出各地可提高稳岗补贴标准；鼓励相近行业企业吸纳因市场因素造成失业的职工，每吸纳1人并稳定就业半年以上、按规定缴纳社会保险的，可给予不超过500元的一次性补贴；鼓励各地政府积极开发公益性岗位，对通过市场化渠道难以就业的困难人员予以托底安置。

同时，为推进更精准就业扶贫，《通知》提出鼓励各类企业设立扶贫加工点、扶贫车间、扶贫基地，对吸纳贫困家庭劳动力就业实现脱贫的，可按吸纳就业人数从各级就业补助资金中给予一定奖补。比如，针对残疾人设立扶

贫加工点或车间,既解决了企业用工需求,又帮助贫困残疾人重燃生活希望,还赢得良好社会效益,一举多赢。

(六)高规格推动养老事业发展

截至2017年底,福建省60岁及以上老年人口有555万,占全省常住人口的14.2%。福建的老龄化程度低于全国平均水平,更低于东部沿海其他省份,养老问题刚刚显现。但福建省高度重视,及早谋划、高位推动,高起点、高标准地构建养老服务体系,推动养老服务业发展。

2017年8月3日,福建省委召开十届三次全会,将养老事业发展作为补齐民生事业短板的四项重大内容之一,进行研究部署。其规格之高、力度之大,在福建省民政工作历史上是首次,在全国也是首例,对推进福建省养老事业发展具有重要而深远的里程碑意义。2017年8月4日,福建省召开了全省养老工作会议,对全面推进养老工作进行了深入动员部署。会议对当前和今后一个时期养老工作的部署要求,既系统全面,又重点突出,指导性、针对性、操作性很强。在发展目标上,明确对标东部、补齐短板;在主攻方向上,突出问题导向、精准发力;在工作格局上,坚持党政引领、社会参与;在整体布局上,注重统筹发展、改善结构;在体制机制上,强调深化改革、鼓励创新。会议以省委全会的规格部署养老工作,充分体现了省委省政府对加快发展养老事业的高度重视和坚定决心。

会议要求,各地要明确为什么要补短板、福建省有哪些短板、怎样补上短板、怎样才能补好短板。要全面梳理、摸清家底,找准自身短板,列出问题清单,研究提出并实施有针对性、可操作的政策措施。重点要优先发展居家社区养老服务,完善服务设施,发展服务组织,整合服务功能;要加快推进养老机构健康发展,鼓励民营资本兴办养老机构,盘活用好乡镇敬老院,限时完成设立许可;要全面推进医养结合,推动医疗机构和养老机构合作共建,推进医疗卫生服务延伸至社区家庭,提高护理型床位比例;要加强养老服务队伍建设,发展专业教育,强化职业培训,完善薪酬和奖励制度。会议强调,各级各部门要强化组织领导,切实把加快养老事业发展摆在更加突出的位置;要坚持改革创新,全面放开养老服务市场;要注重统筹兼顾,处理好政府主导与社会参与的关系、放开市场与加强监管的关系、供给与需求的关系、

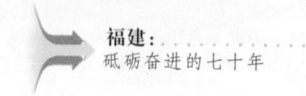

城市养老与农村养老的关系;要加强督促检查,确保养老事业发展的各项目标任务如期完成。

同年9月,福建省出台《关于加快养老事业发展的实施意见》,明确提出加快实施居家社区养老服务、机构养老服务等八大工程。力争到2020年,全省养老主要指标高于全国平均水平,达到东部地区平均水平。基本养老服务覆盖全体老年人,形成"低端有保障、中端有市场、高端有选择"的多层次养老服务格局,让老年人能够"快乐地生活、健康地长寿、优雅地老去"。重点推进的八大工程包括:居家社区养老服务工程、机构养老服务工程、兜底保障工程、医养结合工程、精神关爱工程、智慧养老工程、养老产业培育工程、养老服务队伍建设工程。

发展商业养老保险对于健全多层次养老保障体系,进一步保障和改善民生具有重要意义。2017年11月,福建省出台《关于加快发展商业养老保险的实施意见》,提出到2020年,形成较为完善的商业养老保险运行网络和服务体系,养老保险产品供给更加丰富,商业保险机构运营更加稳健,服务领域更加广泛,专业能力明显提升,商业养老保险覆盖面和保障能力显著提高。实施意见提出了七项重点任务和措施,包括推动商业养老保险机构建设,丰富商业养老保险产品供给,支持商业保险机构参与养老保障体系建设,进一步拓展老年人保险保障范围,支持商业保险机构投资养老服务产业,增强养老服务机构风险保障,推进商业养老保险资金运用等。

第二节　福建民生与社会事业发展成就

一、收入来源日趋多元化,百姓生活水平明显提高

新中国成立70年来特别是改革开放以来,福建城乡居民的收入不断提升。福建省农村居民人均可支配收入由1978年的138元增加到2017年的16 335元,增长117.40倍,年均增长13.0%,比全国平均增速高0.5个百分点,与全国平均收入水平相比,2017年福建省农村居民人均可支配收入是全国平均收入水平的1.22倍,比1978年的1.03倍高出0.19倍。福建省

城镇居民人均可支配收入由1978年的371元增加到2017年的39 001元，增长104倍，年均增长12.7％，比改革开放前26年(1952—1978年)年均增幅高7.8个百分点。随着市场经济快速发展,工业化及城镇化进程加速推进,收入分配体制改革持续深化,在居民收入持续较快增长的同时,收入来源逐步趋向多样化。

(一)体制变更促进了农民收入多元化增长

一是工资性收入成为农民收入主体。尤其是进入21世纪以来,新农村建设如火如荼,农村工业快速增长,农村大量剩余劳动力不断向第二、三产业转移,农民工资性收入快速增长。2017年,福建省农村居民人均工资性收入7 416元,比1998年增加6 514元,年均增长11.7％,比同期农村居民可支配收入年平均增幅高2.3个百分点；所占比重从1998年的30.6％提高到2017年的45.4％,是带动农村居民收入增长的重要力量。

二是经营净收入呈现阶段性增长。随着非农产业的发展,农户家庭经营净收入所占比重呈下降态势。但是,2005年新农村建设战略实施以来,现代化农业及特色产业迅速发展,在市场导向作用下,多种比较效益高的名特优新产品,如茶叶、食用菌、水产品等生产规模持续扩大,农民经营效益明显提高。2017年,福建省农村居民人均经营净收入6 276元,比2005年增加3 952元,年均增长8.6％,明显高于1998—2005年年均3.9％的增速。

三是财产净收入所占比重稳步提高。农村土地制度改革持续推进,土地资源得以盘活,农民充分享受土地流转的增值收益,财产净收入稳定增加。2017年,福建省农村居民人均财产净收入290元,比1998年增加251元,年均增长11.1％,比农村居民可支配收入增幅高1.7个百分点；所占比重从1998年的1.3％上升到2017年的1.8％。

四是转移净收入带动作用明显增强。农民进城务工队伍壮大,寄带回收入增加；多项惠农政策、补贴政策相继落实,农村社会保障体制不断健全,精准扶贫工作深入推进,带动农民转移性收入快速增长。2017年,福建省农村居民人均转移净收入2 353元,比1998年增加2 127元,年均增长13.1％,比同期农村居民可支配收入平均增幅高3.7个百分点；所占比重从1998年的7.7％上升到2017年的14.4％。

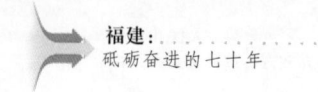

（二）市场经济活力增强拓宽了居民收入来源渠道

一是工资性收入持续占据居民收入主体地位。经济活力持续增强，居民就业形势不断向好，工资正常增长机制逐步建立完善，最低工资标准连年提高，工资性收入持续占据居民收入主体地位。2017年，福建省城镇居民人均工资性收入23 886元，比1998年增加19 177元，年均增长8.9%，占城镇居民可支配收入的比重达61.2%。

二是经营净收入快速增长。民营经济不断发展壮大，"大众创业，万众创新"热情高涨，小微企业、孵化机构得到政府大力支持，城镇居民经营净收入快速增长。2017年，福建省城镇居民人均经营净收入5 159元，比1998年增加4 798元，年均增长15.0%，比城镇居民可支配收入增幅高5.1个百分点；占城镇居民可支配收入的比重从1998年的5.6%上升到2017年的13.2%。

三是财产净收入成为可支配收入增长的有益补充。资本市场体系逐步健全，金融产品创新加快，金融投资渠道拓宽，居民投资理财意识提高，逐步将中长期储蓄转为各类投资，利息、红利等财产性收入较快增长；房地产市场蓬勃发展，房产租金收益增加，也促进了居民财产净收入增长。2017年，福建省城镇居民人均财产净收入4 579元，比1998年增加4 351元，年均增长17.1%，比城镇居民可支配收入增幅高7.2个百分点；占城镇居民可支配收入的比重从1998年的3.5%上升到2017年的11.7%。

四是转移净收入持续平稳增长。社会保障体系不断健全，城市低保、医保、养老保险等覆盖面不断扩大，补贴标准逐步提高，城镇居民转移净收入平稳增长。2017年，福建省城镇居民人均转移净收入5 377元，比1998年增加4 231元，年均增长8.5%，占城镇居民可支配收入的比重为13.8%。

二、生活质量显著提升，生活品质迈上新台阶

新中国成立70年来，福建消费品市场从供不应求向品种丰富、供应充足转变，城乡居民消费层次从"量"的满足向"质"的追求转变，消费需求从生存型消费向发展型和享受型消费转变。

（一）在"吃"上求质量

居民食品消费水平显著提高，饮食结构不断改善，食品消费质量持续提高。2017年，福建省城镇和农村居民人均食品支出分别为8 552元和5 162元，分别是1978年的45.7倍和66.2倍，年均增长分别达10.3%和11.4%。

一是饮食结构改善。居民食品消费实现了以粮食等植物性食物为主的"主食型"向动物性食物和食粮为主，追求高热量、高脂肪、高蛋白质的膳食营养结构的转变，膳食结构更趋科学合理。与1980年相比，2017年福建省城镇和农村居民人均粮食消费量明显下降，人均肉类、禽类、水产品类和蛋类消费量显著提高。

二是加工食品消费增加。随着食品加工技术的提高，糖果糕点、即食产品、饮料等各种休闲零食大量进入市场，食品消费更趋休闲、便利。2017年，福建省城镇居民人均糖果糕点类支出和饮料烟酒类支出158.9元和814.3元，分别比1980年的5.4元和15.6元，增长28.4倍和51.2倍，年均增长9.6%和11.3%。

三是在外饮食成为常态。随着城乡居民收入水平提高，生活观念转变，生活节奏加快和女性职工、双职工家庭增加，居民家庭在外饮食成为日常，各大菜系、异国风味跨越了地域限制，极大丰富了餐饮市场。2017年，福建省城镇和农村居民人均在外饮食消费1 383元和262元，分别是1993年的18.1倍和14.8倍，年均增长12.8%和11.9%，占食品支出的比重分别由5.5%和2.7%上升到16.2%和5.1%。

（二）在"穿"上求美观

居民收入水平不断提高，服装市场供应丰富，各种款式、花样、风格的服装琳琅满目，居民求美求新意识增强，着装呈现出时装化、时尚化的特点。2017年，福建省城镇和农村居民人均服装支出分别为1 348元和631元，是1978年的47.8倍和48.4倍，年均增长10.4%和10.5%。

一是衣着消费向成衣化转变。改革开放前，着装以购买衣着面料加工为主，改革开放后衣着面料消费逐年减少，服装消费呈现出成衣化的特点。

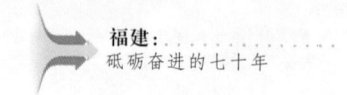

2017年,福建省城镇和农村居民人均衣着面料支出占服装支出的比例分别由1993年的14.9%和33.4%,双双下降到0.3%。

二是服装材质从单一向多样转变。改革开放前,衣着面料主要是棉布,1980年城镇和农村居民人均棉布消费量为3.20米和3.75米,占面料消费量分别为48.8%和82.6%,毛呢绸缎等被视为奢侈品。改革开放后,衣着面料向毛、麻、丝织品、呢绒、绸缎、裘皮制品等多种中高档面料转变。

三是单纯着装向配套穿戴转变。人们对穿着的概念不再是单纯的衣裤鞋帽类,各种潮流的配饰成为穿戴时尚,如围巾、领带夹、胸针、发卡、链坠、首饰、手表等,人们更注重配套穿戴。2017年,福建省城镇居民人均配件类支出37.9元,首饰及手表类支出163.5元,而在1995年仅分别为5.4元和24.6元。

(三)在"住"上求舒适

在农村,农民住房面积变大,设施变全,功能变强。旧村改造、村庄整理建设投入不断加大,改革开放前的土坯墙草顶房、瓦顶房所剩不多且多数空置,排排砖瓦房、幢幢高楼房拔地而起,水冲式卫生间、燃气煤气灶具进入寻常百姓家,住房条件改善成为新农村建设最鲜明的写照。2017年,福建省农村居民人均住房面积达68.0平方米,比1983年增加57.6平方米;人均住房维修管理支出为451元,是1983年的19.1倍;农村居民家庭独用自来水、独用厕所的普及率分别达93.9%和94.2%;居民炊用燃料中电、液化石油气和管道煤气的使用率达77.6%,比1990年提高54.2个百分点。

在城镇,居民居住条件呈现以下三个变化:一是居民自有住房拥有率大幅提高。改革开放前,城镇工薪阶层以租住公房为主,设施简陋,居住拥挤。1998年住房制度改革后,商品房大面积建设并开始销售,城镇居民自有住房拥有率大幅提高。2017年,福建省城镇居民自有房比例达80.1%,比1983年提高61.9个百分点。二是住房条件实现巨大变化。商品房的开发建设,实现了自来水、液化石油气或管道燃气和独立卫生间等基本生活设施普遍入户,居民住房条件大大改善。2017年,福建省城镇居民家庭独用自来水、独用厕所的普及率分别由1983年的66.7%和32.4%提高到了99.6%和96.9%;炊用燃料中使用电、液化石油气和管道煤气的比例高达

97.4%。三是住房改善型需求逐步释放。居民收入提高使电梯房、大户型、高档小区及别墅等改善型需求逐步得到释放。2017年,福建省城镇居民人均住房面积43.4平方米,比1983年增加36.7平方米。居住条件改善的另一个重要体现是房屋装修,从简单的上漆刷粉到风格多样、成套家具、品牌建材的整体设计,居民房屋装修支出迅速上涨。2017年,城镇居民人均住房维修管理支出673元,是1983年的291倍。

(四)在"用"上求新潮

随着技术进步和居民收入水平提高,普通家庭拥有中高档消费品数量迅速增长,居民生活条件日新月异。2017年,福建省城镇和农村居民人均生活用品及服务支出分别为1 478元和721元,是1978年的61.8倍和107.8倍,年均增长11.2%和12.7%。

改革开放初期,最能体现居民生活水平的生活用品是自行车、缝纫机、手表和收音机。截至1980年底,福建省城镇和农村居民每百户家庭拥有自行车101.0辆和16.0辆,缝纫机73.0架和20.5架,收音机64.0台和19.3台,手表214.0只和71.2只。20世纪八九十年代,以彩电、冰箱和洗衣机为代表的小家电迅速普及,人民生活开始变得多姿多彩。截至2000年底,福建省城镇居民家庭每百户拥有彩电128.07台、冰箱87.80台、洗衣机93.20台、电炊具113.87台,分别比1985年底增加104.07台、77.80台、61.20台和83.87台;农村居民家庭每百户分别拥有彩电73.02台、冰箱19.40台、洗衣机35.55台,比1990年底增加68.02台、18.40台和31.55台。

进入21世纪以后,空调、电脑和移动电话相继进入普通家庭,人民生活更加舒适便捷。截至2017年底,福建省城镇居民家庭每百户拥有空调171.06台、电脑89.17台、移动电话251.99部,分别比2000年底增加127.53台、77.70台、201.59部;农村居民家庭每百户拥有空调65.31台、电脑33.99台和移动电话252.55部,分别比2000年底增加63.66台、28.22台和232.39部。

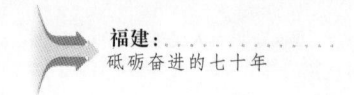

(五) 在"行"上求便捷

福建省高速公路和动车东西贯通、南北交错,空中航线四通八达,交通通行时间大大缩短,人们出行获得极大便捷。2017年,福建省交通旅客周转量1 086.22亿人公里,是1978年的30.40倍;铁路营业里程3 187公里,是1978年的3.16倍;高速公路通车里程5 039公里,是1997年的53.60倍。城乡客运一体化迅速推进,2014年底已实现"村村通客车"。同时,城乡公交服务水平显著提升,据住户调查,截至2017年底,城镇和农村分别有97.7%和68.8%的调查户能便利地乘坐公共汽车,分别比2013年底提高1.5个和13.2个百分点。

从家庭交通工具看,从自行车到摩托车再到家用汽车逐步升级,是城镇居民生活质量提高的又一象征。截至2017年底,福建省城镇居民家庭每百户拥有家用汽车36.3辆,比2000年底增加35.9辆;农村居民家庭每百户拥有家用汽车17.8辆,比2005年底增加17.0辆。

(六) 在"享"上求愉悦

不断提高的物质生活条件带动了居民更高层次的精神文化需求。居民通过购买文娱用品、参加各种文娱活动来愉悦身心,电影、话剧、歌剧、音乐会、演唱会等文化消费支出高速增长,美容美发、足浴、按摩、KTV等多项服务性消费为人们缓解压力放松自我提供更多选择,也是居民生活水平提升的一个重要表现。2017年,福建省城镇和农村居民人均文化娱乐支出1 043元和264元,分别是1978年的53.4倍和88.3倍;城镇和农村居民人均服务性消费支出分别达11 217和5 180元,而在1978年仅为8元和3元。

同时,旅游消费日渐兴盛,周边游、乡村游、主题游热度不减,出境游领略异国文化风光成为人们休闲娱乐的一种时尚,也是生活质量提高的重要表现。2017年,福建省城镇居民人均团体旅游、景点门票支出和旅馆住宿支出603.2元,是1995年38.6元的15.6倍。

(七) 在"育"上求成效

社会进步使人们更加重视子女教育和自身素质的提高,幼儿早教、儿童各类才艺培训班、课外辅导班、成人再教育、兴趣班等成为时兴,居民在教育方面的投入不断增加。2017年,福建省城镇和农村居民人均教育支出分别达1 441元和910元,分别是1985年的142.3倍和200.9倍。人均受教育程度不断提高,高学历群体持续扩大。2017年,福建省普通高等学校在校学生75.10万人,是1980年3.86万人的19.5倍;在校研究生数4.76万人,是1980年261人的182.4倍;人均受教育年限从2000年的7.5年提高到2017年的10.4年。

(八)在"体"上求健康

随着生活水平的提高,居民保健意识不断提高,2017年福建省城镇和农村居民人均医疗保健支出由1978年的3元和0元分别增加到1 235元和907元。居民健身需求增加,全民健身工程深入推进,城乡居民生活区域的体育设施不断完善,新建扩建健身路径、体育公园进度加快。据住户调查,截至2017年底,福建省分别有84.9%的城镇调查户和68.3%的农村调查户所在社区有健身器材,比2013年提高8.2个和18.9个百分点。同时,人民健康状况显著改善,福建省人口平均预期寿命从1982年的68.5岁提高到75岁以上。

人民生活水平提高的另一个重要体现是时间的分配和使用更倾向于享受生活。越来越多人将琐碎的家务事交给家政服务人员,时间和收入的分配上更注重生活品质的提升。2017年,福建省城镇居民人均家政服务支出86.7元,而在1995年仅为6.5元,年均增长12.5%。

三、教育事业全面发展,教育现代化逐步实现

改革开放后,特别是党的十八大以来,全省教育事业各项改革不断深入。对义务教育到高等教育的各层次、各类别招生考试制度均进行改革,2016年实现了高考与全国并轨;先后出台十六条促进措施,推进高等学校创新创业;促进职业教育与产业深入融合,学历教育与职业培训并举,建设具有福建特色的现代职业教育体系,全省教育事业进入又好又快的发展时期。

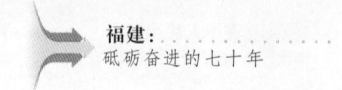

(一)教育水平提升迅速

一是全省平均受教育年限大幅提高,由1982年的4.72年提高到2017年的10.40年。二是学前教育规模不断扩大。2017年,全省共有各类幼儿园8 041所、在园幼儿165.49万人,分别是1978年的2.7倍和8.6倍,学前儿童入园率达98.0%,高出全国平均水平18.4个百分点。三是义务教育均衡发展。小学学龄人口入学率由1978年的92.2%提高到100.0%,九年义务教育巩固率由1978年的55.5%提高到98.2%,初中学龄人口入学率达99.0%,福建成为全国第7个通过国家义务教育发展基本均衡县督导评估的省份。四是高中阶段教育迅速发展。2017年,全省普通高中在校生63.71万人,中等职业教育在校生34.55万人,分别是1978年的1.7倍和13.2倍,高中阶段毛入学率达95.8%,比2003年提高44.5个百分点。五是高等教育实现跨越式发展。普通高校89所、在校生75.10万人,各类研究生在校生4.76万人,分别是1978年的5.6倍、36.6倍和528.7倍,高等教育毛入学率达50.7%,比2003年提高35.1个百分点。

(二)教育保障持续增强

一是教育经费投入稳步增长。基本建立以财政拨款为主、多渠道筹措教育经费的投入体制。2017年,全省公共财政教育经费支出854.11亿元,是1978年的512.9倍,年均增长17.4%,财政教育支出占公共财政支出的比重达18.0%,位居全国前列。二是教师队伍不断壮大。2017年全省共有各类专任教师47.23万人,是1978年的2.3倍,全省小学、普通中学平均每一个专任教师负担学生数分别为18.2人和12.3人,分别比1978年减少8.7人和9.7人。

(三)教育惠民不断深入

一是在对家庭经济困难学生助学方面,2005年起,设立高校"政府助学金"和"政府奖学金";2006年起,设立中等职业学校"政府助学金"。2007—2017年,全省累计资助各类学生4 127.44万人次,资助总金额达189.64亿元,筹集资助资金由2007年的8.06亿元增加至2017年的23.00亿元,年均增长11.1%。二是在减轻农村义务教育负担方面,2006年起,在全国率先实现对农村义务教育阶段学生全部免除学杂费;2012年起,对农村义务教育寄宿学生提供营养补助。三是在改善贫困地区办学条件方面,2013年起开展全面改善贫困地区义务教育薄弱学校基本办学条件工程,至2017年,累计开工建设校舍面积263.77万平方米,竣工面积221.39万平方米,分别占五年规划总量的94.2%和79.2%。

四、医疗卫生取得长足进步,人民健康大幅提高

全省医疗卫生事业经过70年的改革发展,取得了前所未有的成果,建立和完善了覆盖城乡居民的医疗卫生服务体系,医疗卫生条件不断改善,人民群众健康水平大幅提高,人口平均预期寿命由1982年的68.50岁。提高到2015年的77.84岁,接近发达国家水平。

(一)医疗体制改革成效显著

一是先后出台《深化医药卫生体制改革综合试点方案》《深化基层医疗卫生综合改革二十一条措施》《加快推进社会办医的若干意见》等一系列政策文件,医药卫生领域各项改革从点向面、从上向下全面推开。二是在体制创新方面,在全国率先成立医疗保障管理委员会(医保会)、公立医院管理委员会(医管会)等机构,以医疗、医药、医保联动为基本路径和方法,各项改革的顶层设计基本形成体系。三是在推动基层医改方面,通过分级诊疗的方式激活城乡医疗机构。2017年,全省组建各级各类医联体302个,覆盖医疗机构856个,所有公立三级医院均实现参与建设,带动了医联体发展。四是在完善基本药物管理制度方面,省、市、县公立医院到村卫生所已全部实现药品零差率销售,公立医院药品耗材收入占比从2012年的45.0%下降到2017年的30.4%。

(二)医疗保障能力明显提升

一是医疗卫生支出不断增长。2017年,全省用于医疗卫生与计划生育的公共预算支出420.44亿元,是1978年的702.6倍,占财政支出的比重为

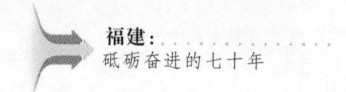

9.0%。二是医疗资源持续增加。全省共有各类卫生机构2.72万个、卫生机构床位18.34万张、卫生技术人员23.15万人,分别是1978年的7.1倍、3.6倍和4.2倍。每千人口拥有卫生技术人员由1978年的2.4人增加到2017年的5.9人,每千人口拥有卫生机构床位数由1978年的2.1张增加到2017年的4.7张。三是医疗服务水平得到提高。2017年,全省各类医疗机构(不含村卫生室)诊疗人次数1.83亿人次、入院治疗550.9万人次,分别是2003年的3.4倍和2.7倍,出院者平均住院8.2日,比2003年减少2.6日。

(三)疾病防控能力较大提升

卫生防疫体系实现由单一模式向疾病预防控制与卫生监督两个体系发展,全省疾病预防控制机构由1978年的82个增加到2017年的96个,卫生监督所87个,实现从无到有。2003年以来,成功控制了非典型肺炎(SARS)、人感染高致病性禽流感、登革热等传染病疫情,全省甲、乙类传染病的报告发病率由1978年的每10万1 338.5人下降到2017年的每10万605.45人。

(四)中医药事业迅速发展

一是中医惠民能力持续提升。至2017年,全省共有中医类医院91家、床位2.14万张、中医执业(助理)医师1.48万人,比2012年分别增长7.1%、34.1%和37.7%;总诊疗人次数和入院人次数分别达1 806.95万人次和60.97万人次,比2012年分别增长15.4%和12.8%。二是中医药传承成效显现。全省现有省级名中医33人,中医学术流派工作室2个,全国名中医传承工作室33个,建成3个省级中医临床研究基地、5个国家中医药管理局重点研究室。三是中医临床队伍建设不断加强。培养全国和省级优秀中医临床人才101人,确定9批171人次国家和省级师承工作指导老师、298名继承人,涌现出一批优秀中医临床人才。

五、文化事业繁荣发展,精神食粮日益丰富

改革开放后,特别是党的十八大以来,全省不断推动文化体制机制改革。简政放权,加快转变政府职能;推进文化事业单位转企改制;促进传统媒体与新兴媒体融合发展。全省文化事业呈现出与时俱进、全面发展的良好态势。

(一)公共文化服务网络不断完善

省、市、县、乡、村五级公共文化服务网络基本建立。2017年,全省有公共图书馆90个,各类博物馆123个,文化馆(艺术馆、群艺馆)97个,乡镇(街道)文化站1 125个,分别是1978年的3.9倍、9.5倍、1.2倍和32.1倍。公共图书馆、博物馆、文化馆和乡镇综合文化站等公共文化服务设施全部免费开放,各类基层综合性文化服务中心组织文艺活动18 651次、展览4 301个、公益讲座757场,参加人次数分别达1 287.73万、378.57万和14.28万。

(二)新闻出版及广播电视成果显现

一是出版物种类更加丰富。图书年出版品种数由1978年的347种增加到2017年的4 493种,年均增长6.8%,其中闽版图书年出版种数由1978年的180种增加到2017年的4 289种,年均增长8.5%;报纸年出版品种数由1978年的3种增加到2017年的42种,年均增长7.0%;期刊年出版品种数由1978年的7种增加到2017年的176种,年均增长8.6%。二是广播影视发展势头良好。2017年,全省广播综合人口覆盖率和电视综合人口覆盖率分别达99.0%、99.2%,数字电视用户达727.02万户。全年实现电影票房18.75亿元,放映291.55万场次,观影5 268.88万人次,分别是2013年的2.6倍、3.0倍和2.7倍。

(三)文化遗产保护卓有成效

一是文物保护更加重视。全省有不可移动文物33 251处,其中全国重

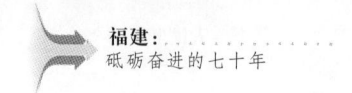

点文物保护单位137处291个点,省级文物保护单位921处,市(县、区)级文物保护单位4 764处;可移动文物469 222件/套(共769 364件),其中珍贵文物92 748件/套(共118 592件)。武夷山、福建土楼、厦门鼓浪屿入选世界自然与文化遗产保护名录。二是非物质文化遗产保护传承有力推进。南音、妈祖信俗、泰宁丹霞、宁德廊桥等7个项目入选联合国教科文组织非物质文化遗产名录。有国家级非物质文化代表性遗产130项,居全国第9位;省级非物质文化代表性遗产490项,居全国第17位;国家级项目代表性传承人143人,居全国第3位;省级项目代表性传承人735人,居全国第6位。

六、社保体系更加健全,保障水平不断提升

改革开放后,福建省先后出台了《关于建立统一的企业职工基本养老保险制度的决定》《关于建立城镇职工基本医疗保险制度的决定》《失业保险条例》等规章制度及配套条例。党的十八大以来,全省不断推进社会保障管理体系建设。省级医保经办机构完成整合划转,城乡居民社会养老保险制度实现一体化,社会保险关系转移接续办法不断得到完善,全省社会保障事业稳步发展。

(一)社会保障能力进一步提升

2017年,全省社会保障和就业支出达394.56亿元,是2004年的41.9倍;社区服务机构数达8 630个,是2004年的30.7倍。在扩大社会保障范围方面,全省参加社会保险6 836.22万人次(包括养老、医疗、失业、工伤和生育保险),保险基金收入1 101.60亿元,保险基金支出1 006.37亿元,分别是2001年的6.4倍、14.8倍和16.4倍。在残疾人保障方面,党的十八大以来,累计提供残疾人生活补贴和护理补贴64.5万人次、残疾人康复服务81.5万人次、残疾人辅具适配12.64万件,全省残疾人基本医疗保险参保率和基本养老保险参保率分别达98%和95%。

(二)基层养老服务水平逐步提高

2017年,全省各类养老机构共有床位17.8万张,每千名老人拥有养老床位32张,比2013年分别增长54.8%和27.7%。2009年以来全省连续4次调高城乡居民养老保险基础养老金最低标准,实现了翻番。高龄补贴制度全面建立,对全省80周岁以上低保老人每人每月加发100元高龄补贴;对低保对象、计生特殊家庭中的完全失能老年人,按每人每月不低于200元的标准发放护理补贴。养老服务模式更加多元化,政府通过购买服务、补贴和市场化运作等措施,使专业化养老服务组织实现县级全覆盖;台湾养老服务业者可以独资或合资民办非企业单位形式开办养老机构,全省还建立闽台养老护理人员培训基地,聘请台湾专业养老服务人员进行授课。

(三)社会救助兜底作用持续增强

一是城乡困难人群生活得到保障。2017年,全省城市和农村享受最低生活保障的居民分别有6.82万人和39.08万人,城镇和农村特困人员供养标准分别达15 216元/年和13 560元/年。52个县(市、区)实现低保标准城乡一体化,符合条件的因病致贫家庭、成年无业重度残疾人均纳入了低保范围。二是救助体系不断健全。医疗救助制度全面建立,党的十八大以来,全省民政部门累计资助489.34万人参加各类医疗保险,直接医疗救助572.02万人次;临时救助网络不断完善,所有市(县、区)民政部门均已建立临时救助制度和临时救助资金募集机制,开展主动救助、及时救助、联合救助,平均临时救助水平达1 433元/人次。

七、体育事业蓬勃发展,全民体质不断增强

改革开放以来,全省认真贯彻实施《中华人民共和国体育法》《全民健身计划纲要》《"健康中国2030"规划纲要》等系列法规政策。全民健身与全民健康融合发展,体育设施进入社区,体育活动更加丰富,竞技体育成绩显著,体育产业实现提升,推动体育事业全面发展。

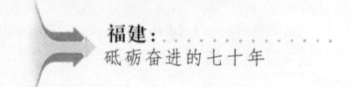

(一)全民健身广泛开展

改革开放以来,全省逐步建立了全民健身管理体系和运行机制,群众体育活动蓬勃发展。1997年起举办全民健身节;2015年起创新开展"全民健身百村行"系列活动,已举办21站,覆盖21个乡镇300多个行政村,参加人次超过3万;2013年起组织开展全省全民健身运动会,直接参与人次累计超过1 000万。2017年,全省经常参与体育锻炼的人数比重达39.3%。

(二)竞技体育成绩喜人

2015年,成功举办第一届全国青运会。1985—2017年,全省共取得世界冠军286项,全国冠军1 159.5项。2016年有22名运动员和2名教练员参加里约奥运会,分别获得4枚金牌、1枚银牌和2枚铜牌,取得参加历届奥运会的最好成绩。2017年全省467名运动员、149名教练员参加天津全运会,分别获得17.5枚金牌、15.5枚银牌和20枚铜牌,取得参加历届全运会的最好成绩。

(三)体育产业全面发展

一是体育产业增长势头迅猛。2016年,全省体育产业总产出3 341.57亿元、增加值1 141.94亿元,分别是2004年的9.6倍和10.0倍,体育产业增加值占同期地区生产总值的比重由2004年的2%上升到2016年的4%。二是体育产业示范基地规模不断扩大,全省共有国家级体育产业示范基地2个、示范单位6个、示范项目3个,省级体育产业示范基地2个、示范单位14个、示范项目7个。三是供给侧结构性改革取得成效。体育产业从单一的用品制造业,逐步转型为以体育用品业为支柱,以体育场馆为依托,综合体育健身、竞赛表演、体育旅游、体育中介和培训市场等协调发展的产业结构体系。

经过新中国成立70年来的奋斗,福建社会事业取得了令人瞩目的成绩。展望未来,针对人民群众对社保、教育、医疗、养老等民生领域的新期盼,福建将继续以习近平新时代中国特色社会主义思想为指引,践行"以人民为中心"的发展思想,秉承"创新、协调、绿色、开放、共享"的新理念,不断深化社会事业和民生领域改革,切实解决涉及群众切身利益的问题,努力实现人民对美好生活的愿望。

本章小结

习近平总书记指出,全面建成小康社会突出的短板主要在民生领域,发展不全面的问题很大程度上也表现在不同社会群体民生保障方面。总书记还特别强调,"十三五"时期经济社会发展,关键在于补齐"短板"。随着收入水平提高和中等收入群体扩大,人民群众在基本解决温饱问题之后,需求层次发生了明显变化,越来越注重生活质量,对社会事业的关注度大大提高。福建人均GDP已经达到1.1万美元,超过全国平均发展水平,正在向高收入经济水平迈进。百姓富,是建设新福建的出发点,也是归宿。补齐社会事业和民生短板,是践行以人民为中心的发展思想,回应百姓关切与期盼的务实之策。

福建省第十次党代会提出了"再上新台阶、建设新福建"的奋斗目标,这不仅要求经济总量、综合实力有大幅提升,而且要求在社会事业发展、人民生活水平改善等方面也要取得新的进展。2017年8月,福建省委十届三次全会坚持以人民为中心的发展思想和新发展理念,按照"抓重点、补短板、强弱项"的要求,对加快补齐教育、医疗、养老和城乡民生基础设施等社会事业发展中的短板进行了专门研究和部署。2019年9月,福建省委十届六次全会明确提出,大力推进闽东北、闽西南两大协同发展区建设。推进区域协调发展,不但要推进区域经济的协调发展,更要加强区域社会、民生、生态等各方面的协同发展。

"像抓经济工作一样抓社会事业。"福建省委明确,要从增强"四个意识"特别是看齐意识的高度,深化对加快补齐民生短板重要性紧迫性的认识,更好地顺应人民群众不断提高生活质量的新期待,以"踏石留印、抓铁有痕"的劲头真抓实干,以补齐重点领域短板带动民生社会事业发展水平整体提升。要把人民对美好生活的向往作为奋斗目标,切实保障和改善民生,实现居民收入与经济增长同步增长、劳动报酬与劳动生产率同步提高,使全体人民在共建共享发展中有更多获得感、幸福感、安全感。

一是坚持把教育优先发展作为战略任务,不断破解教育难题,提升教育质量,促进教育公平,教育服务经济社会发展能力显著增强。"十二五"期间,财政性教育经费年增长13.76%,财政教育支出占公共财政支出比例居全国前列。达标高中占总数的78.7%,全面完成义务教育公办学校标准化建设,普惠性学前教育资源占比接近65%。2016年提前一年完成国家义务教育均衡县评估认定,成为全国第七个全面通过的省份。2018年,福建省全年研究生教育招生1.88万人,在校生5.31万人。普通高等教育招生23.86万人,在校生77.24万人。普通高校毕业生就业率为97%。中等职业教育(不含技工校)招生12.29万人,在校生33.58万人。学前教育在园幼儿168.41万人。九年义务教育巩固率为98.6%,高中阶段毛入学率为96.8%。

二是坚持把人民健康作为重大民生工作来抓,积极探索和推进医药卫生体制改革,"三医联动"等做法走在全国前列。"十二五"期间,全省卫生总费用翻了一番,人均基本公共卫生服务经费提高到40元,反映居民健康的主要指标在全国处于中上水平,基本实现"每个设区市有一所以上的三甲医院、每个乡镇有一所乡镇卫生院、每个街道有一所社区卫生服务中心、每个行政村有一个村卫生所"的目标。2018年末,福建省共有各级各类医疗卫生机构2.76万个,其中医院646个,卫生院881个,村卫生室18 379个;共有卫生技术人员24.50万人,其中执业(助理)医师9.04万人,注册护士10.88万人;共有医疗机构床位19.35万张,乡村医生和卫生员2.5万人。

三是坚持把构建和完善城乡养老服务设施作为养老"补短板"突破口。2019年,福建省现有60岁以上户籍老年人571万,占总人口数量约14%。其中,80岁以上和失能、空巢、政府需兜底的老人总数有260万人左右。为有效破解养老事业发展难题,2017年8月召开的省委十届三次全会,将养老事业发展作为补齐民生事业短板的四项重要内容之一进行部署,规格之高、力度之大前所未有,在全国养老服务历史上是首次。随着政策落地,养老服务补短板成效显著。截至2019年,福建省居家养老社区服务照料中心从无到有,已建成405所,街道和中心城区乡镇覆盖率达80.1%;建成农村幸福院、农村居家养老服务站等8803所,建制村覆盖率达53%;各类养老床位达19.2万张,比2013年增长11.7万张,每千名老年人拥有养老床位数达33.6张;全省每个县(市、区)均已落地1家以上社区居家养老专业化服务组织,共有160多家;乡镇敬老院平均床位使用率由16.7%提高到50.0%以上,社会化运营比例由2.4%提高到38.5%;医养结合水平大幅提升,90%养老机构能够提供不同程度的医疗卫生服务;养老服务社会投入占比由2012年的25.0%提高到58.7%,2018年吸引社会投入达34.95亿元。

四是坚持新增财力持续向民生倾斜。十八大以后的五年来,福建财政民生支出占一般公共预算支出的比重始终保持在70%以上,年均增长14.58%,超过同期财政增速5.18个百分点,高于全国平均水平2.80个百分点。其中,教育投入占财政支出的比重一直位居全国前列,医疗卫生支出占比持续高于全国平均水平,城乡社区、节能环保支出年均增长分别超过三成和两成,城镇职工和城乡居民的基本养老保险待遇水平接近翻番,城乡低保标准和医疗救助水平成倍增长,脱贫攻坚取得决定性进展。

补齐社会事业短板,不仅可以形成经济发展新常态下重要的经济增长点,而且可以让群众的满意度和获得感显著提升,对稳增长、促改革、调结构、惠民生和全面建成小康社会都有重要意义。这些年福建社会事业发展速度在加快,每年都谋划和推进一批为民办实事项目。当前,福建人均地区生产总值超过全国平均发展水平,只有坚持民生优先,多办好事、实事,努力让人民安居乐业,才能使社会和谐平安,进而满足新形势下人民群众的新期盼和新要求。到2020年,福建省将力争社会事业发展水平与经济发展水平基本相适应,公共服务体系更加完善,供给能力显著增强,"学有所教""病有所医""老有所养""宜居宜业"等基本公共服务保障能力和水平迈上新台阶,社会事业重点领域主要指标高于全国平均水平,达到东部地区平均水平。

第八章

百年展望：开启新时代新福建建设的新篇章

福建：砥砺奋进的70年

新中国成立70年来,尤其是改革开放以来,在中国共产党的坚强领导下,福建人民用汗水浇灌收获,以实干笃定前行,从经济发展落后省份迈入先进行列,从交通闭塞之地变成通达世界的便捷之地,从前线阵地变为改革开放前沿,从绝对贫困成为小康富裕,从生态底色好提升到绿色发展强,福建发生了翻天覆地的变化。福建经济社会发展取得了辉煌成就,未来的任务仍然相当艰巨。党的十八大以来,习近平总书记亲自为福建擘画了建设"机制活、产业优、百姓富、生态美"新福建的宏伟蓝图。党的十九大报告清晰擘画全面建成社会主义现代化强国的时间表、路线图。在2020年全面建成小康社会、实现第一个百年奋斗目标的基础上,再奋斗15年,在2035年基本实现社会主义现代化。在基本实现现代化的基础上,从2035年到21世纪中叶,再奋斗15年,把中国建成富强民主文明和谐美丽的社会主义现代化强国。历史长河奔腾不息,有风平浪静,也有波涛汹涌。只有不惧风雨,不畏险阻,砥砺前行,才能取得辉煌成就。展望未来,八闽儿女不忘初心,牢记使命,以永不懈怠的精神状态和一往无前的奋斗姿态,在加快建设机制活、产业优、百姓富、生态美的新福建的伟大征程中谱写新篇章,为夺取新时代中国特色社会主义伟大胜利、实现中华民族伟大复兴的中国梦做出福建贡献。

第一节　新时代新福建建设面临的新机遇和新挑战

一、新机遇

(一)高质量发展为新时代新福建建设提供了重大的时代机遇

过去70年,尤其是改革开放以来,我国主要依靠生产要素,得到了大量的发展机遇,推动经济快速发展,解决了"有没有"的问题。改革开放后,我国创造了经济发展奇迹,货物进出口总额从206亿美元增长到超过4万亿美元,累计使用外商直接投资超过2万亿美元,对外投资总额达到1.9万亿美元。中国已成为世界第二大经济体、制造业第一大国、货物贸易第一大国、商品消费第二大国、外资流入第二大国,外汇储备连续多年位居世界第一。进入新时代,我国经济发展已由高速增长阶段转向高质量发展阶段。推动高质量发展,是保持经济持续健康发展的必然要求,是适应我国社会主要矛盾变化和全面建成小康社会、全面建设社会主义现代化国家的必然要求,是遵循经济规律发展的必然要求。要建设新时代新福建,就必须坚决走高质量发展之路,转变发展方式、优化经济结构、转换增长动力,推动经济质量变革、效率变革、动力变革,以新动能促进新发展、实现大发展。高质量发展将为新时代新福建建设带来重大的时代机遇。只有通过高质量发展,才能破解新时代新福建建设发展过程中遇到的新问题、新挑战。必须坚持发展新理念,坚持质量第一、效益优先,统筹推进"五位一体"总体布局,协调推进"四个全面"战略布局,以更大力度推动高质量发展。坚持创新为第一动力,以新技术、新服务、新生产方式、新商业模式带来新经济活动,改造提升传统产业,推动生产方式发生深刻变革,共同形成经济增长的新动能。通过全面深化改革、深层次全方位开放推动高质量发展,营造"好环境",对标先进,打造世界一流的法治化、国际化、便利化营商环境,既要发挥好市场在资源配置中的决定性作用,也要更好发挥政府作用,充分调动各方面积极性,激发经济主体的动力和活力,通过构筑全方位开放新格局,更高水平、更深层次地利用境内外优质资本、技术和人才资源,用好"大平台",扩大"生意圈",吸引"投资客",支持企业开拓多元化市场,增强创新驱动能力,提升资源配置效率,推动产业结构快速升级。

(二)70年的发展成果为新时代新福建建设奠定了坚实基础

70年来尤其是改革开放以来,福建在历届省委省政府的正确领导下,不断解放思想,充分利用中央赋予的"特殊政策、灵活措施",发挥福建独特优势,从实际出发,深化改革,探索出一条具有福建地域特色的经济社会发展和改革开放的道路,取得了举世瞩目的辉煌成就,经济持续健康发展,综合实力不断增强。党的十八大以来,在以习近平同志为核心的党中央坚强领导下,坚持以习近平新时代中国特色社会主义思想和党的十九大精神为指导,认真贯彻落实习近平总书记对福建工作的一系列重要指示批示精神,把对习近平总书记的深厚感情转化为维护核心的政治自觉和干事创业的行动自觉,认真贯彻落实党中央、国务院和省委决策部署,坚持稳中求进工作总基调,坚持新发展理念,以供给侧结构性改革为主线,落实"六稳"部署,打好三大攻坚战,全力推进高质量发展落实赶超,机制活、产业优、百姓富、生态美的新福建建设迈出新步伐。70年接力奋斗,70年沧桑巨变,八闽大地发生了翻天覆地的变化。2008年全省经济首次突破万亿元,2013年、2017年分别突破2万亿、3万亿元大关。2018年,福建省GDP达到3.58万亿元,比新中国成立初期增长了2 800多倍,财政总收入超过5 000亿元,增长了6 300多倍;全省人均GDP达到91 197元,居全国第6位;一般公共预算总收入5 045.4亿元,增长7.4%,地方一般公共预算收入3 007.4亿元,增长7.1%;固定资产投资增长12.1%;外贸出口7 615.6亿元,增长7.1%;实际使用外资305.3亿元,增长3.0%;社会消费品零售总额14 317.4亿元,增长10.8%;居民消费价格总水平上涨1.5%;城镇登记失业率3.71%;城镇居民人均可支配收入42 121元,增长8.0%;农村居民人均可支配收入17 790元,增长8.9%。福建经济的高速发展,建设"机制活、产业优、百姓富、生态美"新福建取得的丰硕成果,经济社会发展呈现的新面貌,为新时代新福建建设奠定了坚实的物质基础。

(三)全面开放新格局为新时代新福建建设提供了广阔空间

当前,我国经济发展的外部环境和世界经济格局已经发生重大改变,但我国经济总体上仍处于重要的发展战略机遇期。国际金融危机之后,全球经济格局深度调整,世界经济总体呈现全面复苏、缓慢增长态势,全球主要经济体经济增长都取得了较好成绩,经济复苏由美国扩散到众多发达经济体以及新兴经济体,全球贸易以及跨境资本流动复苏明显。但当前,政治、金融以及贸易等领域正发生着重大变化,包括全球贸易保护主义持续升温、融资条件收紧和全球股市出现动荡调整迹象、全球债务风险依然高企以及大国竞争与战略博弈加剧,经济复苏的基础还不牢固,贸易冲突将对全球经济产生负面影响。此外,随着全球货币政策转向、流动性拐点到来,加上全球政治经济事件催化,资产价格发生大幅调整的可能性仍然存在,并对全球经济复苏造成挑战。面对严峻复杂的外部环境,我国着力调整现行的贸易

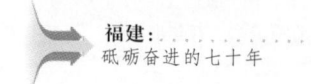

投资模式和规则,构建开放型新体制,以开放促进改革,以开放加速发展,在扩大开放的大环境下,适应世界多极化、经济全球化、文化多样化、国际关系民主化的新形势。以上这些既是新时代新福建建设面临的形势,也为新时代新福建建设提供了广阔空间。一是有利于福建构建更高水平开放型经济体系,在新时代开放战略中抢占制高点,为进一步拓展开放的深度和广度提供新的更大的空间,激发福建发展的内生动力。二是有利于福建争创对外开放新优势,推动福建对内对外开放相互促进、引进来与走出去更好结合,促进企业、货物、资金、人员等市场主体和要素有序自由流动,资源高效配置,从不便到便利、从便利到自由,构建经济、社会和文化等全方位多层次宽领域的对外开放新格局。三是有利于拓展新空间。"一带一路"是以习近平同志为总书记的党中央统揽全局、顺应大势做出的建设"丝绸之路经济带"和"21世纪海上丝绸之路"的合作倡议。福建是"海丝"的重要起点和发祥地,与"海丝"沿线国家历史渊源深厚,人文优势突出,合作基础扎实。福建建设21世纪海上丝绸之路核心区,可以进一步拓展与东盟经济、社会和人文全面融合,拓展与沿线国家在港口航运、海洋能源、经济贸易、科技创新、生态环境等领域的全方位合作,更好地融入国际市场。四是有利于进一步密切闽台关系,扩大闽台经贸合作的领域和作为空间,促进闽台经济深度融合,加强教育、文化、医疗等领域交流合作,增进两岸民众情感认同,为推进两岸关系和平发展做出新的更大贡献。

(四)全面深化改革为新时代新福建建设提供了根本遵循

党的十八届三中全会通过的《中共中央关于全面深化改革若干重大问题的决定》,明确了全面深化改革的时间表和路线图。近年来,党中央、国务院坚持用深化改革的办法破解经济发展中的体制性、结构性矛盾,出台了一系列新举措、新办法,破除妨碍改革的思想观念和体制机制弊端,推进重要领域和关键环节改革,使市场在资源配置中起决定性作用,更好发挥政府作用。福建省是改革开放先行省份,走过了40余年的改革开放之路,福建人民敢为人先、敢闯敢试,创造了许多在全国推广的改革经验,八闽大地发生了翻天覆地的变化。历史证明,深化改革是福建经济社会持续健康发展的唯一选择。要推动福建发展、实现宏伟目标,迫切需要我们全面深化改革。

改革与发展,进则可胜,不进则退。2013年11月,福建省委召开九届十次全会,审议通过《关于贯彻党的十八届三中全会精神全面深化改革的决定》,对福建全面深化改革进行了总部署、总动员,吹响了福建新时代改革的号角。2014年,习近平总书记两次来闽、两次回信,对福建全面深化改革寄予深情厚望。在专门给福建30位企业家的回信中,总书记充分肯定30年前福建55位企业家呼吁为企业"松绑"放权的做法,希望企业家们发扬"敢为天下先、爱拼才会赢"的闯劲,进一步解放思想,改革创新,敢于担当,勇于作为。总书记的回信,不仅仅是对企业家群体的鼓励,更是对福建全面深化改革的鞭策。2018年12月26日,福建省委召开十届七次全体会议,认真学习贯彻习近平总书记在庆祝改革开放40周年大会上的重要讲话精神,从改革开放40年的伟大实践中汲取力量、坚定信心,进一步动员全省人民以习近平新时代中国特色社会主义思想和党的十九大精神为指导,坚持高质量发展落实赶超,在更高起点上推动新时代改革开放再出发。加快完善有利于推动高质量发展的体制和政策环境,着力构建市场机制有效、微观主体有活力、宏观调控有度的市场经济体系,推动发展方式转变、经济结构优化、增长动力转换,努力实现更高质量、更有效率、更加公平、更可持续的发展。会议通过的《进一步深化改革扩大开放的若干措施》提出,将围绕深化供给侧结构性改革、打造市场化法治化国际化营商环境、深化科技体制机制改革等八个方面推进福建深化改革扩大开放。福建要发扬敢为人先、敢闯敢试的优良传统,在全面深化改革中先行先试,再创改革新优势。只有抓住宝贵的时机,全面深化改革,福建发展才能源源不断地获得新动力,跃上新水平。只有正视问题和矛盾,运用改革的手段,破解深层次难题,福建才能开辟更为广阔的发展前景。在新时代新福建建设中,福建人"敢为人先"的精气神必将进一步激发,各个方面的积极性将充分调动,八闽大地改革风云将再次激荡。

(五)中央支持为新时代新福建建设提供了重要的发展保障

在经济发展进入新常态后,长期延续全面的无差别的宏观调控政策发生改变,更多代之以体现区域发展优势和特点的差别化政策,从而调动各地区的主动性和创造性,探索各具特色、符合本地条件和环境的发展模式,促

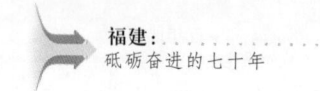

进各地区在推动经济发展和提高居民收入水平过程中逐步缩小区域差距。近年来,福建发展的政策优势进一步凸显。党中央、国务院长期高度重视福建发展,前后出台了《关于支持福建省加快建设海峡西岸经济区的若干意见》,以及支持建设平潭综合实验区、支持厦门建设两岸金融实验区、支持泉州建设金融服务实体经济综合改革试验区、支持福建建设海峡蓝色经济试验区、支持福建建设全国首个国家生态文明试验区、支持福建建设21世纪海上丝绸之路核心区、支持福建建设自贸试验区、支持福州新区建设、支持福建建设福厦泉国家自主创新示范区等一系列政策措施,为新时代新福建建设营造了良好的政策环境。2014年底,习近平总书记在福建考察期间提出要抓住机遇,着力推进科学发展、跨越发展,努力建设机制活、产业优、百姓富、生态美的新福建,为新时代新福建建设发展擘画了宏伟蓝图、指明了前进方向、提供了根本遵循。党中央和国务院再次做出战略性决策,制定了进一步支持福建加快经济社会发展的政策举措,为福建改革开放发展注入了强大的新动力和新活力。抓住并用好这个机遇,用好用足这些优惠政策,把中央给予的政策支持切实转变为新时代福建改革开放实实在在的动力,必将推动福建科学发展、跨越发展,全面提升综合实力,实现到2020年全面建成小康社会,全力推进高质量发展落实赶超,机制活、产业优、百姓富、生态美的新福建建设迈出新步伐、取得新成效,为实现"两个一百年"奋斗目标、实现中华民族伟大复兴的中国梦做出应有的贡献。

二、新挑战

从全球发展来看,当前世界正处于大发展大变革大调整时期,和平与发展仍然是时代主题,但全球利益格局战略博弈更加复杂,外部环境不稳定性、不确定性明显增加,应对风险和挑战的难度加大,世界经济增速放缓,保护主义、单边主义加剧,国际大宗商品价格大幅波动,不稳定不确定因素明显增加,外部输入性风险上升,不断升级的中美贸易摩擦已经成为世界经济发展的最大不确定性。

就国内发展而言,我国经济发展进入新常态,新老矛盾交织,周期性、结构性问题叠加,经济运行稳中有变、变中有忧;面对的是两难、多难问题增多的复杂局面;实现稳增长、防风险等多重目标,完成经济社会发展等多项任务,处理好当前与长远等多种关系,政策抉择和工作推进的难度明显加大。

就福建自身来说,经济社会发展的各方面还面临着不少挑战:经济运行稳中有变,外部环境复杂严峻,经济面临下行压力,部分企业经营困难增多,经济发展与发达省份相比还存在较大差距,发展不平衡不充分问题仍然突出;发展质量和效益还不高,创新能力、人才支撑不够强,新动能对高质量发展支撑不够有力,居民消费增长放缓,投资增长后劲不足,外经贸发展难度加大,现代服务业发展相对滞后;民生领域存在不少短板,稳定脱贫任务艰巨,生态环境保护和污染防治攻坚战任务仍然很重,一些地方金融、房地产等领域存在风险隐患,安全生产仍存在薄弱环节,突发事件应急处置能力有待加强;山海、城乡发展不平衡不充分的问题还比较突出,教育、医疗、养老、住房等民生领域短板还不少;政府职能转变还不到位,营商环境与市场主体期待还有差距,一些干部的能力和作风与新时代新要求不相适应。

第二节 新时代新福建建设的新要求和新举措

一、新要求

2019年10月28日至31日,党的十九届四中全会在北京召开。这是我们党站在"两个一百年"奋斗目标历史交汇点上召开的一次十分重要的会议,是在新中国成立70周年之际、我国处于中华民族伟大复兴关键时期,召开的一次具有开创性、里程碑意义的会议。党的十九届四中全会专门研究坚持和完善中国特色社会主义制度、推进国家治理体系和治理能力现代化问题并做出决定,对决胜全面建成小康社会、全面建设社会主义现代化国家,对巩固党的执政地位、确保党和国家长治久安,具有重大而深远的意义。

福建是习近平总书记工作过十七年半的地方,习近平总书记在福建工作期间,带领干部群众先行先试,在全国率先进行了一系列开创性探索实践,提出了一系列前瞻性创新理念。特别是党的十八大以来,习近平总书记亲自为福建擘画"机制活、产业优、百姓富、生态美"的新福建蓝图,提出了

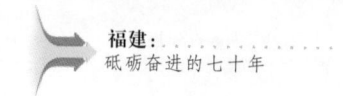

"四个切实"和"营造有利于创新创业创造的良好发展环境""探索海峡两岸融合发展新路""做好革命老区中央苏区脱贫奔小康工作"等一系列重要指示、重要要求,这是福建与时俱进推进制度创新和治理能力建设的行动指南和巨大动力。要坚定不移地按照习近平总书记擘画的蓝图、指引的方向前进,把传承和弘扬习近平总书记在福建工作时的探索实践、创新理念,贯彻习近平总书记的重要讲话重要指示重要要求,与推进治理体系和治理能力现代化紧密结合起来,切实把党的十九届四中全会精神落实到新时代新福建建设全过程各方面,让习近平新时代中国特色社会主义思想在福建治理实践中落地生根。

(一)推进新时代新福建治理现代化

要以党的政治建设为统领,严格落实"两个维护"的制度机制,建立"不忘初心、牢记使命"长效机制,深化省委"三四八"工作机制,全面推行"四下基层""四个万家"群众工作机制,深化"五抓五看""八个坚定不移"具体部署,把坚持和完善党的领导制度体系落到实处。要巩固和发展生动活泼、安定团结的政治局面,坚定不移走中国特色社会主义政治发展道路,用制度形式保证人民在国家治理中的主体地位,更好体现人民意志、保障人民权益、激发人民创造,把坚持和完善人民当家做主制度体系落到实处。要持续深化法治福建建设,坚持依法治省、依法执政、依法行政共同推进,推进立法精准化、精细化、精品化,把全部政府活动纳入法制轨道,深入践行司法为民,把坚持和完善中国特色社会主义法治体系落到实处。要着力建设人民满意的服务型政府,健全"马上就办、真抓实干"工作机制,持续提高行政效能、增强政府公信力、优化营商环境,把坚持和完善中国特色社会主义行政体制落到实处。要始终突出高质量发展,坚持新发展理念,创新发展"晋江经验",深化供给侧结构性改革,进一步激发各类市场主体活力、激发创新创业创造活力,建设更高水平开放型经济新体制,把坚持和完善社会主义基本经济制度落到实处。要大力推动文化强省建设,健全用党的创新理论武装党员、教育人民工作体系,深入实施红色基因传承工程,健全文化和自然遗产保护利用机制,完善文化创作体系,落实落细意识形态工作责任制,把坚持和完善繁荣发展社会主义先进文化的制度落到实处。要不断满足人民日益增长的美好生活需要,坚持尽力而为、量力而行,确保全面覆盖,加快补齐短板,完善供给体系,把坚持和完善统筹城乡的民生保障制度落到实处。要扎实推进更高水平的平安福建建设,健全平安福建建设工作协调机制,坚持和完善新时代"枫桥经验",健全对黑恶势力打深打透、长效常治机制,把坚持和完善共建共治共享的社会治理制度落到实处。要持之以恒抓好生态省建设,巩固深化国家生态文明试验区建设成果,探索"绿水青山"转化为"金山银山"价值实现机制,打好蓝天、碧水、净土三大保卫战,守护好八闽大地这个全省人民永远的家园,把坚持和完善生态文明制度体系落到实处。要服务祖国和平统一大业,积极探索海峡两岸融合发展新路,实施便利香港、澳门居民在闽发展的政策措施,全面对接粤港澳大湾区建设,把坚持和完善"一国两制"制度体系落到实处。要勇于推进自我革命,处理好监督全覆盖与抓重点、权力与责任、治标与治本的关系,健全纠治"四风"长效机制,拓展"1+X"监督机制,构建一体推进不敢腐、不能腐、不想腐体制机制,把坚持和完善党和国家监督体系落到实处。

(二)凝心聚力推动新时代新福建建设实现新突破

习近平总书记在参加十三届全国人大二次会议福建代表团审议时的重要讲话为新时代新福建建设赋予重大使命、带来重大机遇、注入重大动力,在新时代新福建建设进程中具有重大里程碑意义,是指导新时代新福建建设的纲领性文献。习近平总书记站在党和国家事业发展全局,对营造有利于创新创业创造的良好发展环境、探索海峡两岸融合发展新路、做好革命老区中央苏区脱贫奔小康工作、全面推进新时代党的建设等重大问题做出深刻阐述、提出明确要求,赋予新时代新福建建设新内涵、新目标。

要抓住关键点、努力求突破,推动新时代新福建建设迈出更加坚实步伐。革除体制机制障碍,突出"松绑""放活",突出高效服务,突出人才支撑,突出法治保障,提升创新能力、构筑创业高地、激发创造活力,在营造有利于创新创业创造的良好发展环境上取得新突破。全面落实各项政策措施,用心用情用力做好"加减乘除"法,进一步加力扶持、提振信心,减税降费、降本减负,加快转型升级、放大"乘数效应",破除壁垒、清除障碍,在帮助民营企业创新发展上取得新突破。建设开放型经济新体制,发挥多区叠加优势,狠

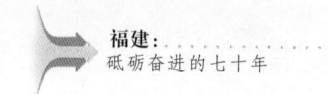

抓招商引资、优化口岸环境,进一步完善对外开放体制、拓展对外开放空间,在吸引优质生产要素集中集聚上取得新突破。探索海峡两岸融合发展新路,坚持以"通"促融、以"惠"促融、以"情"促融,加快推进应通尽通,研究推出更多惠台利民措施,积极推进文化交流走深走实,在建设台胞台企登陆的第一家园上取得新突破。扎实做好老区苏区脱贫奔小康工作,着力精准扶贫、大力发展生产、补齐民生短板,做好经济发展和生态保护相协调相促进的文章,在老区苏区振兴发展上取得新突破。加快国家生态文明试验区建设,抓好制度创新、推进绿色发展、打好污染防治攻坚战,在推动生态省建设上取得新突破。

二、新举措

(一)营造有利于创新创业创造的良好发展环境

"要营造有利于创新创业创造的良好发展环境。要向改革开放要动力,最大限度释放全社会创新创业创造动能,不断增强我国在世界大变局中的影响力、竞争力。"习近平总书记在参加福建代表团审议时发表的重要讲话,为福建省发展壮大实体经济、推动产业转型升级、加快建设新福建指明了方向。福建深入学习贯彻习近平总书记对福建工作的重要指示批示精神,深入贯彻落实总书记关于科技创新的重要论述,坚持新发展理念,大力实施创新驱动发展战略,出台了《关于营造有利于创新创业创造良好发展环境的实施意见》,坚持问题导向,坚持"发展是第一要务、人才是第一资源、创新是第一动力",最大限度释放创新创业创造动能。

一是全面提升创新能力。动能转换,创新先行。坚定不移走创新驱动发展道路,加快建设创新型省份,增强新旧动能转换动力,全面提升发展质量和效益。打造高水平实验室和工程研究中心。福州、厦门、泉州和宁德年内启动建设光电信息、能源材料、化学工程、储能电池等领域省实验室,实施工程研究中心三年行动计划。建好省创新研究院。赋予特殊政策和充分自主权,采取市场化、企业化方式开展研究和服务,打造福建省创新发展先导中心。构建高技术企业成长加速机制。强化企业创新主体地位,大力培育

"双高"企业、单项冠军企业、专精特新企业等创新企业群。充分利用资本市场促进高技术企业成长。落实激励企业加大研发投入的各项政策。扩大创新券适用范围,实现全国使用、福建兑付。构建创新生态链。围绕产业链部署创新链,引导各类创新主体加强协同联动,打造全过程创新生态链。滚动推进一批产学研创新项目,构建协同创新机制。深入推行科技特派员制度,深化科技特派员机制创新。每年有2 000名以上科技特派员在基层一线开展工作,每年选认100名台湾科技特派员。在实现省级科技特派员乡镇全覆盖的基础上,向特色产业重点村延伸。促进科技成果转化。构建技术经理人全程参与的科技成果转化服务模式。发展科技"猎头"机构。推进国家技术转移海峡中心和中科院科技服务网络福建中心建设。强化知识产权保护运用。推动无形资产价值市场化,增加知识产权估值在企业贷款信用评估指标体系中的权重。建立知识产权纠纷多元化解决机制。加快建设"知创福建"。扩大科研机构和人员自主权。赋予科研机构和创新团队更大的人财物支配权和技术路线决策权。高校、科研院所开展技术开发、服务等取得的净收入视同科技成果转化收入,按照有关规定实施奖励。推进科研项目管理改革。完善省级科技重大专项管理机制,建立重点产业产学研协同创新重大项目目录。对科研项目同一年度的监督、检查、评估等结果互通互认。支持福厦泉国家自主创新示范区先行先试。加快建设中国东南大数据产业园等47个特色园区和创新平台、项目。鼓励闽东北和闽西南协同发展区开展技术、产业和人才合作,打造山海协作创新平台。建立推动改革创新的决策容错机制。逐步建立容错机制,对政府部门、高校、科研院所、国有企业负责人在推动战略性新兴产业发展和实施创新项目中出现工作过失或影响任期目标实现的,只要没有谋取私利、符合程序规定,可免除行政追责和效能问责。

二是加快构筑创业高地。实施"百千万支撑工程"。推进百亿龙头成长计划、千亿集群培育计划、万亿有效投资计划。实施新兴产业倍增工程。完善"一个行业、一个规划、一个政策"工作机制。重点打造集成电路、新型显示等新兴产业集群。加快推广新能源汽车,打造"电动福建"。实施服务业重点领域高质量发展行动。加快发展物流、旅游、金融等现代服务业三大主导产业。推动先进制造业与现代服务业深度融合,培育省级服务型制造示范企业。实施特色现代农业"五千工程"。围绕"切实加快特色现代农业建设",新建1 000个优质农产品标准化示范基地,建设改造1 000个农产品产地初加工中心,培育1 000个省级以上重点农业龙头企业,新增1 000个"三品一标"农产品,培育1 000个"一村一品"特色产业示范村。实施数字经济领跑行动。深入实施"数字福建"战略,充分发挥数字中国建设峰会效应,建立数字经济重大项目对接落地推进机制。实施人工智能"双百工程"。实施传统产业"智造"工程。加快推进工业互联网"十百千万"培育工程。扩大制造业企业技改覆盖面,省技改基金规模年内增加至120亿元。加快发展平台经济。培育一批重点特色平台和细分领域平台。对带动性强、潜力大的平台企业,可采取"一事一议"等方式重点扶持。完善创业服务体系。发挥国家级双创示范基地示范引领作用,做优一批众创空间,提升一批科技企业孵化器。鼓励设立财政性资金参股的创业投资基金,建立健全基金投资评价容错机制。

三是让人才活力竞相迸发。实施福建省引才"百人计划"升级版。每年遴选150名左右高层次人才,对创业人才在享受原有补助资金的同时,另给予科研补助。实施"八闽英才"培育工程。每年遴选20个左右产业领军团队、30名左右特级后备人才、50名左右青年拔尖人才等并给予重点支持。打造高素质企业家队伍。引导企业家"实实在在、心无旁骛做实业",着力"在市场竞争中打造一支有开拓精神、前瞻眼光、国际视野的企业家队伍"。实施企业家人才队伍素质提升工程,推广"企业家培养企业家"模式。实施高技能人才振兴计划。推进职业教育改革,推进"双一流"高职院校建设。推行终身职业技能培训制度,新建一批国家级高技能人才培训基地和国家级、省级技能大师工作室。逐步提高技术工人的政治、经济和社会待遇。健全人才流动机制。支持高校、科研院所按规定聘任有创新实践经验的企业家和企业科技人才兼职。支持高校、科研院所等国有企事业单位专业技术人员兼职创业、在职创办企业或离岗创业。完善人才服务体系。扩大"人才之家""人才驿站"覆盖面。对高层次人才分类发放"八闽人才卡"。支持各地在人才密集区建设人才住房。改进高层次人才认定和支持办法。

四是打造民企健康成长的"福地"。引导民营企业聚焦实体、做精主业、做强做优。鼓励民营企业参与国有企业改革。支持民营企业通过多种方式参与国有企业混合所有制改革,及时发布有关项目信息。支持民营经济与国有资本共同设立发展基金。推动军民融合深度发展。畅通"民参军"渠道,引导优势企事业单位承担武器装备分系统和配套产品研制生产任务。加快与国家国防科工局共同成立的"一院两中心"建设。缓解民营企业融资难融资成本高问题。加快建设服务中小微企业的"金服云"平台。推动银行业金融机构完善内部考核机制和尽职免责机制。建立健全政府性融资担保机构尽职免责和激励机制。将全省政府应急周转金规模逐步提高至100亿元以上。加强民营企业服务保障。开展服务民企"三个一百"活动。建立企业服务协调机制,由企业开单、政府派单,指定相关部门帮助企业开拓市场、争取政策、对接产业链合作伙伴。依法维护民营企业合法权益。加快甄别纠正侵害企业产权及企业经营者合法权益的错案冤案。对一些民营企业历史上曾经有过的一些不规范行为,按照"罪刑法定、疑罪从无"的原则处理。

五是打造优质要素集聚的"宝地"。扩大开放是创新创业创造的重要动力。福建要在建设开放型经济新体制上走在前头,充分发挥多区叠加优势,吸引优质生产要素集中集聚。发挥厦门特区排头兵作用。对标新加坡等地先进经验,打造一流营商环境。推动经营性租赁业务收取外币租金试点、飞机维修航材税率调整等政策落地。打造航空维修、集成电路、中欧班列等一批重点平台。支持建设厦金融合发展示范区。发挥自贸试验区示范引领作用。坚持"大胆闯、大胆试、自主改",形成更多可复制可推广的制度创新成果。探索实施自由贸易港某些政策。推进国际中转及集拼、两岸海运快件、艺术品保税仓储等新业态发展。深化平潭综合实验区开放开发。牢牢把握"一岛两窗三区"的战略定位,认真编制实施《平潭综合实验区总体规划(2018—2035)》。支持国际旅游岛加快建设,争取离岛免税政策尽快落地。推进海丝核心区建设走深走实。实施"丝路海运""数字丝路""生态丝路""丝路飞翔""丝路茶道"等标志性工程,"绘制精谨细腻的'工笔画'"。加强优势产业国际产能合作。打造海丝空间信息港,推进"卫星+"示范应用和"智慧海洋"建设。加快福州新区全域开发。推动福州新区总体规划尽快获批,实施"产城融合、组团开发"建设模式,打造闽江口金三角经济圈的核心区、先行区和示范区。支持创建国家数字经济示范区,支持设立福州空港综合保税区。有效扩大利用外资。围绕"创造更有吸引力的投资环境",落实

《外商投资法》，加大外商合法权益保护力度。将"9·8"投洽会打造为国际化、专业化、品牌化精品。充分利用境内外资金资源。探索建立与自贸试验区改革开放相适应的账户管理体系。支持自贸试验区内符合条件的跨国公司根据自身经营需要备案开展集团内跨境双向人民币资金池业务。进一步扩大人民币跨境业务和离岸金融业务等规模。提升外贸发展水平。持续开展"助力万企成长"行动，鼓励企业拓展多元化市场。发挥中国国际进口博览会"溢出效应"，扩大先进技术装备等进口。大力发展市场采购贸易、跨境电商等外贸新模式。促进口岸通关便利化。深化国际贸易"单一窗口"建设，优化口岸通关作业流程，2021年底进出口货物整体通关时间比2017年压缩一半。

六是打造"三创"发展环境的"高地"。在营造良好发展环境上再创佳绩。进一步放宽市场准入。全面实行市场准入负面清单制度，推动"非禁即入"普遍落实。加快清理修改相关法规制度，实现公平竞争审查制度在省市县全覆盖。统一全省各行业招投标规则，坚决消除在招投标过程中对不同所有制企业设置的各类不合理限制和壁垒。推进审批服务便民化。践行"马上就办"，省市县三级50个高频事项实现"一趟不用跑"，100个高频事项实现"最多跑一趟"，审批服务事项网上可办率不低于90%。全面推进省属事业单位数据中心及设区市政务数据中心整合。进一步简化企业投资审批。全省社会投资项目审批时间缩减至法定时限的40%以内，工程建设项目审批时间压缩至90个工作日以内。将项目环评审批时限压缩至法定时限的一半。深化商事制度改革。加快推进"证照分离"改革。压缩企业开办时间，全省企业开办时间压缩至5个工作日以内。推广不动产抵押登记全程网办，企业申请不动产登记办理时限压缩至5个工作日。全面落实减税降费政策。落实深化增值税改革等政策措施，确保主要行业税负明显降低，所有行业只减不增。推进省定涉企行政事业性收费"零收费"政策。落实降低社会保险费率综合方案，实质性降低企业社保费负担。营造安定有序的社会环境。坚持发扬新时代"枫桥经验"和新时代"漳州110"精神，推进基层社会治理创新，加快完善社会治安防控体系，纵深推进扫黑除恶专项斗争。开展营商环境评估。委托第三方开展评估，每年发布各地营商环境评估报告。开展中小企业发展环境评估。建立健全营商环境投诉举报、查处回应和抽查体检制度。

(二)探索海峡两岸融合发展新路

习近平总书记在参加十三届全国人大二次会议福建代表团审议时强调,两岸要应通尽通,努力把福建建成台胞台企登陆的第一家园。这是赋予福建的重大特殊政治使命、政治责任,为福建发展带来难得机遇,指明了前进方向。福建深入学习贯彻习近平总书记对福建工作的重要指示批示精神,深入贯彻落实习近平总书记关于对台工作的重要论述,出台了《关于探索海峡两岸融合发展新路的实施意见》,着力在海峡两岸融合发展上先行先试、闯出新路。

能通先通——家更亲近了。提升经贸合作畅通、基础设施连通、能源资源互通、行业标准共通,率先实现金门、马祖同福建沿海地区通水、通电、通气、通桥。

一是提升经贸合作畅通。打造两岸共同市场。推进对台经贸合作信息汇聚与资源共享,推动涉税交流合作。对重大龙头类、示范类台资项目优先给予用地指标保障。新设立台企可按大陆企业申请注册。深化闽台优势产业融合发展。支持优势集成电路项目加快建设。加快古雷石化园区建设,支持台湾石化企业来闽投资,打造两岸石化产业合作基地。建设南靖精密机械制造等产业园,鼓励台湾工具机企业入驻。加快对台金融合作先行先试。推进两岸合资证券项目。将自贸试验区内台企资本项下便利化试点政策扩展至全省。扩大向台胞颁发金融信用证书试点。推动建设服务台资企业的专业化区域性股权市场。探索人民币与新台币直接清算结算。增强现代服务业合作新动能。推动在莆田妈祖健康城建设两岸生技和医疗健康产业合作区。在闽投资的台资养老机构用电、用水、用气按大陆同类企业标准执行,享受同等税收优惠政策。推进厦门、泉州、平潭"两岸冷链物流产业合作城市"建设。对台农业合作持续先行。加快建设台湾农渔产品交易中心。争取放宽台湾特色农机具、肥料、种子等进口许可。省级财政每年安排贴息资金扶持台湾农民创业园建设,设立一批闽台农业融合发展产业园区。台湾同胞取得的集体统一经营林地可办理不动产登记,支持凭证融资开展抵押贷款。提升对台贸易便利化水平。扩大金门酒厂、马祖酒厂所生产的高

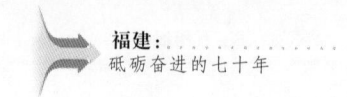

梁酒在闽销售。争取设立五通码头进境免税店。扩大台湾进口商品第三方检测结果采信，推进闽台口岸监管无缝对接。推动对台小额贸易实行优质品牌产品"先放后检"监管。推动闽台海铁多式联运，为台湾货物经台闽欧班列运输出口提供更便利的过境通关。支持台资企业创新发展。推动台企科创板上市，台企股份制改造享受同等奖补。推动闽台合作建设高水平科研创新平台，符合全省产业转型升级需求的，给予专项资金支持。

二是推进基础设施连通。推进"台海通道"项目。持续办好台湾海峡通道研讨会，深化研究论证。用好海峡海底光缆。推进长乐至淡水、厦门至金门两条海底光缆商业运营。推动在电子商务、云端服务等新领域应用。加密闽台海空直航连接。推动增开对台航线航班。推动厦门刘五店港区对台开放，推进厦金游艇双向直航常态化。加强对台开放口岸基础设施建设。推进福州琅岐客运码头、厦门五通客运码头三期建成使用。推动闽台海空航线与"丝路海运"及中欧班列对接。

三是加快能源资源互通。探索台湾能源供应新路径。发挥全省港口航运和沿海能源布局优势，以市场化合作方式为台湾提供紧缺能源，推动建立便捷经济的供应通道。维护台湾海峡清洁和生态环境。开展厦金海域和环马祖澳海域海漂物联合处置，加大海上非法采砂联合打击查处力度。

四是深化行业标准共通。先行开展若干领域标准合作。扩大对台企资质及行业标准采认。继续推进直接采认台湾地区职业技能资格。对台湾地区工程序列专业技术人才来闽工作的，直接确认相应职称。完善标准合作的平台。开展闽台技术标准和法规采集、研究、开发、咨询服务。支持台企在闽设立第三方检验检测、认证机构，参与制定国家、行业和地方标准。

五是推进"金门、马祖同福建沿海地区通水、通电、通气、通桥"。推动开展"小四通"对接洽谈。借鉴向金门供水模式，发挥民间行业协会和企业作用。推进向金门马祖通水。坚持做好向金门供水的源头龙湖水库环境保护，加强输水管道维护。建设连江官岭至黄岐输水管道。推进向金门马祖通气。推动供应液化天然气，发挥西气东输三线工程作用。推进向金门马祖通电。推动通过海缆输电方式实现电网联网。推进向金门马祖通桥。推进研拟厦金大桥和福州连江至马祖通桥方案。

提升服务——家更贴心了。像为大陆百姓服务那样造福台湾同胞。两岸交流,人才先行。充分发挥对台区位优势,先行先试,将惠台人才政策落细落深,以最大诚意、最强力度吸引台湾人才来闽创新创业。

一是推进台胞台企同等待遇落细落深。打造宜居宜业生活环境。支持厦门航空推出优惠举措,鼓励和便利台胞往来。台胞凭台湾居民居住证享受所在地居民购房同等待遇。推动台胞在闽使用台湾机动车驾驶证和便利换领大陆驾驶证。提供更加符合台胞需求的社会保障。对在闽台胞参加"五险一金"实行分类管理、精准服务。在闽台胞凭台湾居民居住证,同等享受福建省城乡居民基本医疗保障。为台胞来闽发展创造更好条件。面向台湾同胞提供更多工作岗位。扩大事业单位招收台胞规模,根据台胞意愿和单位需要灵活使用编制。支持首次来闽创办小微企业或从事个体经营的台胞申报创业补助。支持台湾高校毕业生申报福建省大中专毕业生创业省级资助项目。

二是推进"基本公共服务均等化、普惠化、便捷化"。满足台胞子女就学需求。台胞子女在闽接受学前教育,可就近就便安排到公办幼儿园。接受义务教育的,凭台湾居民居住证在设区市范围内就近入学。扩大对台招生规模。在闽高校就读台生按每人5 000元标准发放一次性入学助学金。支持闽台高校、职业院校开展"2+2""1+2""2+1"等模式合作,实行双录取双授学位。鼓励台湾人才来闽发展。在闽台湾人才可参与福建各类人才项目遴选。台胞入选福建省引进台湾高层次人才,用人单位给予一次性安家补助。对国有企业招聘的台湾人才实行薪酬单列。开展台湾高层次人才"百人计划"遴选,在原项目资金支持基础上追加补助至200万元。扩大招聘台湾教师来闽执教。台湾教师可来闽从事基础教育阶段教学。安排专门周转编制用于引进台湾教师,具有硕士及以上学位的可采取直接考核等方式公开招聘纳入编内管理,与福建事业单位人员享受同等待遇。高校引进的台湾教师,省财政每人每年补助10万~12万元;中小学和幼儿园引进的台湾教师薪酬待遇纳入同级财政预算。支持台湾医护人员来闽执业。推动在闽台资医院因特殊手术必需的器械、耗材,经备案后可在医院内部使用。持台湾护士执业资格证书并已从业1年以上的台胞可来闽从事医疗相关活动。取得台湾护理专业学历的台胞,可以参加护士执业资格考试,考试合格后在福建执业。提升涉台司法服务水平。涉台民商事案件仲裁可选择适用台湾

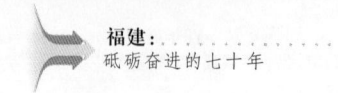

地区有关规定。推进台胞权益保障"法官工作室""涉台检察室"在全省复制推广,邀请台胞担任特邀调解员、人民陪审员等。

三是探索推进两岸基层治理交流合作。鼓励台胞参与城市管理和基层治理。在全省推广台胞参与社区建设管理试点。台湾同胞可受邀列席、旁听福建人民代表大会和政治协商会议。台胞集中的当地政府可聘请台胞担任市政顾问。推动台湾社工来闽参与基层社会事务。提供面向台胞招聘的社工岗位。扩大招聘台湾社工,按每人每年4.8万元补助。评定10家省级台湾社工就业示范基地,省财政给予每家30万元奖励。支持台胞参与乡村振兴建设。支持台湾团队参与农村人居环境整治、美丽乡村建设、传统村落保护发展。每年安排10个村庄名额,符合相关条件的,每个给予50万元补助。省级"三支一扶"面向台胞设置专岗,在原有待遇基础上给予更多支持。

文化连心——家更融洽了。加强两岸交流合作,加大文化交流力度,把工作做到广大台湾同胞的心里,增进台湾同胞对民族、对祖国的认知和感情。海峡两岸近年来的文化交流实践证明,只有加强两岸文化交流,才能增进两岸同胞的感情,消融彼此之间的隔阂,加强心灵沟通,推动两岸关系发展。充分发挥闽台文化交流的独特优势,进一步推进闽台文化交流合作向纵深拓展,持续打造福建特色文化交流品牌。

一是进一步深化民间基层交流交往。持续办好海峡论坛等交流活动。举办文化、青年、基层、特色等系列项目,形成"一市一品牌、一县一特色、一部门一精品"格局。厚植台湾同胞民族认同的精神纽带。扩大寻根谒祖、族谱对接、朝圣祭祀等活动。开展"闽台名匠""闽台优秀匠师"等评选,共同传承中华传统工艺。推进实施亲情乡情延续工程。推动建立闽台姓氏源流VR(虚拟现实技术)展示交流平台,组织闽台社团、村里开展对接,加强闽台同名同宗村交流。努力塑造台湾青年正确家国观念。针对台湾青年不同群体,组织实施学习交流、研学旅行、社团结对、体验对接等活动。强化对台交流综合平台支撑作用。办好闽台历史文化研究院,建设平潭南岛语族考古教学研究基地,推进福州、厦门"台湾会馆"和涉台宗祠、祖居修缮,打造大陆最大对台研学旅游基地。

二是进一步推进祖地精品文化入岛。举办系列活动。推进"福建文化宝岛行""非遗文化入岛展演",支持南音、高甲戏、歌仔戏等地方戏曲赴台巡展巡演。深化新闻媒体交流。加强电视、报纸、广播等媒体交流;运用好两微一端等新媒体;创作一批反映在闽台胞的优秀微电影。

三是进一步拓展文化交流领域。加强对台文化产业合作。推进闽台文化产业实验园区建设,打造两岸影视产业基地;建立两岸书院联盟,办好两岸图书交易会、金门书展,打造"福建文创市集"。推进闽台城市交流合作。推动搭建城市交流平台,建立对接机制;发挥闽东北、闽西南经济协同发展区在对台城市交流合作中的作用。拓展教育等领域交流合作。推动闽台合作创办高起点、重应用的高等院校;开展"校企"合作,合作创办职业院校、共建二级学院、成立职业技能培训机构、联合设立专业。

(三)推进老区苏区脱贫奔小康

小康不小康,关键看老乡。老区苏区发展问题,习近平总书记一直挂在心上。"要饮水思源,决不能忘了老区苏区人民。""确保老区苏区在全面建成小康社会进程中一个都不掉队。""要有长远眼光,多做经济发展和生态保护相协调相促进的文章。"习近平总书记在参加十三届全国人大二次会议福建代表团审议时强调,做好革命老区中央苏区脱贫奔小康工作。这为福建省加快老区苏区脱贫奔小康指明了前进方向。福建深入学习贯彻习近平总书记重要讲话和对福建工作的重要指示批示精神,深入贯彻落实习近平总书记关于扶贫工作的重要论述,加快老区苏区全面发展,出台了《关于做好革命老区中央苏区脱贫奔小康工作的实施意见》,从政策实施、项目建设、资金投入等方面给予老区苏区倾斜支持,推动老区苏区补齐短板,加快发展,如期脱贫奔小康。

"真金白银"助振兴,让老区苏区人民享受发展红利。加快振兴发展,确保老区苏区如期奔小康。持续加大对革命老区中央苏区发展的支持,形成加快发展的强大合力,让老区苏区人民过上更加幸福美好的生活。

一是落实完善促进老区苏区发展的政策法规。全面梳理《赣闽粤原中央苏区振兴发展规划》及福建省实施意见,推动更多倾斜支持政策在福建省老区苏区落地实施。在开展革命老区发展调研视察、跟踪检查的基础上,修订完善《福建省促进革命老区发展条例》。积极争取福建省原中央苏区县参照赣州市执行西部大开发政策。

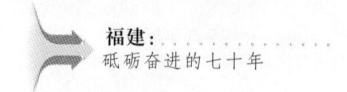

二是加强特色现代农业建设。鼓励老区苏区发展茶叶、蔬菜、水果、畜禽、水产、林竹、花卉苗木、食用菌、乡村旅游、乡村物流等十大乡村特色产业,建设一批特色农产品优势区。推进农机装备产业转型升级,农机购置补贴专项资金80%以上安排给老区苏区。对原中央苏区县省级龙头企业认定标准降低20%。福建农民创业园专项资金90%以上、现代农业产业园专项资金80%以上用于扶持老区苏区。积极发展林下经济,省级林下经济专项资金80%以上用于扶持老区苏区。

三是鼓励发展特色制造业。优先支持老区苏区制造业企业技术改造项目,将省级扶贫开发重点县(以下简称"重点县")申报专项补助资金的项目投资门槛从3 000万元降至1 000万元。支持发展军民融合产业,争取创建宁德、龙岩国家军民融合创新示范区。鼓励设立山海协作创新中心,支持老区苏区企业优先申报战略性新兴产业相关专项、创新能力建设专项和创新平台。

四是扶持发展电商物流业。鼓励老区苏区发展农村电商,促进特色农产品网上销售,省级商务区域协调发展资金80%以上安排给老区苏区。支持冷库改造提升,将重点县申报专项资金的项目投资门槛降低50%。支持发展商贸物流业,鼓励邮政、快递、供销、运输等企业在老区苏区布局物流网络设施,建设一批区域性物流中心和批发市场。

五是大力培育文创旅游业。推进全域旅游和红色旅游景区建设,打造一批经典红色旅游线路、健康养生基地和金牌旅游村。鼓励发展文化产业,深度挖掘地方标志性文化资源,推进一批重点文化产业项目和园区建设,省文化产业发展专项资金60%以上用于扶持老区苏区。设立革命遗址保护利用专项资金,修订完善革命遗址名录和保护档案。

六是强化交通基础设施建设。推进老区苏区铁路通道"外通内联",加快衢宁铁路、浦梅铁路建宁至冠豸山段、兴泉铁路建设,推动龙岩至龙川铁路龙岩至武平段2019年开工建设,加快推进漳汕高铁、昌福(厦)高铁、温福高铁和温武吉铁路前期工作。支持武夷山、冠豸山、沙县机场发展,给予航线航班培育补助。加快推进国高网莆炎线、宁东线福建境内剩余段,浦武线建宁至武平段和宁德至古田、永定至南靖等高速公路建设。加强老区苏区通乡(镇)三级公路、连接多个建制村的通村公路"单改双"等项目建设。苏区县、老区县普通公路建设省级补助标准继续执行分别上浮10%和5%的倾斜政策。推进老区苏区发展通村客运班车，实现县城20公里范围内公交化运行。

七是加快完善水利和能源设施。加强高标准农田建设，90%以上高标准农田建设计划和补助资金用于扶持老区苏区。推进安溪白濑、长汀庵杰、连城福地、浦城王家洲等一批老区苏区大中型水库建设，加强大中型灌区节水改造，实施一批防洪排涝工程。加快推进漳州核电、霞浦核电、周宁抽蓄电站等老区苏区能源项目建设。

八是办好老区苏区教育。加大老区苏区教育专项资金倾斜力度，在安排省级以上财政对市县转移支付补助资金时，按照80%最高档补助比例向苏区倾斜。2020年前全面完成乡村小规模学校、乡镇寄宿制学校等义务教育薄弱学校改造工作。扩大普惠性幼儿园的覆盖，力争到2020年老区苏区普惠性幼儿园覆盖率达到85%。教师"国培""省培"计划、乡村优秀青年教师培养奖励计划70%以上用于扶持老区苏区。

九是提高医疗卫生服务水平。新建一批县级医院、标准化妇幼健康服务机构、达标基层医疗卫生机构和一体化村卫生所。争取用于福建省医疗卫生机构基础设施建设的中央预算内投资，在限额内给予苏区县80%、老区县60%补助。实施全科医生特设岗位计划，工资标准按当地县级公立医院同职级卫技人员平均绩效工资水平执行，额外给予年人均3万元补助。推动以定点派驻方式实施城乡医院对口帮扶，实现无三级医院老区苏区县全覆盖。

十是推动文化繁荣发展。优先支持老区苏区申报历史文化名城名镇名村和传统村落。加强公共文化设施建设，支持爱国主义教育示范基地、博物馆、美术馆、公共图书馆、文化馆（站）等公共文化设施免费开放，推动各类公共体育场馆免费或低收费开放。

十一是推进老区苏区乡村振兴。推动老区苏区产业振兴、人才振兴、文化振兴、生态振兴、组织振兴，优先安排项目资金予以支持。探索推进符合条件的老区苏区撤乡设镇或撤镇设街等行政区划调整工作，提升城镇化发展水平。推进集约节约用地，加大用地倾斜支持，优先安排老区苏区补充耕地指标、城乡建设用地增减挂钩指标异地调剂，老区苏区基础设施和民生工

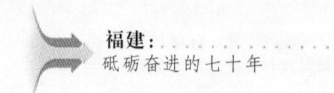

程项目用地可单独报批,不受供地率、批而未供、闲置土地考核影响。

精准扶贫拔"穷根",让农村贫困人口尽快脱贫致富。坚持精准扶贫、精准脱贫,做好老区苏区脱贫攻坚工作。切实担当起脱贫攻坚的历史使命,立下愚公志、打好攻坚战,确保到2020年老区苏区现行标准下农村贫困人口全部实现脱贫。

一是增强脱贫措施的实效性。强化扶贫资金投入,每年按全省上一年地方一般公共预算收入的2‰筹集资金,加大老区苏区精准扶贫资金支持。针对新阶段因病因残成为主要致贫因素的实际,在基本医疗保险、大病保险和医疗救助的基础上,实施精准扶贫医疗叠加保险政策,资金由省、市、县三级分别按50%、25%、25%的比例筹措。

二是抓好扶贫与扶志扶智相结合工作。完善助学金制度,对老区苏区贫困家庭学生按照最高标准予以资助,同时给予免除学杂费和提供助学贷款、就业支持,确保适龄学生不因贫困失学辍学。在重大人才工程和引智项目上给予倾斜支持,对重点县引才"百人计划"实施单独遴选。

三是强化产业和就业扶贫。对老区苏区贫困户发展增收脱贫项目,给予每户不超过1万元补助和5万元以下免抵押、免担保的无息贷款支持,做到应扶尽扶、应贷尽贷。支持老区苏区建设星创天地等创新创业载体,促进农业"五新"和各类先进适用技术成果转化落地。

四是加大兜底保障力度。把完全或部分丧失劳动能力、无法通过开发性扶贫措施实现脱贫的老区苏区贫困人口,全部纳入低保兜底予以保障。全面实现低保、特困供养和临时救助标准城乡一体化,省级财政对老区苏区县低保、特困供养资金补助在原比例基础上再提高10%,到2020年生活不能自理特困人员集中供养率提高到50%。完善贫困人口延保渐退政策,对经济状况改善并符合延保渐退条件的老区苏区低保贫困户家庭,给予6～12个月延保渐退期。

五是扶持老区苏区贫困村发展。继续选派优秀干部到老区苏区贫困村和薄弱村担任"第一书记",每年选派1 000名科技特派员到贫困村开展帮扶。对2 201个贫困村每村安排60万元,用于投资运营获取收益。加强村级组织运转经费保障,2019—2020年省级财政每年安排13亿元,90%以上投向老区苏区。实施村级集体经济发展三年行动,落实财政扶持、村企结对、资源入股等措施,力争2019年底消除村集体年经营性收入5万元以下的薄弱村。

六是推进山海协作对口帮扶。继续实施省领导、省直部门及经济较发达县(市、区)挂钩帮扶重点县制度,进一步落实财政转移支付、主导产业培育、基础设施建设、公共服务提升等各项政策,经济较发达县(市、区)每年落实不少于1 200万元的对口帮扶资金。

七是延长实施精准扶贫政策。对老区苏区已脱贫的贫困人口、贫困村、重点县,脱贫攻坚期内,所有扶贫政策保持不变,支持力度不减。对老区苏区脱贫户进行再核查,特别是对"两不愁三保障"实现情况进行全面梳理排查、逐项对账销号,加大教育、卫健、医保、住建等部门项目资金倾斜扶持力度,多措并举防止返贫和出现新的贫困。

红土地上添新绿,让老区苏区天更蓝山更绿水更清。树立长远眼光,多做老区苏区经济发展和生态保护相协调的文章。坚持"像保护眼睛一样保护生态环境、像对待生命一样对待生态环境",真正下决心把环境污染治理好、把生态环境建设好,让老区苏区天更蓝、山更绿、水更清、环境更优美。

一是推动老区苏区深入实施生态省战略。完善生态保护补偿机制,深化武夷山国家公园体制试点,推进林业金融创新。支持老区苏区实施省部合作推进新一轮气象现代化项目,到2021年全省实现"综合观测硬实力全国一流、预测预报软实力全国领先"。推动扩大生态功能区,争取将建宁、长汀、连城、光泽、政和、武平、浦城、清流、松溪、宁化、顺昌等11个县调整纳入国家重点生态功能区。

二是打好污染防治攻坚战。打好蓝天保卫战,确保2020年老区苏区挥发性有机物排放总量比2017年下降10%以上。打好碧水保卫战,力争2019年全省小流域Ⅲ类以上水质比例达到90%左右。打好净土保卫战,实现老区苏区污染地块安全利用率达90%以上。

三是深化生态修复和环境整治。支持长汀县建设全省水土保持示范区,到2020年流失率控制在7%以下。支持老区苏区实施一批农村环境整治、生态保护修复项目,优先安排各类生态环境专项资金予以支持。

四是强化绿色发展源头管控。严格执行绿色产业指导目录,加强生态保护红线、环境质量底线、资源利用上线和生态环境准入清单管控。对生态

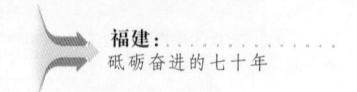

功能重要区域、生态环境敏感脆弱区域,严禁不符合主体功能定位的各类开发活动。优化老区苏区环评服务,对涉及脱贫攻坚、符合生态环境保护要求的建设项目加快审批。

五是推动生态优势转化为发展优势。支持老区苏区建设"绿水青山就是金山银山"实践创新基地,探索生态环境资源向绿色经济的转化路径。支持老区苏区参与碳市场建设,优先将符合条件的碳汇造林、森林经营等林业碳汇项目纳入福建碳市场交易。推进重点生态区位商品林赎买等改革,支持老区苏区采取直接赎买、合作经营、租赁、置换、改造提升等方式,深入挖掘森林资源经济价值。

(四)加强新时代党的建设

习近平总书记在参加十三届全国人大二次会议福建代表团审议时强调,要以党的政治建设为统领,全面落实新时代党的建设总要求,全面推进党的各方面建设,以坚强有力的党组织确保工作任务落实。这为福建省全面推进新时代党的建设提供了根本遵循。福建深入学习贯彻习近平总书记对福建工作的重要指示批示精神,深入贯彻落实习近平总书记关于党的建设的重要论述,坚持新时代党的建设总要求,践行新时代党的组织路线,努力把各级党组织建设得更加坚强有力,出台了《关于全面推进新时代党的建设的实施意见》,围绕坚持和加强党的全面领导,坚持党要管党、全面从严治党,以党的政治建设为统领,全面推进新时代党的建设。

一是始终把党的政治建设摆在首位,牢牢把握政治方向,坚决做到"两个维护"。严格执行《中共中央关于加强党的政治建设的意见》等,完善保障"两个维护"的制度机制,加强对贯彻落实习近平总书记重要讲话和对福建工作的重要指示批示精神的督促检查。深化省委党风廉政建设"五抓五看",落深落细落实全面从严治党主体责任"八个坚定不移"具体部署,坚定不移维护习近平总书记党中央的核心、全党的核心地位,维护党中央权威和集中统一领导;坚定不移学习宣传贯彻习近平新时代中国特色社会主义思想;坚定不移落实党中央决策部署;坚定不移正风肃纪;坚定不移反对腐败;坚定不移强化党内监督;坚定不移深化监察体制改革;坚定不移紧抓"关键少数",推动全面从严治党取得更大战略性成果。扎实做好中央巡视"后半篇"文章。坚持党的政治领导,不折不扣贯彻落实党中央决策部署。落实《中国共产党党组工作条例》等,完善地方党委、党组、党的工作机关实施党的领导的体制机制,健全国有企业党委(党组)和农村、事业单位、街道社区等基层党组织发挥领导作用的制度规定。夯实政治根基,坚决站稳党性立场和人民立场。坚持以党的旗帜为旗帜、以党的方向为方向、以党的意志为意志,任何时候都同党同心同德。牢固树立以人民为中心的发展思想,着力解决人民群众最关心最直接最现实的利益问题。涵养政治生态,实现正气充盈、政治清明。增强党内政治生活的政治性、时代性、原则性、战斗性,全面落实"三会一课"、民主生活会、领导干部双重组织生活、主题党日等制度。开展领导班子运行和政治生态等级评估工作。发展积极健康的党内政治文化,利用古田会议会址等开展党性教育,深入开展学习谷文昌、廖俊波等活动。防范政治风险,下好先手棋、打好主动仗。贯彻总体国家安全观,把维护政治安全放在首位,引导党员干部坚持底线思维,增强忧患意识,坚决消除一切影响政治安全的隐患。永葆政治本色,严明党的政治纪律和政治规矩。严格执行《中国共产党纪律处分条例》,严肃查处政治上离心离德、思想上蜕化变质、组织上拉帮结派、行动上阳奉阴违等问题,对典型案例进行通报。提高政治能力,善于从政治上看待问题、把握问题、解决问题。实施"一把手"政治能力提升计划,组织开展党员领导干部政治能力专题培训,提高党员干部特别是领导干部把握方向、把握大势、把握全局的能力和辨别政治是非、保持政治定力、驾驭政治局面、防范政治风险的能力。组织实施"不忘初心、牢记使命"主题教育。突出用习近平新时代中国特色社会主义思想武装头脑、指导实践、推动工作,贯彻守初心、担使命,找差距、抓落实的总要求,把学习教育、调查研究、检视问题、整改落实贯穿全过程,教育引导党员干部锤炼忠诚干净担当的政治品格,更加自觉地为高质量发展落实赶超、加快新福建建设而奋斗。严格执行请示报告制度。贯彻落实《中国共产党重大事项请示报告条例》等,加强对请示报告制度执行情况的监督检查。提高请示报告的质量,坚决反对请示报告中的形式主义、官僚主义。

二是持续兴起"大学习"热潮,抓好学习培训和宣讲。实施习近平新时代中国特色社会主义思想教育培训工程,每年举办理论研修班、专题班等。启动年轻干部理想信念宗旨教育计划。分级分类抓好基层党组织书记集中轮训。开展面向党外人士、企业员工、学校师生、网民、青年、妇女等各个群体的学习宣讲。实施干部专业化能力提升计划。着眼培养又博又专的复合型干部,坚持精准施训,深化"十个专题"培训,举办"新福建大讲堂",健全完善领导干部上讲台制度。抓好意识形态工作责任制落实。坚持马克思主义指导地位,完善意识形态工作巡视巡察、督查落实、干部考核、执纪问责等制度,牢牢掌握意识形态工作领导权。持续巩固壮大主流舆论强势,健全突发事件敏感舆情应急处置机制。加快建立网络综合治理体系,提高用网治网水平。加强和改进青年学生思想政治教育,确保青年一代成为社会主义建设者和接班人。

三是突出政治功能和组织力,扎实推进党支部标准化、规范化建设。落实《中国共产党支部工作条例(试行)》,实施党支部"达标创星"工程,使每一个党支部都有变化、有进步。深化抓党建促脱贫攻坚、促乡村振兴。实施老区苏区村"领头雁"培养工程,县委每年至少开展一次村主干集中轮训。推进村级集体经济发展三年计划,力争2019年消除村集体中年经营性收入低于5万元的薄弱村。深化助推民营企业"强党建、促发展"联合行动。实施民营企业出资人"同心同向"工程。开展"亮身份、亮承诺、比作为"活动,引导党员员工在生产经营、技术创新一线当先锋、作表率。统筹推进各领域基层党建工作。贯彻落实中央《关于加强和改进城市基层党的建设工作的意见》,强化城市基层党建系统建设和整体建设。落实"一个带头、三个表率"要求,推进让党放心、让人民群众满意的模范机关建设。完善国有企业"双向进入、交叉任职"领导体制。实施高校党组织"对标争先"建设计划。抓好社会组织、民办学校、民办医院、互联网企业党的组织和工作有效覆盖。严把发展党员政治关,提高党员队伍质量。

四是增强担当作为的勇气,树立鲜明用人导向。严格执行新修订的《党政领导干部选拔任用工作条例》,坚持把政治标准放在首位,注重选拔任用树牢"四个意识"、坚定"四个自信"、坚决做到"两个维护"、全面贯彻执行党的理论和路线方针政策的干部。探索建立干部政治素质档案。建立推动高质量发展落实赶超的政绩考核机制。全面推广领导班子蹲点调研、一线考核办法,深入了解干部在打好三大攻坚战、营造有利于创新创业创造的良好发展环境等方面担当作为情况,大力选拔任用敢于负责、勇于担当、善于作为、实绩突出的干部。

五是夯实干事创业的底气，进一步激励干部担当作为。贯彻中央《关于进一步激励广大干部新时代新担当新作为的意见》，落实新修订的《中华人民共和国公务员法》和《公务员职务与职级并行规定》，深化省委关心关爱基层干部二十条措施。推进容错纠错具体化制度化，探索建立为被诬告陷害的党员和公职人员澄清正名的机制。大力发现培养选拔优秀年轻干部。制定发现培养选拔优秀年轻干部的政策措施，实施优秀年轻干部梯次培养工程，选派一批省直单位、省属企业、省属高校优秀人员与市县优秀年轻干部双向交流任职。

六是坚持不懈正风肃纪，坚决破除形式主义、官僚主义。深入开展集中整治，把落实党中央及省委决策部署不用心、不务实、不尽力，空泛表态、应景造势、敷衍塞责，口号喊得震天响、行动起来轻飘飘等形式主义、官僚主义突出问题作为监督执纪、审查调查的重点，对典型问题通报曝光。认真落实中央《关于解决形式主义突出问题为基层减负的通知》精神，推动基层减负要求落到实处。持续落实中央八项规定及其实施细则精神。聚焦享乐主义和奢靡之风，紧盯重要节点，重点整治群众反映强烈的突出问题、易发多发问题和隐形变异新动向新表现，从严查处不收敛不收手行为。多渠道整治领导干部利用名贵特产类特殊资源谋取私利问题。深化完善"1+X"监督机制，巩固拓展作风建设成果。增强党内监督实效。加强对《中国共产党党员教育管理工作条例》实施的组织领导和监督检查。认真执行《中国共产党纪律处分条例》，综合运用监督执纪"四种形态"，使批评教育成为常态。推动党内监督同国家机关监督、民主监督、司法监督、群众监督、舆论监督有效贯通。以精准监督助推老区苏区精准扶贫、精准脱贫。严肃查处基层干部贪污侵占、虚报冒领、截留挪用、优亲厚友等行为，坚决纠正数字脱贫、虚假脱贫等突出问题。

七是巩固发展反腐败斗争的压倒性胜利。有力削减腐败存量，有效遏制腐败增量。精准惩治审批监管、资源开发、金融信贷、工程招投标以及公共财政支出等重点领域腐败问题。按照中央"天网2019"行动部署，持续打好密网、扩网、拦网、围网、收网攻坚战。坚决整治群众身边的腐败和作风问题。聚焦民生领域腐败、移风易俗等，进一步加大监督和整治力度，对查结

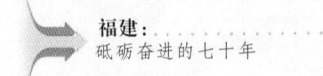

的问题线索进行抽查复核,对失职失责的从严问责。深挖彻查涉黑涉恶腐败和黑恶势力"保护伞"。持续深化纪检监察体制改革。分类分层次分步骤推进派驻机构改革,全面加强统一管理。研究制定纪检监察机关立案相关工作程序规定、监督检查审查调查措施使用规范等制度,健全统一决策、一体运行的执纪执法工作机制。完善巡视巡察战略格局。深化政治巡视,落实省委巡视工作五年规划,统筹安排常规巡视、专项巡视、机动巡视和巡视"回头看"。完善巡视巡察上下联动监督网,深化、拓展、提升县级交叉巡察工作,推动市县巡察向村居延伸。

八是推动全面从严治党,各项任务落深落细。压紧压实全面从严治党政治责任、主体责任、第一责任。持续开展全面从严治党主体责任落实情况检查,强化结果运用。改进领导班子和领导干部年度考核,加大抓党建工作的权重。探索实行党支部书记抓党建情况量化考核,把党建工作情况列入绩效考核重要内容,抓住"关键少数"。健全党建工作责任制,推动各级党委(党组)书记把抓好党建作为最大政绩,认真履行第一责任人职责,党委(党组)其他成员按照"一岗双责"要求抓好职责范围内党建工作。落实党建工作联系点制度。以坚强有力的党组织确保工作任务落实。推动各级党组织把学习贯彻习近平总书记重要讲话精神作为长期的重大政治任务,对标对表对照,细化实化措施,有力有效推进,切实提高贯彻落实党中央各项决策部署的执行力,不断增强党组织的政治领导力、思想引领力、群众组织力、社会号召力。推动党员干部勇担职责使命,焕发干事创业的精气神,敢于斗争、善于斗争,扎扎实实做好自己的事情,把高质量发展落实赶超的各项任务落到实处。

第三节　爱拼会赢,砥砺奋进,开启新时代新福建建设新篇章

回望过去,福建在 70 年发展尤其是改革开放实践中始终解放思想、探索前行,取得了骄人的业绩,积累了具有福建特色的宝贵经验。展望未来,以习近平新时代中国特色社会主义思想为指导,全面贯彻党的十九大和十九届二中、三中、四中全会精神,全面贯彻落实习近平总书记对福建工作的

重要讲话重要指示精神和党中央决策部署,福建人民将进一步解放思想、开拓创新、砥砺奋进,站在新的历史起点上,推动高质量发展,谱写新时代新福建建设新篇章。

一、以新发展理念为指导,推动福建高质量发展走在前列

坚持高质量发展落实赶超,是新时代新福建建设的鲜明主线和根本战略。多年来,福建把落实赶超作为加快福建发展的重大战略和重大机遇。坚持高质量发展与落实赶超有机统一,不断推动经济社会发展迈上新台阶。进入新时代,我国经济已由高速增长阶段转向高质量发展阶段,正处在转变发展方式、优化经济结构、转换增长动力的攻关期。坚持高质量发展落实赶超,是福建贯彻落实习近平新时代中国特色社会主义思想和党的十九大精神的具体举措,是省委着眼大局、立足省情做出的重要决策,是福建必须担负起的政治责任。

(一)着力创新驱动,培育高质量发展落实赶超的动能

始终把创新作为坚持高质量发展落实赶超的第一动力,在核心技术攻关、创新平台建设、激发主体活力、调动人才积极性上实现新突破。加速推动主导产业和新兴产业领域核心技术突破,加快福厦泉自主创新示范区建设,积极转变科研机构管理和运行机制,建立吸引优秀人才的竞争流动机制和创新人才评级体系。

(二)着力转型升级,强化高质量发展落实赶超的支撑

始终把实体经济作为高质量发展落实赶超的第一支撑,主导产业要强链条、壮集群,新兴产业要快成长、上规模,现代服务业要提比重、促融合。大力推进千亿集群支撑计划、新兴产业倍增工程、数字经济领跑行动、现代服务业提速提质工程。

(三)着力区域协调,大力推进闽东北、闽西南两大协同发展区建设

着眼加强区域经济社会民生生态等各方面的协同发展,把经济协作区

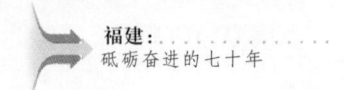

上升为协同发展区,按照"两极两带六湾区"的发展格局,突出坚持项目支撑、把握推进方向、突出重点领域,加快协同融合,提升区域整体竞争力。

(四)着力乡村振兴,夯实高质量发展落实赶超的基础

坚持走中国特色社会主义乡村振兴道路,加快发展特色现代农业,建设生态宜居的美丽乡村,打好精准脱贫攻坚战,推动城乡融合发展。大力实施特色现代农业"五千工程"、农村人居环境整治三年行动、"千企帮千村"行动,积极促进基础设施向乡村延伸、资源要素向乡村流动。

(五)着力改革开放,激发高质量发展落实赶超的活力

要大力营造"好环境",用好"大平台",扩大"生意圈",吸引"投资客",努力打造一流的法治化国际化便利化营商环境,深度融入"一带一路"建设,支持企业开拓多元化市场,实现利用外资增量和质量双提高,拓展改革广度和深度,构建全面开放新格局。

(六)着力生态建设,巩固高质量发展落实赶超的优势

要贯彻落实习近平生态文明思想,大力推动经济绿色低碳循环发展,坚决打好污染防治攻坚战,继续推出一批可复制推广的创新举措,实现绿色发展有新提升、环境质量有新改善、国家生态文明试验区建设有新突破。

(七)着力改善民生,共享高质量发展落实赶超的成果

要兜底线、补短板、抓提升、保稳定,大力促进就业创业,努力解决民生"痛点",提高基本公共服务供给效率,全面落实维稳工作责任制,解决好事关人民群众生存发展的"头等大事"和影响人民群众日常生活的"关键小事"。

二、积极抢抓机遇开拓创新,构建更高层次改革开放新格局

在新时代新起点上推动高质量发展和实现赶超目标,福建要切实成为高质量发展的排头兵,必须继续把全面深化改革扩大开放推向前进,抓住经

济体制改革这个"牛鼻子",深化供给侧结构性改革,推进科技体制创新,优化营商环境,加快完善有利于推动高质量发展的体制和政策环境,着力构建市场机制有效、微观主体有活力、宏观调控有度的市场经济体系,推动发展方式转变、经济结构优化、增长动力转换,努力实现更高质量、更有效率、更加公平、更可持续的发展,形成更高层次改革开放新格局。

(一)全面深化体制机制改革创新

经过改革开放,我国从发展航向的"高速度"转向"高质量",从价值导向的"有没有"转向"好不好",从发展水平的"中低端"转向"中高端"。许多过去有效的经验今天不再奏效,许多过去有用的做法今天不能重复。特别是在向更高层次迈进的关键阶段,福建面临着产业结构仍然处于中低端、农业现代化相对滞后、区域发展不平衡的瓶颈,面临着一些矛盾集中出现、群众有着更高的发展预期和更多生活需求还不能得到满足的矛盾,面临着一些突出的环境问题还没有得到根本解决的矛盾。因此,福建干部群众要以习近平新时代中国特色社会主义思想为指导,按照习近平总书记"冲破思想观念的障碍、突破利益固化的藩篱,解放思想是首要的"要求,用习近平总书记所倡导的"自我革命和自我革新"的精神,以更加开放的胸襟勇于自我反省、突破思维定式、敢于自我扬弃,克服传统观念、惯性思维的负面影响,始终保持锐意进取的勇气、敢为人先的锐气、蓬勃向上的朝气,以更大力度的思想解放攻坚克难,在新的伟大实践中增创改革开放新优势,凸显改革开放新担当,建设"机制活、产业优、百姓富、生态美"的新福建,向党和人民交出一份出色的新时代答卷。

面对国际国内环境变化,福建要坚持把解放思想作为新时代改革开放的"当头炮"。新的外部环境复杂多变,要求我们解放思想、与时俱进。当今世界正在经历新一轮大发展大变革大调整,人类面临的不稳定不确定因素日益增多。全球治理体系深刻变革,不同制度模式、发展道路深层较量和博弈,贸易保护主义、新的热点冲突此起彼伏,新一轮科技和产业革命给人类社会发展带来新的机遇,也提出了前所未有的挑战。70年来,福建的发展早已融入世界,为在世界大变局中把握机遇、在世界大棋局中赢得主动,必须以更加开放的胸襟、更加宽阔的视野,以解放思想为首要导向,自觉把福建放到世界大格局中,以世界眼光谋划自身发展。新的矛盾变化、新的使命在肩,要求我们解放思想、主动作为。党的十九大做出了我国社会主要矛盾已经转化为人民日益增长的美好生活需要和不平衡不充分的发展之间的矛盾的新判断,并根据主要矛盾的新变化,提出了实现中华民族伟大复兴新征程,即在决胜全面建成小康社会后,2035年基本实现社会主义现代化、2050年全面建成社会主义现代化强国的目标。过去70年,福建经济社会发生了翻天覆地的变化,面貌焕然一新,从当初的偏远落后发展成今天的崛起东南,在全国的发展格局中,地位不断提升。但是,在新的矛盾变化、新的重大使命面前,如何立足新时代、开启新征程?改革开放再出发,我们必须切实增强当好改革开放排头兵的责任担当,勇于解放思想、登高望远,敢于先行先试、攻坚克难,抢抓机遇、主动作为,以更大力度、更实举措推动新时代改革开放,用创新的理念、思路、方法推动发展质量的全面突破,形成新的发展优势,更加扎实有效实现经济社会的高质量发展,再创新时代福建发展奇迹。

(二)推动福建全方位对外开放

在对外开放方面,尽管当前全球经济面临诸多不确定因素,福建仍然要把开放的大门敞得更开,步子迈得更快,空间拓展得更广阔。必须充分利用国内国际两个市场、两种资源,不断拓展发展空间。充分发挥厦门经济特区的窗口和试验平台作用,使之成为改革开放的开拓者和实干家,为全省探索经验、做出示范。"一带一路"是我国推进新一轮改革开放的重大平台,而福建是海上丝绸之路的重要起点和发祥地,是连接台湾海峡东西岸的重要通道,也是太平洋西岸航线南北通衢的必经之地。海丝核心区、自贸试验区、平潭综合实验区、生态文明试验区等改革开放平台,要敢于先行先试,力争推出更多具有复制推广意义的改革举措。实行更加积极主动的开放战略,加快构建开放型经济新体制,推动形成全面开放新格局。要发挥优势,积极融入"一带一路"建设,坚持"走出去"与"引进来"结合,经济合作与人文融合并重,努力把福建建成21世纪海上丝绸之路的桥头堡和实施"一带一路"倡议的重要枢纽,展现崭新的开放形象。

加快海丝核心区建设,把参与"一带一路"作为最大使命、最大机遇、最大平台,充分发挥福建作为21世纪海上丝绸之路核心区的独特优势,全面提升在"一带一路"国际合作中的参与度、连接度和影响力。全面增强枢纽功能,以"厦蓉欧"国际班列、东南国际航运中心、海丝空间信息港等为抓手,打造海上、陆上、空中、信息四位一体的国际大通道,在建设现代物流枢纽上取得突破。着力提升海上通道的综合竞争力、空中通道的服务能力、陆上通道的运营质量以及信息通道的领先优势,实现精准发力。增强福建对周边地区的辐射带动能力,推动福建与长江经济带、粤港澳大湾区双向贯通、联动发展,把福建打造成连接"海上丝绸之路"和"陆上丝绸之路"的战略枢纽和连接点。构建以福建为中心的"一带一路"经贸网络体系。坚持"走出福建发展福建",在"一带一路"沿线重点城市和地区积极谋划、分步建设福建"一带一路"境外系列战略支点,推动各支点之间物流、贸易和资本连接,创建模式先进的全球精准合作示范基地,建成一批综合效益好、带动作用大、各方普遍受益的示范项目,建立根植福建、辐射全球的产业链体系,以点带面、连线成片,推动福建"一带一路"投资布局。建设中日"一带一路"国际合作示范区。充分利用中日两国深化合作的机遇和福建海丝核心区的优势,以产业合作为重点,打造区域性国际合作新平台、新高地,促进中日两国及"一带一路"沿线国家的经贸合作。研究在福州或厦门规划设立海丝沿线国家领事馆区。吸引海丝沿线国家、地区或国际组织设立驻福建代表处或办事机构,提升福建对外交流合作水平,为海丝核心区服务国家外交工作做出新贡献。提升对外合作交流平台效应。办好"9·8"投洽会(厦洽会)、21世纪海上丝绸之路博览会暨海交会、"6·18"项目成果交易会,打造服务沿线国家(地区)投资贸易的国际化、专业化、便利化平台。办好中国(泉州)海上丝绸之路品牌博览会、中国(福州)国际渔业博览会、厦门国际海洋周、平潭国际海岛论坛、中国(厦门)国际游艇展览会等活动,打造对外交流合作重要平台。深入开展"福建品牌海丝行""中国·福建周"等活动,打造固定的海外交流特色平台。

  推进区域协调发展,构建全域开放发展新体系。大力实施区域协调发展战略,强化"一盘棋"思想,激活开放元素、作响开放特色、补齐开放短板,拓展和优化全域开放布局,全面提升省域开放层次。打造开放发展的新引擎。实施大都市区战略,加快建设福州大都市区和厦泉漳大都市区。充分发挥福州、厦门双引擎的带动、支撑作用和平潭的窗口作用,深入实施国际化战略,培育以数字经济为标志的世界级先进产业集群,建设现代产业高地和"互联网+"科创高地。积极推进福莆宁岚同城化和厦漳泉同城化,带动周边中小城市全面提升国际化水平,连片形成沿海经济繁荣带,努力把两大都市区打造成福建吸引全球高端要素的主载体、参与国际合作和竞争的主平台。建设纵深推进的开放新腹地。充分发挥南平、三明、龙岩等开放发展洼地的后发优势,深化山海协作,积极承接沿海产业转移和福建自贸试验区溢出效应,在更大范围发挥生态、旅游资源优势及朱子文化、客家文化等纽带作用,依托"万里茶道"等载体,加快建设国际知名的生态文化旅游目的地、绿色发展示范区和客家文化、茶文化交流基地,成为福建进一步拓展开放广度和深度的腹地。推进闽东北和闽西南两大协作区一体化发展。以交通一体为先行,加快建设内外通道和区域性枢纽。推动产业跨区域转移集聚,促进区域内、区域间产业合理分布和上下游联动。用足用好多区叠加优势,推动创新举措复制推广,逐步推进教育、医疗卫生和文体资源共享,推进公共管理事务一体化、均等化。强化生态环境协同保护,进一步完善生态补偿机制,实现生态环境设施共建共享,提升整体生态环境质量。

(三)拓展闽台经济社会融合新空间

福建与台湾隔海相望、一水相连、渊源深厚、血脉相亲,对台优势独特。多年来,福建大胆先行先试,两岸交流合作的多个领域走在全国前列,交流合作硕果累累。福建要以"两岸一家亲"理念,在深化两岸交流合作上推出更多先行先试创新举措,为增进两岸人民福祉做出应有贡献。加快推进闽台经济融合发展,加强先进制造业、现代服务业等领域合作,深化民间基层交流交往,加快建设两岸同胞融合融洽的共同家园。全面贯彻落实促进两岸经济文化交流合作的"31条措施"和"26条措施"等一系列惠及台胞的举措,集中组织、协调、整合社会各方资源,提升服务台商台胞的整体水平,营造台商投资兴业和台胞学习、创业、就业、生活的良好环境,给广大在闽台胞以更多获得感。热络民间交流与文化交流,推动闽台融合发展。与此同时,推进侨务引资引智工作,坚持以侨引侨、以侨引台、以侨引外、台港澳侨相结合,充分发挥境外闽籍华侨华人的优势,同心携手建设新福建。

把握两岸经济社会发展大势,进一步先行先试,加大探索力度,扩大试验领域,推动闽台融合发展取得新突破。结合福建实际,进一步深化闽台经济社会文化交流合作,为台湾同胞在闽学习、创业、就业、生活提供与福建居民同等的待遇,吸引更多台胞来闽就业、生活和学习。在行业准入开放、产业标准共存、资金扶持等方面推出新的优惠政策,加快在闽台资企业转型升级,从更大范围、更高层面为台企在闽更快更好发展创造条件。进一步发挥平潭闽台合作窗口作用,加大对平潭实施"一岛两标"的支持力度,加快推进平潭人民币与新台币直接清算试点工作,探索在服务业领域全面采认台湾资格资质标准,率先赋予台胞同等居民待遇。进一步做大海峡便捷通道,加密"台北快轮"等两岸直航货运航班,增开航线,重点打造"平潭—桃园—日韩欧美"的两岸及国际海空联运综合枢纽。借鉴台湾地方治理实践,积极开展基层治理实验,加大台湾村里长引进力度,建设台胞社区,打造"两岸一家亲"的共同家园。加强闽台"离岸式"合作。依托"一带一路"建设,采取"福建资金+台湾技术""福建制造+台湾服务""福建装备+台湾人才"等合作方式,推动闽台共同打造国际领先的产业和国际知名的产品、共同建设海外产业园区、共同设立产业基金、共同投资"一带一路"沿线基础设施、共同拓展第三方市场,为闽台区域经济一体化创造有利条件。

70年来,正是秉承爱拼会赢、敢闯敢试的拼搏精神,全省人民以非凡的勇气与智慧,矢志不渝地艰辛探索,走出一条富有福建特色的发展之路,创造了一个又一个发展奇迹,成就福建之繁荣进步的现实。站在新的起点上,乘着新时代的浩荡东风,福建干部群众将坚持改革开放不动摇,开启解放思想的总闸门,勇于担当,敢为人先、敢闯敢试、攻坚克难、闯关夺隘,以更高的站位、更宽的视野、更大的力度、更实的举措,谋划和推进机制活、产业优、百姓富、生态美的新时代新福建建设,为推动全省高质量发展和实现赶超注入加速度、增添强动能、开创新局面、谱写新篇章。

本章小结

新中国成立以来,八闽大地与祖国同命运、共奋进,谱写了"新福建"建设的壮美诗篇。福建清新美丽、山海相连,是红色圣地,是绿色宝地,是两岸福地。新中国成立的70年,是福建经济建设实现新跨越、社会事业全面发展的70年，是人民生活由温饱不足向全面小康的历史性跨越的70年。福建从经济发展落后省份迈入先进行列，从交通闭塞之地变成通达世界的便捷之地，从前线阵地变为改革开放前沿，从绝对贫困成为小康富裕，从生态底色好提升到绿色发展强，发生了翻天覆地的变化。福建经济社会发展取得了辉煌成就，未来的任务仍然相当艰巨。习近平总书记在福建工作期间带头解放思想，带领干部群众进行了一系列开创性探索实践，提出了一系列前瞻性创新理念。党的十八大以来，习近平总书记亲自为福建擘画"机制活、产业优、百姓富、生态美"的新福建蓝图，提出了"四个切实"和"营造有利于创新创业创造的良好发展环境""探索海峡两岸融合发展新路""做好革命老区中央苏区脱贫奔小康工作"等一系列重要指示、重要要求。

当前，我国处于近代以来最好的发展时期，世界处于百年未有之大变局，世情、国情、党情继续发生深刻变化，面临的发展机遇和风险挑战前所未有。应当看到，高质量发展为新时代新福建建设提供了重大的时代机遇，70年的发展成果为新时代新福建建设奠定了坚实基础，全面开放新格局为新时代新福建建设提供了广阔空间，全面深化改革为新时代新福建建设提供了根本遵循，中央支持为新时代新福建建设提供了重要的发展保障。福建有基础、有条件、有责任、有使命把党的十九届四中全会精神落实到新时代新福建建设全过程各方面、推进新时代新福建治理现代化，让习近平新时代中国特色社会主义思想在福建治理实践中绽放耀眼光芒。

2020年是具有里程碑意义的一年。中国将全面建成小康社会，实现第一个百年奋斗目标。2020年也是脱贫攻坚决战决胜之年。福建全省上下将坚定不移地按照习近平总书记擘画的蓝图、指引的方向前进，把传承和弘扬习近平总书记在福建工作时的探索实践、创新理念，贯彻习近平总书记的重要讲话重要指示重要要求，与推进治理体系和治理能力现代化紧密结合起来，切实把党的十九届四中全会精神落实到新时代新福建建设全过程各方面，让习近平新时代中国特色社会主义思想在福建治理实践中落地生根。万众一心加油干，越是艰险越向前，福建全省干部群众将牢记重托、奋力前行、只争朝夕、不负韶华，以高于全国平均水平的标准，加快高质量发展落实赶超，确保全面建成小康社会。进一步营造有利于创新创业创造的良好发展环境，要向改革开放要动力，最大限度释放全社会创新创业创造动能；在探索两岸融合发展新路上下功夫,推动两岸应通尽通,提升经贸合作畅通、基础设施连通、能源资源互通、行业标准共通,努力打造"台胞台企登陆的第一家园";推进老区苏区脱贫奔小康,加快老区苏区全面发展,加大对老区苏区倾斜支持,推动老区苏区补齐短板,加快发展,如期脱贫奔小康;加强新时代党的建设,以党的政治建设为统领,全面落实新时代党的建设总要求,全面推进党的各方面建设,以坚强有力的党组织确保工作任务落实。

回望过去,福建在70年发展尤其是40余年改革开放实践中始终解放思想、探索前行,取得了骄人的业绩,积累了具有福建特色的宝贵经验。展望未来,以习近平新时代中国特色社会主义思想为指导,全面贯彻党的十九大和十九届二中、三中、四中全会精神,全面贯彻落实习近平总书记对福建工作的重要讲话重要指示精神和党中央决策部署,福建人民将进一步解放思想、开拓创新、砥砺奋进,站在新的历史起点上,持续推进高质量发展落实赶超,谱写新时代新福建建设新篇章。

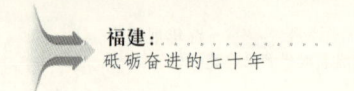

参考文献

[1]福建《五十年丰碑》编委会.五十年丰碑[M].福州:福建人民出版社,1999.

[2]龚守栋.福建改革开放25年[M].福州:福建人民出版社,2004.

[3]谢超雄.福建经济体制改革三十年[M].福州:福建人民出版社,2009.

[4]陈勇,刘贤伟.闽商文化的形成与发展研究[J].现代商贸工业,2009(12).

[5]中共福建省委关于贯彻党的十八届三中全会精神全面深化改革的决定[N].福建日报,2013-11-26.

[6]福建日报社论.再创福建改革新优势[N].福建日报,2013-11-27.

[7]阮锡桂,刘益清,何金.民营经济发展乐园如何打造——聚焦泉州民营经济发展新突破[N].福建日报,2014-01-18.

[8]中华人民共和国国务院.国务院关于支持福建省深入实施生态省战略加快生态文明先行示范区建设的若干意见[R/OL].(2014-04-09)[2019-06-15].http://www.gov.cn/zhengce/content/2014/04/09/content_8745.htm.

[9]宋宇辉.福建:坚守使命十年耕耘砥砺奋进勇创佳绩[N].福建日报,2014-05-15.

[10]谢贤伟,林侃,储白珊.经济体制改革的佳话:写在"松绑"放权30年之际[N].福建日报,2014-07-22.

[11]闵岩.改革浪潮涌动八闽——福建推进全面深化改革工作综述[N].福建日报,2014-09-25.

[12]中国共产党新闻网.盘点:地方党报上的"习近平往事"[R/OL].(2014-11-02)[2019-06-15].http://cpc.people.com.cn/n/2014/1102/c164113-25955937.html.

[13]福建日报评论员.增创改革开放新优势——四论认真学习贯彻习总书记来闽考察重要讲话精神[N].福建日报,2014-11-16.

[14]林德文.习近平:以"滴水穿石"的精神振兴闽东[N].闽东日报,2015-03-02.

[15]谢贤伟,王永珍.福建迈向"产业优"[N].福建日报,2015-03-02.

[16]王志贤.机制活是建设新福建的根本保障[J].福建理论学习,2015(3).

[17]王志贤.产业优是建设新福建的重要支撑[J].福建理论学习,2015(4).

[18]刘辉.百姓富是建设新福建的根本目的[J].福建理论学习,2015(5).

[19]刘辉.生态美是建设新福建的更高要求[J].福建理论学习,2015(7).

[20]《秘书工作》采访组.习近平同志在福州工作期间倡导践行"马上就办"纪实[J].秘书工作,2015(3).

[21]中国青年网.习近平在宁德谈对外开放[R/OL].(2015-03-31)[2019-06-15].http://pinglun.youth.cn/ll/201503/t20150331_6555346.htm.

[22]林侃,李珂.机制活:"改"到深处焕生机[N].福建日报,2015-11-02.

[23]吴毓健,谢贤伟.产业优:"转"出新路同脉动[N].福建日报,2015-11-03.

[24]胡斌,王国萍,吴旭涛,等.汪洋点评"宁德模式"誉为中国特色扶贫开发典范[N].福建日报,2015-12-08.

[25]人民网.漳州市国民经济和社会发展第十三个五年规划纲要[R/OL].(2015-12-07)[2019-05-14].http://fj.people.com.cn/n/2015/1207/c234956-27258852.html.

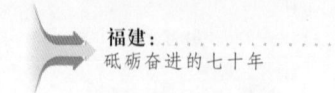

[26]尤里·塔夫罗夫斯基."习近平跑遍了福建各个角落"——《习近平:正圆中国梦》选载[N].学习时报,2016-01-25.

[27]福建省人民政府门户网站.2016年福建省人民政府工作报告[R/OL].(2016-01-18)[2019-07-11].http://www.fujian.gov.cn/szf/gzbg/szfgzbg/201601/t20160120_1138427.htm.

[28]福建省发展和改革委员会.福建省国民经济和社会发展第十三个五年规划纲要[M].福州:福建人民出版社,2016.

[29]福建省统计局,国家统计局福建调查总队.福建统计年鉴－2016[M].北京:中国统计出版社,2016.

[30]福建省人民政府门户网站.福建省"十三五"生态省建设专项规划[R/OL].(2016-04-19)[2019-07-11].http://www.fujian.gov.cn/zc/zfxxgkl/gkml/szfgz/201604/t20160420_1200703.htm.

[31]福建省人民政府门户网站.福建省推进供给侧结构性改革总体方案(2016－2018)[R/OL].(2016-08-03)[2019-07-11].http://www.fujian.gov.cn/zc/zxwj/szfwj/201608/t20160803_1469681.htm.

[32]福建省人民政府门户网站.福建省关于实施创新驱动发展战略建设创新型省份的决定[R/OL].(2016-08-02)[2019-07-11].http://www.fujian.gov.cn/xw/ztzl/mty/zcfg/201608/t20160802_1138205.htm.

[33]福建省人民政府门户网站.福建省关于推进价格机制改革的实施意见[R/OL].(2016-04-21)[2019-07-11].http://www.fujian.gov.cn/zc/zxwj/szfwj/201604/t20160421_1469674.htm.

[34]福州市人民政府门户网站.福州市国民经济和社会发展第十三个五年规划纲要[R/OL].(2016-06-12)[2018-12-15].http://www.fuzhou.gov.cn/ghjh/ghjd/201705/t20170516_463283.htm.

[35]厦门市人民政府门户网站.厦门市国民经济和社会发展第十三个五年规划纲要[R/OL].(2016-01-22)[2018-12-15].http://www.xm.gov.cn/zfxxgk/xxgkznml/szhch/gmzghs/201604/t20160411_1314959.htm.

[36]泉州市人民政府门户网站.泉州市国民经济和社会发展第十三个五年规划纲要[R/OL].(2016-03-22)[2018-12-15].http://www.quanzhou.gov.cn/zfb/xxgk/zfxxgkzl/zfxxgkml/srmzfxxgkml/ghjh/201604/t20160411_263591.htm.

[37]莆田网.莆田市国民经济和社会发展第十三个五年规划纲要[R/OL].(2016-03-20)[2018-12-15].http://www.ptxw.com/zww/zwgk/201603/t20160321_124146_6.htm.

[38]中国文明网.国家生态文明试验区(福建)实施方案[R/OL].(2016-08-23)[2018-12-15].http://www.wenming.cn/ziliao/wenjian/jigou/zhonggongzhongyang/201608/t20160823_3610122.shtml.

[39]再上新台阶建设新福建以优异成绩迎接中国共产党成立100周年——在中国共产党福建省第十次代表大会的报告[N].福建日报,2016-11-23.

[40]福建省人民政府门户网站.2017年福建省人民政府工作报告[R/OL].(2017-01-26)[2018-12-30].http://www.fujian.gov.cn/szf/gzbg/szfgzbg/201701/t20170126_1138430.htm.

[41]吴毓健,林侃,方炜杭.改革争先击水中流——习近平总书记在福建的探索与实践·改革篇[N].福建日报,2017-07-17.

[42]吴毓健,林侃,方炜杭.改革争先击水中流——习近平总书记在福建的探索与实践·开放篇[N].福建日报,2017-07-17.

[43]谢嘉晟,林世雄."多规合一"厦门经验全国借鉴[N/OL].福建日报,2017-06-20[2018-12-30].http://www.fujian.gov.cn/xw/ztzl/jkjshxxajjq/hxdt/xxxs/201706/t20170620_1418417.htm.

[44]刘亢,孟昭丽,陈弘毅.福建医改破冰前行[N/OL].新华每日电讯,2017-08-25[2018-12-30].http://www.xinhuanet.com/mrdx/2017/08/25/c_136554902.htm.

[45]福建省人民政府门户网站.福建省关于深化行政审批标准化改革的指导意见[R/OL].(2017-10-13)[2018-12-30].http://www.fujian.gov.cn/zc/zxwj/szfwj/201710/t20171013_1114655.htm.

[46]福建省财政厅.我省财税体制改革在创新中扎实推进[R/OL].(2017-10-09)[2018-12-30].http://www.fjcz.gov.cn/web/czt/article.do?noticeId=32af4a82623d49b187444c6b84506f08.

[47]福建日报.拓展新空间 培育新动能 构建新格局——党的十八大以来福建商务发展谱写新篇章[N/OL].福建日报,2017-10-20[2018-12-30].

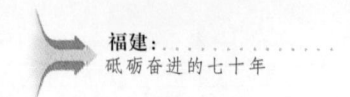

http://www.gov.cn/zhuanti/2017-10/20/content_5233298.htm.

[48]福建省统计局,国家统计局福建调查总队.福建统计年鉴－2017[M].北京:中国统计出版社,2017.

[49]福建年鉴编纂委员会.福建年鉴－2017[M].福州:福建人民出版社,2017.

[50]黄端,张著名,陈晓波,等.解读新福建[M].厦门:厦门大学出版社,2017.

[51]福建省人民政府门户网站.2018年福建省人民政府工作报告[R/OL].(2018-02-03)[2018-12-30].http://www.fujian.gov.cn/szf/gzbg/szfgzbg/201802/t20180203_1138435.htm.

[52]福建日报评论员.形成更高层次改革开放新格局——三论以高质量发展实现赶超目标[N].福建日报,2018-05-10.

[53]福建省统计局改革开放40周年专题专栏.波澜壮阔40年福建谱写辉煌篇章——改革开放40年福建发展成就系列分析之一[R/OL].(2018-07-26)[2019-03-25].http://tjj.fujian.gov.cn/ztzl/ggkf40/201807/t20180726_4370126.htm.

[54]福建省统计局改革开放40周年专题专栏.改革引领科技发展化茧成蝶——改革开放40年福建发展成就系列分析之二[R/OL].(2018-08-13)[2019-03-25].http://tjj.fujian.gov.cn/ztzl/ggkf40/201808/t20180813_4370127.htm.

[55]福建省统计局改革开放40周年专题专栏.工业发展成就卓著——改革开放40年福建发展成就系列分析之七[R/OL].(2018-08-23)[2019-03-25].http://tjj.fujian.gov.cn/ztzl/ggkf40/201808/t20180823_4370132.htm.

[56]福建省统计局改革开放40周年专题专栏.投资有力推动福建辉煌发展——改革开放40年福建发展成就系列分析之八[R/OL].(2018-08-23)[2019-03-25].http://tjj.fujian.gov.cn/ztzl/ggkf40/201808/t20180823_4370133.htm.

[57]福建省统计局改革开放40周年专题专栏.经济结构在不断优化升级中实现重大调整——改革开放40年福建发展成就系列分析之九[R/OL].

(2018-08-23)[2019-03-25].http://tjj.fujian.gov.cn/ztzl/ggkf40/201808/t20180827_4370134.htm.

[58]福建省统计局改革开放40周年专题专栏.服务业发展跃上新台阶——改革开放40周年福建发展成就系列分析之十[R/OL].(2018-08-24)[2019-03-25].http://tjj.fujian.gov.cn/ztzl/ggkf40/201808/t20180824_4370135.htm.

[59]福建省统计局改革开放40周年专题专栏.对外经贸发展成就显著——改革开放40年福建发展成就系列分析之十二[R/OL].(2018-08-24)[2019-03-25].http://tjj.fujian.gov.cn/ztzl/ggkf40/201808/t20180824_4370137.htm.

[60]福建省统计局改革开放40周年专题专栏.农林牧渔业全面发展农村经济成果辉煌——改革开放40年福建发展成就系列分析之十三[R/OL].(2018-09-10)[2019-03-25].http://tjj.fujian.gov.cn/ztzl/ggkf40/201809/t20180910_4512001.htm.

[61]福建省统计局,国家统计局福建调查总队.福建统计年鉴-2018[M].北京:中国统计出版社,2018.

[62]赵晋平.努力形成更高层次改革开放新格局[N].人民日报,2018-09-02.

[63]中共福建省第十届委员会第六次全体会议决议[N].福建日报,2018-09-30.

[64]兰锋,周琳.中共福建省委十届六次全会在榕召开[N].福建日报,2018-09-30.

[65]《求是》杂志记者.弘扬"晋江经验"深化改革开放——本刊记者专访中共福建省委书记于伟国[J].求是,2018(17).

[66]蒋升阳.于伟国:推动民营经济在高质量发展落实赶超中发挥更大支撑作用[N].人民日报,2018-11-19.

[67]周琳.坚持高质量发展落实赶超在更高起点上推动新时代改革开放再出发——中共福建省委十届七次全会在榕召开[N].福建日报,2018-12-27.

[68]福建省人民政府门户网站.2019年福建省人民政府工作报告[R/OL].

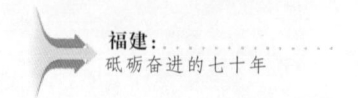

(2019-01-21)[2019-03-25].http://www.fujian.gov.cn/szf/gzbg/szfgzbg/201901/t20190121_4748474.htm.

[69]福建省统计局,国家统计局福建调查总队.福建统计年鉴－2019[M].北京:中国统计出版社,2019.

[70]兰锋,周琳.深入学习贯彻习近平总书记参加十三届全国人大二次会议福建团审议时重要讲话精神——中共福建省委十届八次全会召开[N].福建日报,2019-05-23.

[71]王永珍,戴艳梅.最大限度释放全社会创新创业创造动能——我省出台《关于营造有利于创新创业创造良好发展环境的实施意见》[N].福建日报,2019-05-28.

[72]王永珍,李珂,戴艳梅.按下高质量发展落实赶超"快捷键"——《关于营造有利于创新创业创造良好发展环境的实施意见》解读[N].福建日报,2019-06-03.

[73]吴洪.努力把福建建成台胞台企登陆的第一家园——我省出台《关于探索海峡两岸融合发展新路的实施意见》[N].福建日报,2019-05-29.

[74]吴洪,刘深魁,李烈.大力促进台胞台企登陆第一家园的建设——《关于探索海峡两岸融合发展新路的实施意见》解读[N].福建日报,2019-06-04.

[75]潘园园.饮水思源,决不能忘了老区苏区人民——我省出台《关于做好革命老区中央苏区脱贫奔小康工作的实施意见》[N].福建日报,2019-05-30.

[76]潘园园,谢婷.让老区苏区人民过上更加幸福美好的生活——《关于做好革命老区中央苏区脱贫奔小康工作的实施意见》解读[N].福建日报,2019-06-05.

[77]林宇熙.以党的政治建设为统领全面推进党的各方面建设——我省出台《关于全面推进新时代党的建设的实施意见》[N].福建日报,2019-05-31.

[78]林宇熙,林蔚.党建引领激活发展一盘棋——《关于全面推进新时代党的建设的实施意见》解读[N].福建日报,2019-06-06.

[79]高建进.福建:绿色发展谱新篇[N].光明日报,2019-07-17.

[80]福建日报评论员.加快建设高素质高颜值的新福建[N].福建日报，2019-07-20.

[81]刘红霞,张华迎.爱拼才会赢砥砺谋新篇——福建加快推进发展高质量、生态高颜值[R/OL].(2019-07-19)[2019-08-17].http://www.xinhuanet.com/2019/07/19/c_1124775972.htm.

[82]福建省统计局.壮丽70年新时代新突破的新福建——新中国成立70周年福建经济社会发展成就系列分析之一[R/OL].(2019-06-10)[2019-08-17].http://tjj.fujian.gov.cn/ztzl/xzg70/201906/t20190610_4967364.htm.

[83]中国网.新闻办就"坚定不移推动绿色发展的福建实践——加快建设高素质高颜值的新福建"举行发布会[R/OL].(2019-07-19)[2019-08-17].http://www.gov.cn/xinwen/2019-07/19/content_5411725.htm.

[84]福建省人民政府门户网站.福建省"十三五"城乡基础设施建设专项规划[R/OL].(2016-05-30)[2019-08-17].http://www.fujian.gov.cn/zc/zxwj/szfbgtwj/201605/t20160531_1180083.htm.

[85]福建省人民政府门户网站.福建省"十三五"综合交通运输发展专项规划[R/OL].(2016-06-23)[2019-08-17].http://www.fujian.gov.cn/zc/ghxx/zxgh/201606/t20160623_1136529.htm.

[86]福建省人民政府门户网站.2017年全省宜居环境建设行动计划[R/OL].(2017-03-08)[2019-08-17].http://www.fujian.gov.cn/zc/zfxxgkl/gkml/jgzz/gtzycxjs/201703/t20170308_1180164.htm.

[87]福建省人民政府.福建省公安厅 中共福建省委文明办 福建省住房和城乡建设厅 福建省交通运输厅关于印发《福建省城市道路交通文明畅通提升行动计划实施方案(2017—2020年)》的通知[R/OL].(2017-12-28)[2019-08-17].http://www.fujian.gov.cn/zc/zxwj/bmwj/201712/t20171228_1312544.htm.

[88]福建省交通运输厅.加大基础设施补短板力度的实施方案(2019—2020年)[R/OL].(2019-02-22)[2019-08-17].http://jtyst.fj.gov.cn/zwgk/jtyw/gzdt/201902/t20190222_4764872.htm.

[89]福建省体育局.福建省体育产业发展"十三五"规划[R/OL].(2016-12-12)[2019-08-17].http://www.fujian.gov.cn/hdjlzsk/tyj/tycy/201612/t20161212_1869529.htm.

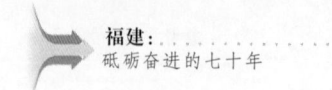

[90]福建省交通运输厅.2018年福建省交通运输行业统计公报[R/OL].(2019-04-24)[2019-08-17].http://jtyst.fujian.gov.cn/zwgk/tjxx/ndbg/201904/t20190424_4856406.htm.

[91]陈志文.福建省改革40年经济发展战略回顾[J].改革与开放,2019(1).

[92]中国文明网.国家生态文明试验区(福建)实施方案[R/OL].(2016-08-23)[2019-03-14].http://www.wenming.cn/ziliao/wenjian/jigou/zhonggongzhongyang/201608/t20160823_3610122.shtml.

[93]福建省人民政府门户网站.福建省关于深化行政审批标准化改革的指导意见[R/OL].(2017-10-13)[2019-03-14].http://www.fujian.gov.cn/zc/zxwj/szfwj/201710/t20171013_1114655.htm.

[94]福建省财政厅.我省财税体制改革在创新中扎实推进[R/OL].(2017-10-09)[2019-03-14].http://www.fjcz.gov.cn/web/czt/article.do?noticeId=32af4a82623d49b187444c6b84506f08.

[95]刘亢,孟昭丽,陈弘毅.福建医改破冰前行[N/OL].新华每日电讯,2017-08-25[2019-03-14].http://www.xinhuanet.com/mrdx/2017-08/25/c_136554902.htm.

[96]雷炜华.改革开放40周年福建百姓生活变化[R/OL].(2018-09-06)[2019-03-14].http://fj.china.com.cn/p/395109.html?page=1.

[97]庞清辉,潘林林.下大力气解决民生领域的突出短板[N/OL].财经国家周刊,2017-04-19[2019-03-14].https://finance.sina.com.cn/manage/mroll/2017-04-19/doc-ifyeimqy2616779.shtml.

[98]黄端,陈晓波,何燊,等.勇立潮头:福建改革开放40年(1978—2018)[M].厦门:厦门大学出版社,2018.

[99]高伯文.改革开放以来闽台经贸关系的发展及其影响[J].中国经济史研究,2003(4).

[100]郑璜.福建省拓展对外开放新格局:平台很给力,发展激活力[N/OL].福建日报,2019-01-28[2019-09-17].http://www.fj.chinanews.com/news/fj_ttgz/2019/2019-01-28/432647.html.

[101]冯虎.《中国城市营商环境报告2018》发布[R/OL].(2018-12-12)

[2019-09-17].http://www.ce.cn/xwzx/gnsz/gdxw/201812/13/t20181213_31020466.shtml.

[102]习近平总书记在福建的探索与实践[R/OL].(2017-08-05)[2019-02-21].http://www.xinhuanet.com//politics/2017-08-05/c_129673481_3.htm.

[103]福建省统计局,国家统计局福建调查总队.福建统计年鉴－2018[M].北京:中国统计出版社,2018.

[104]李锦秀.福建省改革开放40年外经贸领域取得的成绩与主要经验[J].对外经贸,2018(10).

[105]吴凤娇.坚持改革开放实现闽台经贸合作新跨越[R/OL].(2019-01-02)[2019-09-17].http://www.fjsen.com//zhuanti/2019-01/02/content_21840110.htm.

[106]刘亢,项开来,涂洪长,等.绿色咏叹——生态文明建设的福建实践[N].新华每日电讯,2017-09-01.

附录

表 1 福建主要经济指标发展总量和速度

项目	1952年	1962年	1970年	1978年	1980年	1990年	2000年	2010年	2015年	2016年	2017年	2018年	1952—2018年	1978—2018年	1990—2018年	2000—2018年	2010—2018年
	总量指标												平均增长速度(%)				
地区生产总值(亿元)	12.73	22.12	34.70	66.37	87.06	522.28	3 764.54	14 737.12	25 979.82	28 519.15	32 298.28	35 804.04	12.8	17.0	16.3	13.3	11.7
第一产业	8.39	10.26	15.34	23.93	31.95	147.01	640.57	1 363.67	2 118.10	2 363.22	2 442.44	2 379.82	8.9	12.2	10.5	7.6	7.2
第二产业	2.42	5.12	10.64	23.19	35.68	174.47	1 628.45	7 522.83	13 064.81	13 844.96	15 770.32	17 232.36	14.4	18.0	17.8	14.0	10.9
第三产业	1.92	6.74	8.72	19.43	19.43	200.80	1 495.52	5 850.62	10 796.90	12 310.97	14 085.52	16 191.86	14.7	19.2	17.0	14.1	13.6
人均地区生产总值(元)	102	137	173	273	348	1 763	11 194	40 025	67 966	73 951	82 976	91 197	10.8	15.6	15.1	12.4	10.8
工业总产值(亿元)	4.20	11.23	24.41	63.14	81.45	531.49	3 994.86	23 805.32	43 888.84	47 275.84	50 061.66	57 732.35	15.5	18.6	18.2	16.0	11.7
农林牧渔业总产值(亿元)	11.07	14.81	21.12	36.33	45.49	227.12	1 037.27	2 226.41	3 399.30	3 784.24	3 947.16	4 229.52	9.4	12.6	11.0	8.1	8.4
固定资产投资(亿元)	0.39	2.15	4.86	9.45	13.58	90.51	995.38	8 067.33	21 300.91	23 107.49	26 226.60	29 400.00	18.5	22.3	22.9	20.7	17.5
一般公共预算总收入(亿元)	2.20	5.07	6.45	15.13	15.33	57.06	369.67	2 056.01	4 114.03	4 295.36	4 603.85	5 045.49	12.4	15.6	17.4	15.6	11.9
地方一般公共预算支出(亿元)	1.25	3.60	8.34	15.14	15.05	68.45	324.18	1 695.09	4 001.58	4 275.40	4 719.29	4 832.69	13.3	15.5	16.4	16.2	14.0
金融机构人民币各项存款余额(亿元)	—	—	—	25.95	—	359.45	3 114.32	18 309.45	35 576.06	39 275.82	42 794.79	44 677.70	—	20.5	18.8	15.9	11.8

续表

项目	总量指标											平均增长速度(%)				
	1952年	1962年	1970年	1978年	1980年	1990年	2000年	2010年	2015年	2016年	2017年	2018年	1952—2018年	1978—2018年	1990—2018年	2000—2018年	2010—2018年
金融机构人民币各项贷款余额(亿元)	—	—	—	31.43	45.47	381.93	2 438.82	15 231.36	32 132.96	36 356.06	40 484.93	45 173.87	—	19.9	18.6	17.6	14.6
社会消费品零售总额(亿元)	—	—	—	30.56	45.47	208.00	1 320.80	5 310.00	10 505.93	11 674.54	13 013.00	14 317.43	—	16.6	16.3	14.2	13.2
进出口总额(亿美元)	0.09	0.12	0.38	2.03	5.05	43.39	212.23	1 087.80	1 688.46	1 568.20	1 710.35	1 875.75	16.3	18.6	14.4	12.9	7.0
出口总额(亿美元)	0.02	0.10	0.35	1.90	3.64	24.49	129.08	714.93	1 126.80	1 036.73	1 049.32	1 156.85	18.1	17.4	14.8	13.0	6.2
进口总额(亿美元)	0.07	0.02	0.03	0.13	1.41	18.90	83.15	372.87	561.66	531.47	661.03	718.90	15.0	24.0	13.9	12.7	8.6
城镇居民人均可支配收入(元)	106.18	203.40	—	371.00	449.64	1 749.00	7 432.00	21 781.31	33 275.00	36 014.00	39 001.00	42 121.00	9.5	12.6	12.0	10.1	8.6
城镇居民人均消费支出(元)	96.12	185.52	120.70	285.00	391.92	1 431.00	5 638.74	14 750.00	23 520.19	25 005.52	25 980.45	28 145.13	9.0	12.2	11.2	9.3	8.4
农村居民人均可支配(纯)收入(元)	69.97	154.57	—	137.54	171.75	764.41	3 230.49	7 426.86	13 793.00	14 999.00	16 335.00	17 821.00	8.8	12.9	11.9	10.0	11.6
农村居民人均生活消费支出(元)	67.52	131.36	107.87	113.00	157.67	708.00	2 410.00	5 498.00	11 960.79	12 910.84	14 003.40	14 942.80	8.5	13.0	11.5	10.7	13.3

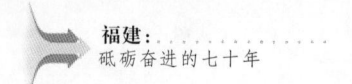

表 2　福建省主要年份地区生产总值

年份	地区生产总值（亿元）	第一产业（亿元）	第二产业（亿元）	第三产业（亿元）	工业（亿元）	建筑业（亿元）	人均地区生产总值（元）
1952	12.73	8.39	2.42	1.92	2.17	0.25	102
1957	22.03	12.31	5.20	4.52	4.23	0.97	154
1962	22.12	10.26	5.12	6.74	4.00	1.12	137
1965	28.81	13.48	8.31	7.02	6.55	1.76	166
1970	34.70	15.34	10.64	8.72	8.56	2.08	173
1975	46.48	19.43	17.81	9.24	14.29	3.52	203
1978	66.37	23.93	28.19	14.25	23.85	4.34	273
1979	74.11	27.97	31.37	14.77	26.20	5.17	300
1980	87.06	31.95	35.68	19.43	29.55	6.13	348
1981	105.62	39.30	39.75	26.57	33.16	6.59	416
1982	117.81	44.24	42.92	30.65	35.25	7.67	457
1983	127.76	47.27	46.05	34.44	37.76	8.29	487
1984	157.06	55.72	56.39	44.95	44.47	11.92	591
1985	200.48	68.13	72.56	59.79	62.09	10.47	737
1986	222.54	72.24	82.19	68.11	67.06	15.13	809
1987	279.24	89.24	101.28	88.72	82.69	18.59	999
1988	383.21	118.16	141.82	123.23	120.45	21.37	1 349
1989	458.40	135.77	163.82	158.81	142.45	21.37	1 589
1990	522.28	147.01	174.47	200.80	150.55	23.92	1 763
1991	619.87	168.64	217.74	233.49	188.29	29.45	2 041
1992	784.68	194.87	291.60	298.21	241.78	49.82	2 557
1993	1 114.20	254.36	455.79	404.05	381.95	73.84	3 556
1994	1 644.39	362.90	720.97	560.52	618.06	102.91	5 193
1995	2 094.90	464.82	882.34	747.74	748.92	133.42	6 526

续表

年份	地区生产总值（亿元）	第一产业（亿元）	第二产业（亿元）	第三产业（亿元）	工业（亿元）	建筑业（亿元）	人均地区生产总值（元）
1996	2 484.25	537.38	1 026.64	920.23	875.50	151.14	7 646
1997	2 870.90	576.63	1 214.81	1 079.46	1 039.62	175.19	8 775
1998	3 159.91	610.04	1 335.05	1 214.82	1 132.79	202.26	9 603
1999	3 414.19	628.86	1 434.30	1 351.03	1 230.22	204.08	10 323
2000	3 764.54	640.57	1 628.45	1 495.52	1 422.34	206.11	11 194
2001	4 072.85	651.11	1 803.50	1 618.24	1 586.48	217.02	11 691
2002	4 467.55	664.78	2 036.97	1 765.80	1 808.95	228.02	12 739
2003	4 983.67	692.94	2 340.82	1 949.91	2 061.31	279.51	14 125
2004	5 763.35	786.84	2 770.49	2 206.02	2 438.62	331.87	16 235
2005	6 554.69	827.36	3 175.92	2 551.41	2 801.88	374.05	18 353
2006	7 583.85	865.98	3 695.04	3 022.83	3 230.49	464.56	21 105
2007	9 248.53	1 002.11	4 476.42	3 770.00	3 896.76	579.66	25 582
2008	10 823.01	1 158.17	5 318.44	4 346.40	4 593.24	725.20	29 755
2009	12 236.53	1 182.74	6 005.30	5 048.49	5 106.38	898.92	33 437
2010	14 737.12	1 363.67	7 522.83	5 850.62	6 397.71	1 125.12	40 025
2011	17 560.18	1 612.24	9 069.20	6 878.74	7 675.09	1 394.11	47 377
2012	19 701.78	1 776.71	10 187.94	7 737.13	8 541.94	1 646.00	52 763
2013	21 868.49	1 874.23	11 329.60	8 664.66	9 455.32	1 895.48	58 145
2014	24 055.76	2 014.80	12 515.36	9 525.60	10 426.71	2 112.03	63 472
2015	25 979.82	2 118.10	13 064.82	10 796.90	10 820.22	2 268.86	67 966
2016	28 519.15	2 363.22	13 844.96	12 310.97	11 449.29	2 421.34	73 951
2017	32 182.09	2 442.44	15 354.29	14 085.52	13 091.85	2 707.82	82 976
2018	35 804.04	2 379.82	17 232.36	16 191.86	14 183.20	3 080.96	91 197

数据来源：福建统计年鉴。

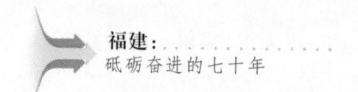

表3　福建省主要年份一般公共预算收支总额及增长速度

年份	一般公共预算总收入(亿元) 数值	比上年增长(%)	地方一般公共预算收入(亿元) 数值	比上年增长(%)	一般公共预算支出(亿元) 数值	比上年增长(%)
1952	2.20	——	——	——	1.25	——
1957	3.22	——	——	——	2.47	——
1962	5.07	——	——	——	3.60	——
1965	6.60	——	——	——	4.99	——
1970	6.45	——	——	——	8.34	——
1975	9.59	——	——	——	9.86	——
1978	15.13	——	——	——	15.14	——
1979	12.72	−15.9	——	——	16.03	5.9
1980	15.33	20.5	——	——	15.05	−6.1
1981	14.52	−5.3	——	——	14.27	−5.2
1982	13.67	−5.9	——	——	16.42	15.1
1983	12.37	−9.5	——	——	17.55	6.9
1984	16.78	35.7	——	——	20.52	16.9
1985	25.08	49.5	——	——	30.64	49.3
1986	29.14	16.2	——	——	37.62	22.8
1987	33.16	13.8	——	——	39.99	6.3
1988	40.16	21.1	——	——	49.29	23.3
1989	53.01	32.0	——	——	60.48	22.7
1990	57.06	7.6	——	——	68.45	13.2
1991	69.70	22.2	——	——	78.13	14.1
1992	75.35	8.1	——	——	84.50	8.2
1993	110.58	46.8	——	——	113.88	34.8
1994	149.66	35.3	——	——	137.73	20.9
1995	184.58	23.3	117.37	——	171.58	24.6
1996	215.11	16.5	142.12	21.1	200.31	16.7

续表

年份	一般公共预算总收入(亿元) 数值	比上年增长(%)	地方一般公共预算收入(亿元) 数值	比上年增长(%)	一般公共预算支出(亿元) 数值	比上年增长(%)
1997	251.30	16.8	162.91	14.6	224.36	12.0
1998	281.42	12.0	187.92	15.4	254.87	13.6
1999	312.57	11.1	208.92	11.2	279.24	9.6
2000	369.67	18.3	234.11	12.1	324.18	16.1
2001	428.33	15.9	274.28	17.2	373.19	15.1
2002	476.20	11.2	272.89	−0.5	397.56	6.5
2003	551.00	15.7	304.71	11.7	452.30	13.8
2004	622.57	13.0	333.52	9.5	516.68	14.2
2005	788.11	26.6	432.60	29.7	593.07	14.8
2006	1 012.77	28.5	541.17	25.1	728.70	22.9
2007	1 282.84	26.7	699.46	29.2	910.64	25.0
2008	1 516.51	18.2	833.40	19.1	1 137.72	24.9
2009	1 694.63	11.7	932.43	11.9	1 411.82	24.1
2010	2 056.01	21.3	1 151.49	23.5	1 695.09	20.1
2011	2 597.01	26.3	1 501.51	30.4	2 198.18	29.7
2012	3 008.88	15.9	1 776.17	18.3	2 607.50	18.6
2013	3 430.35	14.0	2 119.45	19.3	3 068.80	17.7
2014	3 828.40	11.6	2 362.21	11.5	3 306.70	7.8
2015	4 144.03	8.2	2 544.24	7.7	4 001.58	21.0
2016	4 295.36	3.7	2 654.83	4.3	4 275.40	6.8
2017	4 603.85	7.2	2 808.70	5.8	4 719.29	10.4
2018	5 045.49	9.6	3 007.41	7.1	4 832.69	2.4

注：本部分所采用的财政数字均为当年决算定案数，2002年起口径有调整。

数据来源：福建统计年鉴。

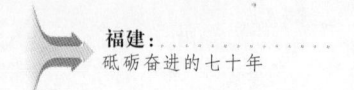

表4 福建省主要年份固定资产投资

年份	固定资产投资（亿元）	项目投资（亿元）	房地产开发投资（亿元）	固定资产投资比上年增长（%）	房地产开发投资比上年增长(%)
1952	0.39	——	——	39.4	——
1957	1.87	——	——	－56.1	——
1962	2.15	——	——	－28.2	——
1965	3.39	——	——	10.8	——
1970	4.86	——	——	101.3	——
1975	6.78	——	——	2.9	——
1978	9.45	——	——	44.5	——
1979	11.27	——	——	19.3	——
1980	13.58	——	——	20.5	——
1981	16.19	——	——	19.2	——
1982	19.56	——	——	20.8	——
1983	22.42	——	——	14.6	——
1984	29.48	——	——	31.5	——
1985	48.77	——	——	65.4	——
1986	52.81	49.24	3.57	8.3	——
1987	66.70	63.45	3.25	26.3	－9.1
1988	79.46	72.33	7.13	119.4	119.4
1989	80.21	69.20	11.01	0.9	54.3
1990	90.51	77.04	13.47	12.9	22.4
1991	117.28	96.21	21.07	29.6	56.4
1992	193.21	152.18	41.03	64.7	94.8
1993	320.45	259.52	60.93	65.9	48.5
1994	472.49	370.51	101.98	47.4	67.4
1995	594.45	443.08	151.37	25.8	48.4

续表

年份	固定资产投资（亿元）	项目投资（亿元）	房地产开发投资（亿元）	固定资产投资比上年增长（%）	房地产开发投资比上年增长（%）
1996	696.91	545.22	151.69	17.2	0.2
1997	794.33	646.00	148.33	14.0	－2.2
1998	941.25	775.62	165.63	18.5	11.7
1999	952.23	773.61	178.62	1.2	7.8
2000	995.38	788.01	207.37	4.5	16.1
2001	1 053.84	828.35	225.49	5.9	8.7
2002	1 148.76	899.78	248.99	9.0	10.4
2003	1 411.45	1 049.38	362.07	22.9	45.4
2004	1 798.38	1 320.59	477.79	27.4	32.0
2005	2 241.70	1 701.31	540.39	24.7	13.1
2006	2 998.45	2 211.09	787.36	33.8	45.7
2007	4 186.67	3 054.18	1 132.49	39.6	43.8
2008	5 148.31	4 019.21	1 129.09	23.0	－0.3
2009	6 180.94	5 044.59	1 136.35	20.1	0.6
2010	8 067.33	6 248.48	1 818.86	30.5	60.1
2011	9 885.67	7 483.06	2 402.61	22.5	32.1
2012	12 452.24	9 628.12	2 824.12	25.9	17.4
2013	15 245.24	11 542.26	3 702.97	22.4	31.1
2014	18 141.37	13 573.97	4 567.40	19.0	23.3
2015	21 300.91	16 831.30	4 469.61	17.4	－2.1
2016	23 107.49	18 518.66	4 588.83	8.5	2.7
2017	26 226.60	21 432.37	4 794.23	13.5	4.5
2018	29 400.00	24 461.94	4 938.06	12.1	3.0

注：1950－1980年固定资产投资为城镇以上集体投资；1981年后为正式定义口径。
数据来源：福建统计年鉴。

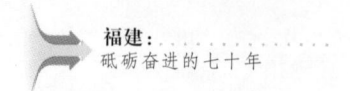

表5 福建省进出口总额

年份	进出口总额（万美元）	出口（万美元）	进口（万美元）	进出口总额（万元人民币）	出口（万元人民币）	进口（万元人民币）
1981	60 827	40 127	20 700	108 272	71 426	36 846
1982	55 067	37 023	18 044	106 279	71 454	34 825
1983	56 366	36 995	19 371	110 477	72 510	37 967
1984	66 472	39 167	27 305	185 457	109 276	76 181
1985	90 084	55 718	34 366	263 946	163 254	100 692
1986	134 771	68 647	66 124	501 348	255 367	245 981
1987	184 500	90 400	94 100	686 340	336 288	350 052
1988	284 300	141 600	142 700	1 057 596	526 752	530 844
1989	342 200	182 800	159 400	1 611 762	860 988	750 774
1990	433 908	244 906	189 002	2 265 000	1 278 409	986 591
1991	574 776	314 746	260 030	3 115 286	1 709 071	1 406 215
1992	805 873	438 666	367 207	4 633 770	2 522 330	2 111 440
1993	1 004 181	515 874	488 307	5 814 208	2 986 911	2 827 297
1994	1 218 953	643 020	575 933	10 397 669	5 484 961	4 912 708
1995	1 444 569	790 806	653 763	12 105 488	6 626 954	5 478 534
1996	1 551 972	838 239	713 733	12 881 368	6 957 384	5 923 984
1997	1 795 280	1 025 560	769 720	14 861 328	8 489 586	6 371 742
1998	1 716 065	996 387	719 678	14 205 586	8 248 092	5 957 494
1999	1 761 956	1 035 193	726 763	14 585 472	8 569 328	6 016 144
2000	2 122 332	1 290 828	831 504	17 568 664	10 685 474	6 883 190
2001	2 262 601	1 392 232	870 369	18 729 811	11 524 896	7 204 915
2002	2 839 882	1 737 086	1 102 796	23 508 543	14 379 598	9 128 945
2003	3 532 551	2 113 173	1 419 378	29 242 457	17 492 846	11 749 611
2004	4 752 704	2 939 476	1 813 228	39 338 131	24 330 043	15 008 088
2005	5 441 130	3 484 195	1 956 935	44 572 105	28 541 480	16 030 625

续表

年份	进出口总额（万美元）	出口（万美元）	进口（万美元）	进出口总额（万元人民币）	出口（万元人民币）	进口（万元人民币）
2006	6 265 921	4 126 174	2 139 747	49 375 457	32 514 251	16 861 206
2007	7 445 081	4 994 039	2 451 042	56 612 396	37 974 673	18 637 723
2008	8 482 094	5 699 184	2 782 910	58 908 991	39 581 403	19 327 588
2009	7 964 937	5 331 902	2 633 034	54 408 483	36 422 225	17 986 258
2010	10 878 027	7 149 313	3 728 715	73 638 807	48 397 273	25 241 534
2011	14 352 244	9 283 779	5 068 465	92 698 273	59 962 074	32 736 199
2012	15 593 796	9 783 259	5 810 536	98 435 836	61 756 825	36 679 010
2013	16 932 174	10 647 442	6 284 731	104 864 338	65 941 740	38 922 598
2014	17 740 784	11 345 229	6 395 555	108 973 325	69 689 226	39 284 099
2015	16 884 593	11 268 011	5 616 582	104 783 887	69 917 645	34 866 242
2016	15 681 939	10 367 250	5 314 689	103 449 561	68 336 561	35 113 001
2017	17 103 482	10 493 177	6 610 305	115 909 803	71 139 158	44 770 645
2018	18 757 563	11 568 536	7 189 027	123 572 859	76 240 740	47 332 119

表6 福建省实际利用外商直接投资金额

单位:万美元

年份	合计	合资企业	合作企业	独资企业
1979	83	15	68	——
1980	363	288	75	——
1981	150	40	110	——
1982	121	5	16	100
1983	1 438	1 026	158	254
1984	4 828	3 526	1 179	123
1985	11 782	8 566	2 950	266
1986	6 149	4 121	1 913	115
1987	5 139	3 097	1 479	536
1988	13 017	9 273	2 369	1 375
1989	32 880	13 814	6 384	12 658
1990	29 002	12 617	2 780	13 605
1991	64 449	22 682	14 775	26 992
1992	141 633	48 528	26 132	66 973
1993	286 745	98 484	33 498	154 763
1994	371 200	145 518	34 469	191 213
1995	403 881	124 872	54 073	224 936
1996	407 876	129 778	50 497	227 601
1997	419 666	112 293	60 175	247 198
1998	421 211	90 285	50 778	280 138
1999	402 403	99 542	42 121	260 180
2000	380 386	74 548	13 263	291 365
2001	391 804	74 092	7 248	309 068
历史可比口径				
2002	424 995	84 669	11 587	316 240
2003	188 329	——	——	——
2004	531 802	——	——	——

续表

年份	合计	合资企业	合作企业	独资企业
2005	622 984	——	——	——
2006	718 489	——	——	——
2007	813 093	——	——	——
2008	1 002 556	——	——	——
2009	1 006 481	——	——	——
2010	1 031 552	——	——	——
2011	1 104 447	——	——	——
2012	1 218 541	——	——	——
全口径				
2004	222 120	41 952	4 324	163 490
2005	260 775	31 021	670	222 422
2006	322 047	49 684	2 327	268 789
2007	406 058	68 686	1 670	332 015
2008	567 171	137 758	2 284	416 441
2009	573 747	104 761	1 372	458 815
2010	580 279	97 974	2 126	475 199
2011	620 111	94 469	774	479 782
2012	633 774	130 747	1 325	399 721
2013	667 896	93 411	3 349	554 906
2014	711 499	136 702	2 300	558 117
2015	768 339	176 361	2 010	504 258
2016	819 465	191 096	307	515 657
2017	857 672	265 543	1 306	471 358
2018	445 477	154 603	202	259 092

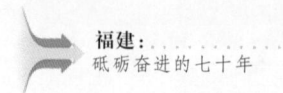

表 7　主要年份居民消费水平

年份	居民消费水平(元/人) 总计	居民消费水平(元/人) 农村	居民消费水平(元/人) 城镇	城乡居民消费水平对比(农村=1)	居民消费水平指数 (以上年为100) 总计	居民消费水平指数 (以上年为100) 农村	居民消费水平指数 (以上年为100) 城镇	居民消费水平指数 (以1952年为100) 总计	居民消费水平指数 (以1952年为100) 农村	居民消费水平指数 (以1952年为100) 城镇
1952	88	79	159	2.0	—	—	—	100	100	100
1957	115	98	214	2.2	101.6	97.8	122.1	122.0	116.8	122.5
1962	120	92	252	2.7	104.1	107.7	106.3	93.7	83.6	100.2
1965	125	102	246	2.4	107.3	107.1	107.9	116.5	103.0	132.3
1970	145	119	304	2.6	102.2	105.5	100.4	133.1	118.2	165.3
1975	148	115	357	3.1	98.9	97.5	102.2	134.4	112.7	192.1
1978	183	140	455	3.3	111.2	110.9	111.2	162.1	134.7	235.9
1979	206	162	473	2.9	106.8	105.9	102.1	173.2	142.7	240.8
1980	231	180	533	3.0	106.9	105.6	104.8	185.1	150.7	252.2
1981	269	211	546	2.6	114.3	114.4	99.8	211.6	172.4	251.8
1982	305	238	607	2.6	107.2	107.3	102.4	226.8	185.0	257.9
1983	322	252	609	2.4	106.7	106.8	102.6	242.0	197.5	264.5
1984	378	297	672	2.3	109.6	108.5	106.1	265.3	214.3	280.6
1985	465	358	818	2.3	116.0	116.4	107.3	307.7	249.4	301.0
1986	507	384	880	2.3	102.9	101.3	100.6	316.6	252.8	302.9
1987	577	432	987	2.3	104.3	103.0	102.5	330.2	260.3	310.5

续表

年份	居民消费水平(元/人) 总计	居民消费水平(元/人) 农村	居民消费水平(元/人) 城镇	城乡居民消费水平对比(农村=1)	居民消费水平指数 (以上年为100) 总计	居民消费水平指数 (以上年为100) 农村	居民消费水平指数 (以上年为100) 城镇	居民消费水平指数 (以1952年为100) 总计	居民消费水平指数 (以1952年为100) 农村	居民消费水平指数 (以1952年为100) 城镇
1988	744	560	1 218	2.2	102.4	102.9	97.1	338.2	267.8	301.5
1989	893	659	1 462	2.2	100.9	100.3	101.7	341.4	268.7	306.7
1990	979	718	1 473	2.1	104.7	104.4	99.4	357.4	280.4	304.8
1991	1 118	775	1 867	2.4	110.2	104.2	122.3	393.9	292.1	372.8
1992	1 371	923	2 342	2.5	118.3	117.1	115.4	465.9	342.1	430.4
1993	1 725	1 146	2 931	2.6	109.4	108.7	107.1	509.7	371.8	460.8
1994	2 375	1 564	3 812	2.4	108.7	107.6	103.7	554.2	399.9	477.8
1995	3 019	1 997	4 590	2.3	110.7	111.6	103.4	613.7	446.4	494.1
1996	3 446	2 265	5 080	2.2	107.9	107.6	103.6	662.3	480.4	511.7
1997	3 935	2 540	5 765	2.3	112.2	110.7	110.7	743.3	531.9	566.5
1998	4 052	2 548	6 025	2.4	103.2	100.8	104.5	767.4	536.2	591.8
1999	4 194	2 597	6 159	2.4	103.8	101.7	103.6	796.6	545.6	613.1
2000	4 574	2 788	6 648	2.4	107.1	106.0	104.6	852.9	578.4	641.2
2001	4 770	2 811	7 125	2.5	105.1	101.7	107.7	896.1	588.1	690.9
2002	5 076	2 915	7 642	2.6	107.2	103.7	109.4	960.5	610.1	756.0
2003	5 524	3 052	8 571	2.8	108.7	104.8	111.5	1044.0	639.6	843.1

续表

年份	居民消费水平(元/人)			城乡居民消费水平对比(农村=1)	居民消费水平指数					
	总计	农村	城镇		(以上年为100)			(以1952年为100)		
					总计	农村	城镇	总计	农村	城镇
2004	6 144	3 335	9 502	2.8	107.3	105.6	106.4	1 120.2	675.3	896.9
2005	6 793	3 730	10 296	2.8	108.5	109.1	106.6	1 215.5	736.9	956.1
2006	7 971	4 325	11 630	2.7	111.5	108.6	107.9	1 355.3	806.9	1 054.6
2007	8 943	4 846	12 896	2.7	106.7	105.2	105.9	1 446.1	862.6	1 114.7
2008	10 645	5 811	15 072	2.6	108.0	109.8	105.7	1 561.8	924.4	1 154.8
2009	11 336	6 248	15 662	2.5	111.1	112.3	108.4	1 735.2	1 038.1	1 251.8
2010	13 187	7 169	17 900	2.5	108.1	104.9	106.7	1 894.6	1 125.6	1 366.8
2011	14 958	8 436	19 762	2.3	106.8	106.2	105.3	2 003.4	1 156.5	1 406.5
2012	16 144	9 596	20 722	2.2	107.0	110.4	104.6	2 143.6	1 276.8	1 471.2
2013	17 115	10 147	21 725	2.1	107.1	108.1	105.4	2 295.8	1 380.2	1 550.6
2014	19 099	11 908	23 642	2.0	107.9	111.1	105.9	2 477.2	1 533.4	1 642.1
2015	20 828	13 631	25 202	1.8	108.8	114.0	106.5	2 695.2	1 748.1	1 748.9
2016	23 355	15 653	27 859	1.8	110.9	113.8	109.3	2 988.9	1 989.3	1 911.5
2017	25 969	17 885	30 474	1.7	109.4	113.5	107.3	3 269.9	2 257.9	2 051.0

后 记

今年是中华人民共和国成立70周年,福建省人民政府发展研究中心的几位同志希望通过全面总结福建70年来取得的历史性成就,能准确全面地反映福建广大干部群众在福建70年建设发展过程中,抢抓机遇、拼搏奋进的探索实践和积极作为,面向未来,不忘初心,牢记使命,坚定信心决心,汇聚磅礴力量,开启新时代新福建建设新篇章。因此,《福建:砥砺奋进的70年》一书聚焦于中华人民共和国成立以来尤其是改革开放和党的十八大以来,福建发生的历史巨变,全面梳理福建70年经济社会发展和改革开放的历史进程、重大成就,总结出富有福建特色的经济社会发展和改革开放经验,生动描绘了福建在产业发展、基础设施、对外开放、闽台交流、生态文明、人民生活等领域的艰辛探索和主要成就,挖掘了一批具有福建特色的生动实践与创新亮点,充分展现了福建广大干部群众锐意进取、奋发有为、敢为人先、敢拼会赢的创新创造活力,全景呈现了70年来福建广大干部群众团结一心、艰苦奋斗、披荆斩棘、昂首奋进的壮丽画面,展望福建改革开放再出发,福建人民将深入践行习近平新时代中国特色社会主义思想,继续保持永远奋进的姿态,抢抓机遇、乘势而上,充分利用福建从新中国成立70年来经济社会建设发展和改革开放的经验和积淀,运用好中央给予福建的政策支持,沿着习近平总书记擘画的"机制活、产业优、百姓富、生态美"的新福建目标扬帆远航,迈向更加美好的明天,再创新时代新福建发展奇迹。

作为组织者,我有幸参加过《福建:辉煌五十年》一书的编辑工作，当时作为一个年轻人，主要任务就是按部就班完成任务。按常规写一本地方的变迁史，或许可以简单地把一个地方一段时间内的经济社会的数量和质量变化反映出来就可以了。当历史行进到70周年，我又有幸获得主持本书的写作工作。过往的70年，福建人民与全国人民一样，以一代人的奋斗，干了两到三代人的活，跨越了经济社会百年发展的多个不同阶段。因此，在本书撰写上，因应百年未有之大变局，本着改革创新写一本有特色的地方发展变迁书籍的愿望，打破惯例，从数量、质量、维度、历史四个层次考虑，反映出70年奋斗完成发达国家上百年的历程。一是反映数量变化情况，要有流水账，纵向横向的指标比较。二是反映质量提升情况，要有标志性指标，在全国的位次或指标台阶。三是反映维度界限情况，要有数与量结合评价，跨临界点。四是反映历史方位情况，要有历史进程评价，现在处于什么阶段什么位置。

在本书编写过程中，我们也汲取了福建经济社会发展和改革开放，尤其是党的十八大以来福建发展的最新研究成果。由于我们的水平和时间有限，本书还存在一些不足之处。同时，作为一本抛砖引玉之作，我们希望以后有更多更好梳理福建经济社会发展历程，展望未来福建发展的著作问世。

此外，《福建：砥砺奋进的70年》一书在篇章架构和行文叙述上也进行了新的大胆尝试。

本书的写作，得到了福建省委宣传部、福建省新闻出版局、厦门大学出版社的大力支持，在此表示衷心感谢。

黄　端

2019年9月28日于福州屏山